On trouve encore dans les bureaux du Siècle:
HISTOIRE DES DEUX RESTAURATIONS (DE 1813 A 1830), par M. ACHILLE DE VAULABELLE.
Huit volumes in-8°. — Prix : 40 fr., et 20 fr. seulement pour les abonnés du journal *le Siècle.*
Ajouter 50 c. par volume pour recevoir l'ouvrage *franco* par la poste.
N. B. — Afin de faciliter aux abonnés l'acquisition de cet ouvrage important, il leur sera loisible de se le procurer par parties de deux volumes chaque, au prix de 5 fr. pris au bureau, et de 6 fr. par la poste

Le capitaine Mayne-Reid.

TRADUCTION D'ALLYRE-BUREAU.

LE BUFFALO BLANC

I

Allons ensemble vers le grand fleuve, vers le Mississipi, le plus grand fleuve du monde. Déployé en ligne droite, il atteindrait au centre de la terre; en d'autres termes, il mesure, dans son développement, quatre mille milles de longueur (1). Venez avec moi vers ce fleuve majestueux.

Je ne veux pas vous le faire remonter jusqu'à sa source. Arrêtons-nous à Pointe-Coupée, environ trois cents milles au dessus de son embouchure. Là, nous ferons halte un moment, rien qu'un moment, car nous avons un long voyage à faire. Nous allons loin, bien loin vers l'ouest, au delà des grandes prairies du Texas; et Pointe-Coupée sera notre point de départ.

Il y a un village fort ancien à Pointe-Coupée, un joli village, d'apparence française, bâti en bois. Et, de fait, c'est un village français, un des établissemens fondés par les émigrans français qui, avec les Espagnols, vinrent les premiers coloniser l'ouest de l'Amérique. C'est pour cela qu'aujourd'hui encore vous rencontrez, tout le long de la vallée du Mississipi et dans les régions qui s'étendent vers le couchant, des Français et des Espagnols, des mœurs françaises et des mœurs espagnoles, des noms français et des noms espagnols.

Assez pour le moment sur ce sujet et sur Pointe-Coupée.

Occupons nous d'une maison d'apparence assez singulière que l'on voyait, il y a quelques années, sur la rive gauche du fleuve, à un mille au-dessous du village. Je dis *que l'on voyait*; mais elle y est probablement encore, car c'était une construction solide en troncs d'arbre équarris, bien joints, et soigneusement cimentés avec du mortier. La toiture était en bardeaux de cèdre, avec de larges avancées pour rejeter l'eau loin des murs, et les garantir de l'humidité. C'était ce que l'on appelle dans le pays une maison double, c'est à dire coupée en deux par un passage assez grand pour laisser entrer un vagon chargé de foin. Ce

(1) 6,436 kilomètres ou 1,609 lieues de 4,000 mètres.

passage, couvert comme le reste de la maison, était solidement planchéié avec des madriers. Le plancher, élevé de dix pouces au-dessus du sol, s'avançait de plusieurs pieds en dehors, et des piliers verticaux, en bois de cèdre supportant un petit toit, formaient une sorte de porche ou veranda. Autour des piliers, et sur des treillages latéraux, grimpaient des vignes, des rosiers et des convolvulus, qui, à certaines époques de l'année, se couvraient de fleurs magnifiques.

La maison donnait sur la rivière; elle était située, comme je l'ai dit, sur la rive gauche, du même côté que Pointe-Coupée. Devant la façade, une grande pelouse de deux cents yards de longueur s'étendait jusqu'au bord de l'eau. Cette pelouse, entourée de hautes palissades, était garnie d'arbustes et d'arbres d'ornement, la plupart indigènes; il y en avait aussi d'exotiques. Parmi ces derniers se faisait remarquer le magnolia aux grandes fleurs (*magnolia grandiflora*), le mûrier rouge (*morus rubra*), le catalpa aux feuilles vert-pâle, le haut tulipier (*liriodendron*), et l'oranger aux feuilles luisantes.

Le vert sombre des cèdres taillés en pointe, et des ifs en forme de pyramide, contrastait avec le vert clair des autres arbres. Les dattiers et les saules pleureurs garnissaient les bords du fleuve, et laissaient pendre jusque dans le courant leurs branches gracieusement recourbées. Il y avait encore d'autres plantes et d'autres arbres originaires du sud : le grand aloès du Mexique (*agave americana*), les longues baïonnettes du yucca, et les larges éventails du palmier. De nombreuses variétés d'oiseaux magnifiques voltigeaient dans les taillis ou se promenaient sur le gazon touffu.

Le grand vestibule ou passage dont nous avons parlé présentait un aspect singulier. Aux murs, de chaque côté, étaient suspendus toutes sortes d'instruments de chasse, tels que rifles, fusils, gibecières, gourdes, couteaux de chasse; plus, un assortiment de pièges, de filets, en un mot, de tous les genres d'engins inventés pour prendre les animaux sauvages qui peuplent la terre, les airs et les eaux. Des bois de cerfs et d'élans étaient cloués aux troncs d'arbres; des brides en crin, des selles à haut pommeau, façon mexicaine ou espagnole, pendaient aux andouillers branchus. Ajoutez à cela des oiseaux et des quadrupèdes rares, artistement empaillés et posés sur des piédestaux le long des murs de bois ; puis des vitrines remplies de mouches, de papillons et d'autres insectes empalés sur de longues épingles et disposés dans un ordre systématique. Bref, ce vestibule ressemblait à un petit musée.

L'intérieur de la maison présentait à l'œil du visiteur trois ou quatre belles chambres, comfortablement meublées, toutes remplies d'objets d'histoire naturelle et d'attirails de chasse. Une des pièces renfermait un corps de bibliothèque garni d'un bon choix de beaux livres : on y voyait, pendus aux murs, un baromètre, un thermomètre, un sabre, des pistolets, et, sur la cheminée, une vieille pendule. Une petite cuisine, pourvue des ustensiles ordinaires, était adossée à la maison. Un peu plus loin, en arrière, on arrivait, par une cour fermée, à un hangar et à une écurie. L'écurie renfermait quatre chevaux : il y avait en outre quelques mules dans l'enclos. Un grand chien roux à longues oreilles, ayant l'air d'un limier, rôdait par la cour et ne pouvait manquer d'attirer l'attention.

Vue de loin, cette maison pouvait être prise pour la résidence d'un riche planteur. On y regardant de plus près, ce n'était plus cela. On ne voyait ni rangées de cabanes pour les nègres, ni moulins à sucre, ni magasins de tabacs, comme il y en a toujours près de l'habitation d'un planteur. Rien de semblable ; point de champs cultivés non plus près de la maison. Les noirs cyprès de la forêt projetaient leur ombre jusque près des murs. Évidemment, ce ne pouvait être l'habitation d'un planteur. Qu'était-ce donc alors ? C'était la demeure d'un *chasseur naturaliste*.

II

LE CHASSEUR NATURALISTE ET SA FAMILLE.

En 1815, la célèbre bataille de Waterloo fut livrée, et, dans la même année, Napoléon Bonaparte était transporté sur le rocher de Sainte-Hélène. Beaucoup d'officiers français, qui avaient suivi la fortune de ce grand *adventurer* (1), émigrèrent à cette époque en Amérique. La plupart se dirigèrent tout naturellement du côté des établissemens français, sur les rives du Mississipi, et y fixèrent leur demeure. Parmi ces derniers se trouvait un colonel de chasseurs de l'armée impériale, nommé Landi. Il était né en Corse, et sa liaison d'enfance avec un des membres de la famille Bonaparte l'avait entraîné à faire sa carrière dans le métier de soldat, les goûts de sa jeunesse le portaient beaucoup plus vers la science que vers l'état militaire.

Pendant la guerre d'Espagne, Landi avait épousé une Basquaise, de laquelle il avait eu trois enfans, trois garçons. Leur mère était morte avant la bataille de Waterloo ; en sorte que Landi, quand il émigra, n'avait pour toute famille que ses trois fils.

Il s'arrêta d'abord à Saint-Louis ; mais, peu de temps après, il descendit la rivière jusqu'à la Pointe-Coupée, dans la Louisiane. Là, il acheta la maison que nous avons décrite, et y établit ses pénates.

Disons tout de suite que le colonel était, par sa fortune, à l'abri du besoin. Avant son départ pour l'Amérique, il avait vendu son patrimoine en Corse ; il en avait retiré une somme suffisante pour vivre sans travail dans tous les pays du monde, et notamment dans cette terre de liberté où la vie est pour rien, où les impôts sont presque nuls, dont il avait fait sa nouvelle patrie. N'étant donc obligé

(1) Le mot anglais *adventurer* n'a pas la même signification que le mot *aventurier*.

de recourir ni au commerce, ni à une profession quelconque, il s'affranchit de tout travail obligatoire. A quoi donc employait-il son temps ? Je vais vous le dire. C'était un homme instruit. Avant d'entrer dans l'armée, il avait étudié les sciences naturelles. Il était *naturaliste*. Un naturaliste trouve à s'occuper partout : là où d'autres périraient d'ennui et d'oisiveté, il sait récolter l'instruction et le plaisir. Sachez-le bien ! il y a de beaux sermons dans les pierres, et le langage de l'eau qui coule vaut celui des meilleurs livres. Landi n'était point un naturaliste de cabinet ; comme le grand Audubon, il avait l'amour de la nature. Passionné pour la chasse, il possédait aussi le goût plus délicat des recherches scientifiques ; et quel plus beau champ pouvait-il trouver, pour satisfaire ses penchans, que cette grande vallée du Mississipi, toute remplie des objets les plus propres à intéresser à la fois le chasseur et le naturaliste ? Autant que j'en puis juger par mon expérience personnelle, il ne pouvait pas mieux choisir,

La chasse et la pêche, des oiseaux à empailler, des peaux de quadrupèdes rares à préparer, la plantation et la taille de ses arbres, l'instruction de ses enfans, l'instruction de ses chiens et de ses chevaux, tout cela constituait pour Landi une vie passablement active. Ses enfans s'associaient à ses travaux, chacun naturellement à la mesure de ses forces, mais il avait un autre aide, Hugot.

Qui cela, Hugot ? Pour votre satisfaction, je vais faire le portrait d'Hugot.

Hugot était un Français, un Français de la plus petite espèce. Il n'avait pas plus de cinq pieds quatre pouces (1). Il était vigoureux et agile ; il avait un grand nez aquilin et, malgré sa petite taille, une paire de moustaches formidables, qui se recourbaient en travers pour cacher presque entièrement sa bouche. Ces moustaches lui donnaient un aspect presque terrible, qui, joint à la raideur de son maintien, à la nature brusque et quasi mécanique de ses mouvemens, dénonçait tout d'abord l'ancien soldat français. C'était en effet un *ci-devant* brigadier de chasseurs. Landi avait été son colonel. Le reste est facile à deviner. Il avait suivi son ancien chef en Amérique, et il était devenu son factotum. On ne voyait guère ni à la hauteur de ses coudes les grandes moustaches d'Hugot. Hugot, séparé de son colonel, n'aurait pu vivre bien longtemps.

Naturellement, Hugot accompagnait son maître dans toutes ses grandes chasses. Dès que les enfans furent capables de se tenir en selle, ils prirent part aussi à ces expéditions. Dans ces occasions, la maison était fermée, car il n'y avait ni gardien, ni autre domestique dans l'établissement. Elle restait ainsi abandonnée pendant des jours, et quelquefois des semaines, les excursions du naturaliste s'étendant parfois très loin dans les forêts environnantes. Les chasseurs revenaient chargés de dépouilles : peaux de quadrupèdes et d'oiseaux, plantes rares, échantillons de géologie. De longs jours se passaient alors à mettre en ordre les nouvelles acquisitions. C'est ainsi que Landi et sa famille employaient leur temps.

Hugot cumulait les fonctions de cuisinier, de valet de chambre, de groom, de sommelier et de messager. J'ai déjà dit qu'il n'y avait pas dans la maison d'autre domestique mâle ou femelle. En conséquence, Hugot faisait aussi le service de femme de chambre. Ces offices multipliés n'étaient pas toutefois aussi difficiles à remplir qu'on pourrait le croire. Le colonel avait des habitudes très simples. Il était façonné à la vie des camps, et il avait accoutumé ses fils à vivre comme lui. Il se contentait d'une nourriture très ordinaire, ne buvait que de l'eau, et dormait, enveloppé d'une couverture, sur un lit de camp recouvert d'une peau de buffalo. Une blanchisseuse de Pointe-Coupée entretenait le linge propre ; et Hugot, après tout, n'avait pas trop à faire dans la maison. Il allait tous les jours au village pour le marché et pour la poste. Il rapportait souvent des lettres, la plupart scellées d'un

(1) 1 m. 62 c. ; pas tout à fait 5 pieds français.

large cachet aux armes d'un prince! Parfois aussi, quand un steamer avait touché terre, il recevait des ballots renfermant des livres, des livres de sciences ou des instrumens curieux. Néanmoins, il n'y avait rien de mystérieux dans la vie du chasseur naturaliste. Ce n'était point un misanthrope. Il faisait de fréquentes excursions au village, et causait avec les vieux chasseurs et d'autres habitans du lieu. Les villageois l'appelaient « le vieux colonel, » et avaient pour lui beaucoup de respect. Ils s'étonnaient seulement de ses goûts de naturaliste, qui leur semblaient étranges. Ils se demandaient aussi comment il pouvait faire pour se passer de ménagère dans la maison. Mais le colonel ne s'inquiétait pas de leurs conjectures. Il riait de leurs questions curieuses, et demeurait toujours avec eux dans les meilleurs termes. Ses enfans aussi étaient devenus, en grandissant, les favoris de tout le monde. Pas un garçon de leur âge ne tirait aussi bien qu'eux; nul ne montait mieux à cheval ; ils traversaient le Mississipi à la nage, savaient manœuvrer un canot, jeter le lasso, harponner un *catfish* (1), aussi bien que s'ils eussent été des hommes. Et, en fait, c'étaient de véritables *petits hommes;* et les villageois, qui sentaient instinctivement la supériorité que l'éducation et l'instruction avaient donnée à ces jeunes gens, les considéraient comme tels. Malgré leurs avantages, ceux-ci se montraient affables envers les villageois ; aussi étaient ils universellement respectés.

Aucun des voisins du colonel ne venait chez lui, à moins que ce ne fût pour affaires. En fait, on ne voyait jamais de visiteurs d'aucune sorte, si l'on en excepte un ou deux de ses anciens compagnons d'armes établis à New-Orléans, qui venaient le voir à peu près une fois par an pour parler de l'ancien temps et goûter sa venaison. Dans ces occasions, Napoléon le Grand était naturellement le principal sujet de la conversation. Comme tous les vieux soldats de l'Empire, Landi avait un culte pour Napoléon ; mais il y avait un membre de la famille Bonaparte pour lequel le naturaliste entretenait des sentimens bien plus profonds d'estime, de vénération, d'amitié sincère. C'était Charles Lucien, prince de Musignano.

Le prince était le héros favori du chasseur naturaliste Landi.

Pendant plusieurs années, l'existence du colonel fut celle que nous avons dite. Puis un accident survint qui faillit lui être fatal. Il avait été blessé à la jambe pendant la guerre de la Péninsule. Sa blessure se rouvrit à la suite d'une chute de cheval, et l'amputation devint nécessaire. Cette opération lui sauva la vie, mais le rendit incapable désormais de se livrer à ses grandes chasses, et il dut s'en tenir aux travaux sédentaires et minutieux du naturaliste.

Avec sa jambe de bois, il pouvait encore parcourir les environs de sa maison et ses enclos, élaguer ses arbres, soigner ses élèves, qui devenaient de plus en plus nombreux, toujours accompagné d'Hugot, qui le suivait partout comme son ombre. Les enfans n'en allaient pas moins faire des chasses lointaines, et récolter des échantillons curieux de tous genres ; et tous continuaient à mener une vie agréable.

Tel était l'état des choses quand je fus mis pour la première fois en rapport avec le naturaliste, son factotum Hugot et ses trois fils, les *jeunes chasseurs,* les héros de notre récit ici.

Jeune lecteur, permettez-moi de vous faire faire connaissance avec eux d'une manière plus intime. Je crois que vous les aimerez tous les trois, et que vous serez charmé de passer quelque temps dans leur société.

(1) Sorte de poisson à large tête très estimé, et dont la pêche est réputée difficile.

III.

LA LETTRE DU PRINCE.

Par une belle matinée de printemps, nous approchons de leur demeure. Nous entrons dans le parc par une porte latérale. Ce n'est pas la peine de pénétrer dans la maison, car il n'y a personne à l'intérieur. Le temps est trop beau pour cela; néanmoins ils sont tous au logis. Ils sont sur le devant de la maison, sous la véranda.

Ils sont tous occupés diversement. Le colonel est en train d'emboquer ses élèves, assisté par Hugot, qui porte le panier contenant les provisions.

Le colonel est un homme de bonne mine. Ses cheveux et ses moustaches ont revêtu la nuance du chanvre blanchi au soleil. Il ne porte pas de barbe. Sa figure, fraîchement rasée, montre un teint bronzé et quelque peu rubicond. L'expression de sa physionomie est à la fois douce et ferme. Il est un peu maigri par suite de l'amputation de sa jambe : c'est un effet qui se produit souvent. Il est simplement vêtu : jaquette de nankin, chemise de cotonnade rayée, pantalon bleu de ciel de même étoffe. Un chapeau de Panama, à larges bords, protège ses yeux contre l'ardeur du soleil; sa chemise entr'ouverte laisse voir sa gorge nue, car il fait très-chaud. Tel est le costume du colonel. Hugot est vêtu d'une manière à peu près semblable; seulement ses pantalon et sa jaquette sont en étoffes plus grossières, et son chapeau est en simples feuilles de *palmetto.*

Examinez Basile, l'aîné des garçons. Il est en train d'attacher des courroies à une selle de chasse placée près de lui sur l'herbe. Basile a juste dix-sept ans. C'est un garçon de bonne mine, quoiqu'on ne puisse pas dire qu'il soit beau. Sa figure porte l'empreinte du courage, et son extérieur annonce de la force. Ses cheveux sont raides et noirs comme le jais. Il tient plus de l'Italien qu'aucun de ses frères; c'est bien le fils de son père, un vrai Corse. Basile est un grand chasseur; il préfère la chasse à tout au monde; il aime la chasse pour elle-même et se plaît aux dangers qu'elle présente ; il a dépassé l'âge de tirer aux oiseaux et aux écureuils ; il n'ambitionne rien de moins maintenant que de chasser la panthère, l'ours ou le buffalo.

Quelle différence entre lui et Lucien, le second des garçons! Ils ne se ressemblent presque en rien. Lucien est d'une complexion délicate, il a le teint pâle et les cheveux blonds. Il tient de sa mère, qui avait, comme beaucoup de Basquaises, une magnifique chevelure blonde. Lucien est passionné pour les livres et l'étude. Il est justement absorbé dans une lecture sous la véranda. Il a beaucoup étudié l'histoire naturelle en général, mais la botanique et la géologie sont ses deux sciences favorites, et il a acquis des connaissances très-étendues dans ces branches. Il accompagne Basile dans toutes les expéditions, mais au milieu de la chasse la plus animée, s'il aperçoit une fleur ou une plante rare, une roche singulière, il s'arrête et met pied à terre. Lucien parle peu, moitié moins que la plupart des jeunes garçons; mais, malgré ses habitudes silencieuses, il est doué d'un rare bon sens, et quand il donne son avis sur une question, ses frères l'écoutent avec respect. Telle est l'influence secrète de l'intelligence et de l'éducation.

Voici maintenant le dernier des trois : François, un petit diable aux cheveux bouclés, plein d'esprit et de malice, gai jusqu'à l'extravagance, toujours joyeux et content, mobile dans ses goûts et dans ses fantaisies, réussissant à tout, en un mot plus Français qu'aucun de ses frères François est un grand dénicheur d'oiseaux, et il est très habile à les prendre. Il s'occupe en ce moment à réparer ses filets; son fusil à deux coups, qu'il vient de nettoyer, est posé à côté de lui. François est l'enfant gâté de tout le monde, mais il est la peste d'Hugot, à qui sans cesse il joue de mauvais tours.

Pendant que le naturaliste et ses enfans sont ainsi occupés, un grondement sourd se fait entendre à quelque distance, en aval de la rivière. Ce bruit ressemble un peu à des décharges régulières d'artillerie; seulement, le son est à la fois plus doux et plus profond.

— Un steamboat! s'écrie François, dont l'oreille est la première avertie.

— Oui, marmotte Basile, de la Nouvelle-Orléans, je pense, allant à Saint-Louis.

— Non, frère, dit Lucien, relevant tranquillement sa tête penchée sur son livre, c'est un bateau de l'Ohio.

— Comment reconnais-tu ça, Luce? demande François.

— Par le son de la vapeur qui s'échappe naturellement. Je puis même vous dire quel est le bateau. C'est l'Œil-de-Daim, le bateau-poste pour Cincinnati.

Peu d'instans après, la fumée blanche se montre au-dessus des arbres; puis l'énorme navire contourne, en mugissant, une courbe de la rive, fendant de son étrave le sombre courant. Il passe bientôt devant le parc, et c'est bien, comme Lucien l'avait dit, l'Œil-de-Daim, le bateau-poste. Le jeune homme porte son triomphe avec une modestie caractéristique.

Quelques minutes après le passage du bateau, on entend le sifflement strident de la vapeur dans la direction de Pointe-Coupée. C'est signe qu'il va s'arrêter au port.

— Hugot! s'écrie le colonel, il y a peut-être quelque chose pour nous. Allez voir.

Sans se le faire dire deux fois, Hugot part: c'est un bon marcheur, Hugot; aussi est-il de retour en un instant. Il apporte une lettre de superbe dimension et de belle apparence.

— Du prince Lucien! crie François, qui a toujours le premier mot. C'est du prince, papa, je reconnais le cachet.

— Allons, François, tenez-vous tranquille! dit le père réprimandant. Puis il se dirige vers la véranda, et cherche ses lunettes.

La lettre est bientôt ouverte et lue.

— Hugot! dit le colonel quand il a fini de lire.

Hugot ne fait aucune réponse, mais il vient se placer devant son maître, la main levée à la hauteur de l'œil, militairement.

— Hugot, il faut que vous alliez à Saint-Louis.
— Bien, mon colonel.
— Vous partirez par le premier bateau.
— Très bien, mon colonel.
— Il faut me procurer une peau de buffalo blanc.
— Ça ne sera pas difficile, monsieur.
— Plus difficile que vous ne pensez, je le crains.
— Avec de l'argent, monsieur?
— Même avec de l'argent, Hugot. Faites bien attention! c'est une peau qu'il me faut; non pas une robe, mais une peau entière, avec la tête, les pieds, complète en un mot, et propre à être empaillée.
— Ah! mon colonel! c'est autre chose.
— Oui, c'est tout autre chose. Je crains que ce ne soit bien difficile, se dit à lui-même le colonel d'un air pensif. Je doute fort que nous puissions nous la procurer; cependant il me la faut, coûte que coûte; oui, certainement, coûte que coûte.
— Je ferai de mon mieux, colonel.
— Adressez-vous à tous les marchands de fourrures de Saint-Louis, demandez parmi les chasseurs et les trappeurs, vous savez où on les trouve. Si cela n'aboutit pas, mettez des annonces dans les journaux, une annonce en français et en anglais. Allez chez monsieur Choteau, partout. Ne regardez pas à la dépense, mais rapportez-moi la peau.
— Soyez tranquille, mon colonel, je ne négligerai rien.
— Préparez-vous donc à partir; il y aura un steamer à la remonte avant la nuit. Tenez, j'en entends un, justement, ce doit être le bateau pour Saint-Louis.

Tout le monde fit silence et prêta l'oreille. On entendit distinctement la respiration d'un autre bateau remontant la rivière.

— C'est un bateau de Saint-Louis, dit Lucien; c'est la Belle-de-l'Ouest.

Lucien, qui avait l'oreille très exercée, pouvait reconnaître, au son du tuyau de vapeur, presque tous les bateaux du Mississipi. Une demi-heure après, le steamer était en vue, et l'on reconnaissait celui que Lucien avait nommé. C'était un bateau pour Saint-Louis, et c'était la Belle-de-l'Ouest.

Hugot n'avait pas de longs préparatifs à faire, et, avant que le bateau fût arrivé devant la maison, il était prêt, recevait quelques instructions complémentaires, une bourse bien garnie, et partait pour Pointe-Coupée, afin de joindre le steamer à l'embarcadère.

IV.

DÉPART POUR UNE GRANDE CHASSE.

Trois semaines s'écoulèrent, et Hugot n'était pas revenu. Ces trois semaines parurent bien longues au vieux colonel, que tourmentait la crainte de voir Hugot échouer dans sa commission. Il avait répondu à la lettre du prince Bonaparte; il avait promis de lui procurer, si la chose était possible, une peau de buffalo blanc, car tel était l'objet de la lettre du prince; et le colonel eût plutôt sacrifié la moitié de sa fortune que de ne pas remplir cette promesse. On ne s'étonnera pas, dès lors, qu'il fût si impatient et si tourmenté pendant l'absence d'Hugot.

Hugot revint enfin; il arriva à la nuit tombée. Le colonel n'attendit pas qu'il fût entré; il se porta à sa rencontre à la porte, une chandelle à la main. Il n'eut pas besoin d'interroger; la physionomie d'Hugot répondait d'avance à la question; et, dès que la lumière éclaira sa figure, chacun aurait pu dire que Hugot revenait sans la peau demandée. Il avait la crête basse; ses grandes moustaches semblaient pendre plus tristement et avoir blanchi.

— Vous n'avez pas trouvé? demanda le colonel d'une voix émue.
— Non, colonel, murmura Hugot.
— Vous avez cherché partout?
— Partout.
— Vous avez mis une annonce dans les journaux?
— Dans tous les journaux, monsieur.
— Vous avez offert un prix élevé?
— Oui, colonel. Tout cela n'a servi de rien. J'aurais offert dix fois plus que je n'aurais pu avoir une peau de buffalo blanc. Je ne l'aurais pas eue pour mille dollars.
— J'en aurais donné cinq mille!
— C'eût été la même chose, monsieur. Il n'y a pas à s'en procurer à Saint-Louis.
— Que dit monsieur Choteau?
— Qu'il y a bien peu de chance de trouver ce qu'il vous faut. Un homme, dit-il, peut parcourir toutes les prairies dans tous les sens sans rencontrer un seul buffalo blanc. Les Indiens en font le plus grand cas, et ne laissent pas échapper ceux qu'ils aperçoivent. J'en ai trouvé deux ou trois dans les ballots de fourrures des marchands; mais elles n'étaient pas comme vous les désirez, monsieur. C'étaient des robes, et même, pour ces robes, on demandait fort cher.
— Elles ne m'eussent servi de rien. Cette peau a une destination particulière: c'est pour un grand Muséum. Ah! je crains bien de ne pouvoir me la procurer. Si on ne peut en avoir à Saint-Louis, où donc en trouvera-t-on?

— Où, papa? interrompit François, qui, ainsi que ses frères, avait assisté au dialogue précédent ; hé mais, dans les prairies !

— Dans les prairies ! répéta machinalement le père.

— Oui, papa. Envoyez-nous, Basile, Lucien et moi. Nous vous trouverons un buffalo blanc, je vous le garantis.

— Hourrah, François ! s'écria Basile ; tu as raison, frère. J'allais faire la même proposition.

— Non, non, mes enfans ; vous avez entendu ce qu'à dit monsieur Choteau. Il ne faut pas penser à cela. C'est impossible. Et moi qui ai écrit au prince, qui ai pour ainsi dire promis !

La physionomie et l'attitude du colonel exprimaient le chagrin et le désappointement.

Lucien, qui l'observait avec un sentiment de peine, intervint à son tour.

— Papa ! dit-il, il est vrai que monsieur Choteau a une grande expérience du commerce des fourrures ; mais les faits ne sont pas d'accord avec ses dires. (Lucien, vous le remarquerez, était un habile logicien.) Hugot a vu deux ou trois robes blanches à Saint-Louis. Il faut bien que quelqu'un ait trouvé les animaux qui les portaient. De plus, j'ai entendu dire, comme monsieur Choteau l'affirme lui-même, que les chefs indiens en font le plus grand cas, et s'en font de riches manteaux ; on en rencontre souvent d'ainsi vêtus dans les tribus. Cela prouve donc qu'il y a des buffalos blancs dans les prairies ; et pourquoi ne les trouverions-nous pas aussi bien que d'autres ? Je dis comme François et comme Basile : Laissez-nous aller à leur recherche.

— Rentrons, mes enfans, rentrons ! dit le père, évidemment charmé et rassuré jusqu'à un certain point par la proposition de ses garçons. Rentrons à la maison ; nous causerons mieux de cela après souper.

Ce disant, le vieux colonel regagna clopin-clopant l'intérieur, suivi de ses trois garçons ; Hugot, qui mourait de faim et paraissait très fatigué, fermait la marche.

Pendant et après le souper, la question fut examinée sous toutes ses faces. Le père était plus d'à moitié disposé, pour sa part, à adopter la proposition de ses fils ; ceux-ci, particulièrement Basile et François, démontraient avec enthousiasme la praticabilité du projet. Ai-je besoin de vous dire le résultat de la discussion ? Le colonel consentit : l'expédition fut résolue.

Le désir de rendre service à son ami le prince entrait pour beaucoup dans la détermination du père ; mais ce n'était pas le seul motif. Il éprouvait une joie secrète à voir se manifester chez ses voisins et ses amis, de la manière dont il les avait élevés à devenir promptement des hommes, et il les appelait mes « petits hommes », ses *jeunes chasseurs*. Effectivement, il les avait habitués, autant qu'il l'avait pu, à compter sur leurs propres forces. Il leur avait appris à monter à cheval, à nager, à plonger, à jeter le lasso, à grimper aux plus hauts arbres, à escalader les rochers à pic, à tuer les oiseaux au vol, les bêtes fauves à la course, soit avec l'arc, soit avec le rifle. Il les avait accoutumés à dormir en plein air, au milieu des forêts ; sur la prairie vierge, au milieu de la neige ; partout avec une simple couverture ou une peau de buffalo pour tout lit. Il les avait habitués à se contenter de la nourriture la plus simple ; les connaissances pratiques qu'il leur avait données dans la botanique, particulièrement à Lucien, les rendaient capables, au besoin, de se procurer leur subsistance aux dépens des plantes, des arbres, des racines et des fruits, en un mot, de trouver des ressources là où un ignorant se laisserait périr de faim. Ils savaient allumer du feu sans pierre à fusil, sans briquet et sans poudre. Ils étaient capables de reconnaître la direction des points cardinaux sans boussole, par la simple inspection des rochers, des arbres ou du ciel. De plus, ils avaient appris, autant que faire se pouvait à cette époque, la géographie de cette vaste contrée sauvage, qui s'étendait depuis leur maison jusqu'aux rivages lointains de l'Océan-Pacifique.

Le colonel savait qu'il pouvait sans danger les laisser s'aventurer dans les prairies, et, à dire vrai, ce fut plutôt avec un sentiment d'orgueil satisfait qu'avec inquiétude qu'il consentit à l'expédition. Il y avait encore un autre motif qui le faisait agir, et peut-être le plus puissant de tous. Ce motif puisait sa source dans son amour-propre d'artiste. Quel triomphe pour lui d'envoyer un aussi rare échantillon à un grand Museum d'Europe ! Si jamais, ô mon jeune lecteur ! vous devenez naturaliste, vous comprendrez avec quelle énergie ce sentiment devait agir et agissait en effet.

D'abord, le colonel proposa à ses enfans de leur donner Hugot pour compagnon. Mais ils ne voulurent pas entendre parler de cela, et refusèrent énergiquement d'un commun accord. Ils ne voulaient pas emmener Hugot ; leur père devait le garder avec lui ; Hugot ne pouvait leur être d'aucun secours, disaient-ils. Ils se tireraient tout aussi bien d'affaire, beaucoup mieux même sans lui.

La vérité était que ces jeunes chasseurs ambitieux voulaient garder pour eux toute la gloire de leur entreprise, et ils sentaient bien que prendre Hugot avec eux c'était se dépouiller d'une partie de cette gloire. Non pas qu'Hugot fût si mauvaise façon un chasseur habile, bien au contraire, ni un guerrier bien redoutable, quoiqu'il eût été chasseur à cheval, et qu'il portât de formidables moustaches. Le vieux colonel savait parfaitement tout cela : aussi n'insista-t-il pas beaucoup pour les faire accompagner d'Hugot.

Les talens d'Hugot brillaient de tout leur éclat sur un autre théâtre : à la cuisine. Là, Hugot était sur son terrain. Il aurait pu lutter avec monsieur Soyer (1) lui-même pour la préparation d'une omelette, d'une fricassée de poulet ou d'un canard aux olives. Mais Hugot, bien qu'il eût suivi depuis nombre d'années son colonel et ses jeunes maîtres dans leurs expéditions, Hugot n'avait aucun goût pour la chasse. Il avait une peur effroyable des ours et des panthères, et quant aux Indiens... ah ! *les Indiens !*...

A propos des Indiens, vous vous étonnerez peut-être, mon jeune ami, lorsque vous saurez surtout que cinquante tribus belliqueuses vivent et rôdent dans les prairies, la plupart ennemies jurées des blancs, qu'on tue partout où ils les rencontrent, comme chez nous on tue les chiens enragés ou les serpens venimeux ; vous vous étonnerez peut-être, dis-je, de voir le vieux père, Français ou Corse, peu importe, laisser ses fils s'embarquer dans une aussi dangereuse expédition. Cela semble hors de nature, n'est-ce pas ? Cela paraît invraisemblable, quand on réfléchit que le père aimait ses trois enfans tendrement, plus que sa propre vie. On se dira, sans aucun doute, qu'il aurait difficilement trouvé un moyen plus sûr de se débarrasser d'eux que de les envoyer ainsi au milieu des sauvages. Sur quoi donc pouvait-il compter pour les préserver d'un tel danger ? Sur leur âge ? Il connaissait trop bien les Indiens pour cela. Il savait bien que leur âge ne les sauverait pas s'il leur arrivait de tomber entre les mains d'une tribu ennemie des blancs. A la vérité, les sauvages pourraient bien ne pas les scalper, en considération de leur jeunesse, mais ils les emmèneraient en captivité, et on ne les reverrait jamais.

Le père pensait-il que l'expédition ne les conduirait pas au delà du territoire des tribus amies ? Non, il n'avait pas cette idée. Si telle eût été leur intention, leur voyage risquait fort d'être infructueux. Dans ces limites, ils ne pouvaient trouver des buffalos qu'en bien petit nombre ; car il est bien connu que les buffalos ne se rencontrent en troupes nombreuses que sur les parties de la prairie connue sous le nom de *territoire de guerre*, c'est à dire celles où vont chasser plusieurs tribus qui sont en guerre les unes contre

(1) Célèbre restaurateur de New-York.

les autres. C'est parce que les chasseurs y sont plus rares en raison du danger de rencontrer des ennemis, que les buffalos y sont plus nombreux. Sur un territoire exclusivement possédé par une seule tribu, les buffalos sont détruits ou mis en fuite par des chasses perpétuelles. Il est donc parfaitement connu de tous les chasseurs que, là où les buffalos abondent, les dangers abondent aussi, quoique la réciproque ne soit pas toujours vraie. Sur les terrains neutres, ou territoire de guerre des Indiens, vous pouvez rencontrer aujourd'hui une tribu amie, et demain, l'heure d'après peut-être, tomber entre les mains d'une bande de sauvages qui vous scalperont à première vue.

Le père de nos trois jeunes chasseurs était parfaitement au courant de tout cela. Comment donc s'expliquer qu'il fût assez dénaturé pour permettre à ses enfans de risquer leur vie dans une pareille entreprise? La chose serait en effet inexplicable s'il n'y avait pas eu pour justifier sa conduite un *mystère* que je vous expliquerai plus tard. Tout ce que je puis vous dire maintenant, c'est que, au moment où les trois jeunes gens étaient en selle et sur le point de partir, le colonel s'approcha de Basile, tira de sa poche un petit sac de peau brodé d'aiguilles de porc-épic, et le lui mit dans la main en lui disant : « Conserve-le précieusement, Basile ; tu en connais le prix et l'usage ; ne t'en sépare jamais ; vos vies peuvent en dépendre. Que Dieu soit avec vous, mes braves enfans ! Adieu ! » Basile prit le petit sac, passa le cordon à son cou, plaça le sachet sous sa blouse de chasse, pressa la main de son père, et, donnant un coup d'éperon, s'éloigna rapidement. Lucien prit congé de son père en lui envoyant un baiser, fit un geste amical à Hugot, et suivit. François, demeuré le dernier, se dirigea vers Hugot, saisit sa longue moustache, et donna une secousse qui fit faire la grimace à l'ex-chasseur ; puis, avec un éclat de rire, il fit pirouetter son poney, et s'élança au galop à la suite de ses frères.

Le colonel et Hugot demeurèrent immobiles, les suivant du regard. Quand les jeunes chasseurs eurent atteint la lisière des bois, ils s'arrêtèrent, se retournèrent sur leurs selles, et, levant leurs chapeaux, poussèrent une acclamation d'adieu ; le colonel et Hugot répondirent par un cri semblable. Puis on entendit la voix claire de François qui criait :

— Soyez tranquille, papa, nous vous rapporterons le *buffalo blanc*.

V

LE CAMP DES JEUNES CHASSEURS.

Nos jeunes coureurs d'aventures se dirigeaient à l'ouest, et ils disparurent bientôt sous l'ombre des bois majestueux. A cette époque, il y avait fort peu d'établissemens à l'ouest du Mississipi. Quelques petites villes sur les bords du fleuve, çà et là une éclaircie pratiquée par un *settler* (1), ou la hutte d'un *squatter* (2), tels étaient les seuls indices de civilisation que l'on y rencontrait. Un seul jour de marche vers le couchant faisait sortir le voyageur des limites habitées, et le lançait subitement dans un labyrinthe de marécages et de forêts de plusieurs centaines de milles d'étendue. On trouvait bien encore quelques établissemens éparpillés sur les *bayous*, plus loin à l'ouest ; mais ils étaient en plein milieu de la nature sauvage, et séparés par d'immenses solitudes.

Au bout d'une heure environ, nos jeunes gens avaient dépassé les établissemens qui environnaient Pointe-Coupée, et suivaient les sentiers de la forêt parcourus seule-

(1) *Settler*, l'homme qui s'établit sur un terrain pour le cultiver.
(2) *Squatter*, chasseur à l'affût.

ment par les Indiens pillards ou les chasseurs blancs de la frontière. Les enfans connaissaient bien ces sentiers ; ils y avaient souvent passé dans des chasses précédentes.

Je n'entrerai pas dans de trop minutieux détails sur les incidens de leur route. Cela vous fatiguerait et demanderait trop de temps. Nous les prendrons à leur premier campement, à la place où ils firent halte pour la nuit.

C'était dans une petite clairière comme on en rencontre souvent dans les forêts du Mississipi. Il y avait à peu près un acre de terrain sans arbres, couvert d'un tapis d'herbes et de fleurs, au milieu desquelles se faisaient remarquer l'hélianthe et les lupins bleus. Tout autour, de grands arbres : à l'inspection des feuillages on pouvait voir que ces arbres étaient de différentes espèces ; les troncs aussi étaient d'aspects divers. Les uns étaient unis, les autres montraient une écorce toute crevassée et soulevée en larges écailles d'un pied ou plus de longueur. Le magnifique tulipier (liriodendron) était reconnaissable à son tronc droit comme une colonne, duquel on tire ces grandes planches de *peuplier blanc* que vous avez vues sans doute ; car c'est ainsi que les charpentiers et les constructeurs appellent cet arbre. Le nom de *tulipier* lui vient de ses fleurs qui, par la forme et la dimension, ressemblent beaucoup aux tulipes, et sont d'une couleur jaune verdâtre, teintée d'orange. C'était l'arbre le plus abondant autour de cette clairière. Il y en avait beaucoup d'autres, néanmoins, et le plus remarquable c'était le *magnolia grandiflora*, avec ses grandes feuilles cirées et ses fleurs. On voyait encore l'érable à sucre (*acer saccharinum*) ; plus bas l'*œil de daim*, au feuillage touffu (*œsculus flava*), avec ses jolies fleurs orange ; puis, l'hickory à l'écorce écailleuse, le *juglans alba* des botanistes. D'énormes plantes grimpantes couraient d'arbre en arbre, ou s'élançaient obliquement vers les cimes ; d'un côté de la clairière, on remarquait un massif de roseaux-cannes (*arundo gigantea*) croissant, à rangs pressés, comme un gazon gigantesque. Du côté opposé, se montrait plus ouverte ; sans doute, le feu avait été mis aux broussailles dans cette direction. Les feuilles en éventail des palmettos, les yuccas qui croissaient tout autour, donnaient un aspect tropical au paysage.

Les jeunes chasseurs avaient fait halte deux heures environ avant le coucher du soleil, afin de pouvoir préparer leur camp pour la nuit. Une demi-heure après, la clairière présentait le tableau que je vais décrire.

Près de la lisière s'élevait la forme blanche et pyramidale d'une petite tente de toile ; la portière était rejetée en arrière, la soirée était superbe, et il n'y avait personne dans l'intérieur. A côté de la tente, trois selles posées sur l'herbe. C'étaient des selles mexicaines à pommeaux et dossiers élevés ; à l'avant, une espèce de corne, avec un crampon et un anneau solidement fixés dans le bois. Plusieurs cordes de cuir étaient attachées à d'autres anneaux derrière la dossière. Les étriers étaient en acier, et non grossièrement façonnés en bois comme ceux qui défigurent les selles mexicaines. Près des selles, un objet d'une forme singulière, ressemblant à un livre énorme, à moitié ouvert et posé sur son dos. C'était un bât à la mode mexicaine aussi ; ce que dans le pays on nomme un *alpareja*. Il était muni d'une forte sangle de cuir, et d'une croupière pour l'empêcher de glisser sur le cou de l'animal qui le portait. Un peu plus loin, plusieurs couvertures, les unes rouges, les autres vertes. Une peau d'ours et une couple de robes de buffalos étendues sur l'herbe ; des fouets, des brides, des gourdes et des éperons pendus à une branche ; trois fusils appuyés au tronc d'un tulipier qui dominait la tente : deux de ces armes étaient des rifles, un grand et un plus petit ; la troisième était un fusil à deux coups. Des sacs à balles, des cornes à poudre étaient accrochés à l'extrémité saillante des baguettes.

En face, et sous le vent de la tente, un feu tout nouvellement allumé pétillait et flambait. On reconnaissait la belle flamme rouge de l'hickory, le meilleur des bois de chauffage : mais on avait dû commencer par allumer des branches sèches de bois plus léger. De chaque côté du feu, une branche fourchue est fichée en terre ; une jeune pousse, fraîchement coupée, repose horizontalement sur les fourches en guise de traverse. Une marmite de camp en fer, contenant deux gallons, y est accrochée au-dessus du feu, et l'eau commence à bouillir. D'autres ustensiles sont posés alentour : une poêle à frire ; quelques tasses d'étain ; plusieurs sacs ou paquets contenant de la farine, de la viande séchée et du café ; une cafetière solide en étain ; une petite bêche ; une hache légère, montée sur un manche recourbée d'hickory.

Tels sont les accessoires inanimés du tableau.

Voyons maintenant les personnages.

D'abord nos trois héros, les jeunes chasseurs, Basile, Lucien et François. Basile, près de la tente, enfonce les piquets ; Lucien s'occupe du feu qu'il vient d'allumer ; François plume une paire de pigeons sauvages, abattus par lui chemin faisant. Chacun d'eux porte un costume différent. Basile est entièrement vêtu de peaux de chèvres, à l'exception de son bonnet, taillé dans une peau de *raccoon*, avec la queue rayée, qui se balance comme un panache retombant jusqu'à ses épaules. Sa blouse de chasse à collet frangé, gracieusement orné de grains de collier, est serrée à la taille par une ceinture, à laquelle pendent un couteau de chasse dans sa gaîne, et un petit fourreau hors duquel se montre la crosse luisante d'un pistolet. Ses jambes sont couvertes de grandes guêtres en peau de daim frangées le long des coutures, et ses pieds chaussés de mocassins. Son costume est celui d'un chasseur des forêts ; seulement, il porte du linge plus fin et plus blanc, et sa blouse de chasse est brodée avec plus de goût que celles des simples chasseurs de profession.

L'habillement de Lucien est bleu de ciel. Il se compose d'une longue veste de chasse, en forte cotonnade, et d'un pantalon de la même étoffe. Il a des bottines lacées aux pieds, et sur sa tête un panama à larges bords. Ce costume est un peu plus civilisé que celui de l'aîné. Lucien porte une ceinture de cuir avec un couteau de chasse d'un côté, et de l'autre un petit tomahawk au lieu de pistolet ; non que Lucien ait l'intention de frapper personne avec ce tomahawk, qui lui sert à briser des roches et non des têtes. Le tomahawk de Lucien est un instrument de géologue. François porte encore la petite veste ronde attachée au pantalon. Il a des jambards et des mocassins, sa casquette de coutil est coquettement mise sur son abondante chevelure bouclée. Il a aussi une ceinture et un couteau de chasse, et une miniature de pistolet pendant sur sa cuisse gauche.

A peu près au milieu de la clairière, trois chevaux attachés par leurs lassos à des piquets assez espacés pour qu'ils puissent pâturer sans se troubler l'un l'autre. Ces trois animaux diffèrent essentiellement. Il y a d'abord un grand cheval noir, demi-sang arabe, évidemment plein de feu et de vigueur. C'est la monture de Basile. Il répondait au nom de *Faucon noir*, en souvenir du célèbre chef des *Sacs* et des *Renards*, grand ami du vieux colonel, qui avait reçu l'hospitalité chez lui lors d'une visite au pays de ces tribus. Le second est un cheval bai ordinaire, de l'espèce connue sous le nom de *Cob*, animal sobre et modeste, n'ayant rien du chasseur ou du guerrier dans la tournure, mais bien en chair et robe luisante, comme un citoyen bien nourri. Aussi l'appelle-t-on *le Bourgeois*. Naturellement, c'est la monture du paisible Lucien. Le troisième pourrait être pris pour un poney, à en juger par la taille ; car il est de beaucoup le plus petit des trois. C'est un cheval cependant, tant par la forme que par le tempérament, un de ces petits coursiers intrépides amenés dans le Nouveau-Monde par les conquérants espagnols, et maintenant désignés dans tout le pays de l'Ouest sous le nom de *mustangs*. Comme j'aurai plus d'une fois occasion de parler de ces trois nobles créatures, je me bornerai à dire que ce dernier est tacheté comme un léopard, et répond au nom de *le Chat*, surtout quand c'est François, son propriétaire, qui l'appelle.

Un peu à l'écart des chevaux, on voit un autre quadrupède, couleur de vieille ardoise, marqué de blanc sur le dos et sur les épaules. C'est une véritable mule mexicaine, aussi rétive et aussi vicieuse que pas une de sa race. En sa qualité de femelle on l'a baptisée *Jeannette*. Jeannette est attachée hors de portée des chevaux, car entre elle et le mustang il n'y a pas la moindre sympathie. Jeannette porte le bât sur lequel on place la tente, les provisions, les ustensiles et autres bagages.

Il y a encore un être vivant dans la clairière, le chien *Marengo*.

A sa taille et à sa couleur roux brûlé, on le prendrait pour une panthère, un couguar. Son long museau noir, ses larges oreilles pendantes lui donnent toutefois une autre apparence, et dénoncent le chien courant. C'est en effet un limier croisé de mâtin, un vigoureux animal. Il est accroupi près de François, suivant de l'œil, avec un intérêt marqué, l'étripement des oiseaux.

Maintenant, mon petit ami, vous avez devant les yeux le camp de nuit des jeunes chasseurs.

VI

UN ÉCUREUIL QUI L'ÉCHAPPE BELLE.

François eut bientôt fini de dresser ses pigeons, et les immergea dans l'eau bouillante. On y ajouta un morceau de viande séchée, puis du sel et du poivre, le tout extrait du magasin. L'intention de François était de faire une soupe au pigeon. Il délaya ensuite un peu de farine dans de l'eau, afin de donner de la consistance au bouillon.

— Quel dommage, dit-il, de ne pas avoir de légumes !

— Attends ! s'écria Lucien, qui entendit son exclamation. J'ai aperçu par ici, tout près, différentes sortes d'herbes et de racines. Laisse-moi voir s'il y en a de bonnes.

En disant ces mots, Lucien parcourut la clairière à petits pas, les yeux fixés sur la terre. N'ayant rien trouvé au milieu du gazon, il pénétra sous les arbres et se dirigea vers le bord d'un petit ruisseau qui courait tout près de là. Peu d'instans après, il revenait les deux mains pleines de légumes, et les jetait sans rien dire devant François. Il y en avait de deux espèces : l'une qui ressemblait à un petit navet, et c'était en effet le navet indien (*psoralea esculenta*), l'autre, l'oignon sauvage, que l'on trouve dans beaucoup de parties de l'Amérique.

— Ha ! cria François, qui les reconnut, quel bonheur ! Pomme blanche et oignons sauvages, ma parole d'honneur ! Maintenant, je vais pouvoir faire une soupe un peu soignée.

Il éplucha joyeusement les légumes, et les jeta dans la marmite écumante.

Bientôt la viande et les pigeons furent cuits, et la soupe faite. La marmite fut décrochée, et les trois frères, s'asseyant sur l'herbe, remplirent leurs bols d'étain, et se mirent à manger. Ils avaient emporté une provision de pain pour les premiers jours. Cette provision épuisée, ils avaient un sac de farine ; et, le sac de farine vidé, ils devaient se passer entièrement de pain, comme cela leur était arrivé souvent dans des excursions de ce genre.

Pendant qu'ils dégustaient leur soupe au pigeon et dépouillaient les os bien garnis, leur attention fut attirée par un mouvement qui se fit de l'autre côté de la clairière. Ils avaient aperçu quelque chose s'élever perpendiculairement du sol, comme un éclair de lumière jaune.

Tous trois devinèrent que ce devait être le rapide passage d'un écureuil le long d'un tronc d'arbre ; ils virent, en effet, l'animal lui-même appliqué tout à plat contre l'écorce et s'arrêtant un instant, comme les écureuils ont l'habitude de faire, avant de prendre un nouvel élan.

— Oh ! s'écria Lucien d'une voix contenue, c'est un

écureuil fauve, et qu'il est beau ! Papa donnerait vingt dollars pour une peau pareille.

— Il ne lui coûtera pas si cher, répliqua François, se dirigeant avec précaution vers son fusil.

— Halte, François! dit Lucien ; laisse Basile tirer avec son rifle : il est plus sûr de son coup que toi.

— C'est juste, répondit François ; mais s'il manque, je serai toujours prêt.

Bazile s'était levé et se dirigeait sans bruit vers les fusils. Il prit son rifle et se retourna du côté de l'animal. François, au même instant, armait ses deux coups.

L'arbre auquel avait grimpé l'écureuil était un arbre mort, un tulipier frappé par la foudre ou victime des tempêtes, placé un peu en avant des autres dans la clairière. Il n'en restait plus guère que le tronc dépouillé, qui s'élevait, comme une colonne, à une hauteur de soixante pieds. Les branches avaient été brisées par le vent, à l'exception d'une seule, qui s'élançait diagonalement du sommet. Cette branche, quoique tortue et présentant plusieurs fourches dans sa longueur, n'était pas très grosse. Elle n'avait ni rameaux ni feuilles; elle était morte comme le tronc.

Pendant que Basile et François faisaient leurs préparatifs, l'écureuil avait fourni un second élan vers le sommet : il avait atteint la branche, se tenait assis sur une des fourches, et paraissait absorbé dans la contemplation du soleil couchant. On ne pouvait pas désirer un but mieux placé, pourvu que l'animal permît aux tireurs d'approcher. Cela paraissait assez probable, car il semblait fort peu se préoccuper de la présence des chevaux et des jeunes gens, montrant ainsi qu'il n'avait jamais été poursuivi par un chasseur. Assis sur ses hanches, dressant sa queue touffue déployée comme un éventail, il s'épanouissait aux chauds rayons venant de l'ouest.

Les deux frères s'avançaient doucement en contournant la clairière ; Basile était en avant. Quand il se crut à portée, il leva son rifle, le mit à l'épaule, et il allait presser la détente ; mais l'écureuil, qui jusqu'alors ne l'avait point aperçu, tressaillit tout à coup, replia sa queue, et descendit en courant le long de la branche avec tous les signes de la terreur. Il ne s'arrêta que quand il eut atteint le tronc ; arrivé à un pied ou deux au-dessous du sommet, il se colla tout à plat contre l'écorce.

Qui donc pouvait l'avoir effrayé ainsi ? ce n'étaient pas les enfans ; il n'avait pas pris garde à eux jusqu'alors, bien plus, il était venu se réfugier de leur côté et leur présentait toujours un superbe point de mire. S'il avait eu peur d'eux, il se serait caché, comme font toujours les écureuils, de l'autre côté du tronc. Évidemment, sa frayeur avait une autre cause. Tandis qu'il se tenait horizontalement accroché à l'arbre, sa tête tournée en l'air manifestait, par un mouvement particulier, que le danger dont il cherchait à se garantir venait d'en haut. En effet, un oiseau de proie de grande taille volait en cercle juste au-dessus de l'arbre.

— Arrête ! dit tout bas Lucien, posant la main sur le bras de Bazile ; ne tire pas ! c'est le faucon rouge-queue. Regarde, il va fondre sur l'écureuil. Observons-le.

Basile abaissa son rifle, et tous trois attendirent. L'oiseau ne les voyait pas, cachés qu'ils étaient sous une branche feuillue ; ou bien, tout occupé de sa proie, il ne s'inquiétait pas d'eux pour le moment.

Lucien avait à peine parlé, que le faucon, qui, jusqu'alors avait plané sur ses larges ailes étendues, rétrécit sa queue, reploya ses ailes, et s'abattit avec un *wish-sh-sh* sonore ! Il tomba presque perpendiculairement, et frisa l'écureuil de si près, que les enfans le cherchèrent des yeux entre ses serres au moment ou il reprenait son vol. Mais l'écureuil, qui se tenait sur ses gardes, avait saisi le moment où le faucon lancé ne pouvait plus dévier de sa course, et, prompt comme l'éclair, était passé de l'autre côté du tronc.

A l'aide de sa queue, qui lui servait de gouvernail, l'oiseau fit demi-tour vers le côté où l'écureuil se tenait ; deux ou trois coups de ses ailes puissantes lui eurent bientôt fait regagner une hauteur convenable ; puis, il s'abattit de nouveau sur sa proie. Cette fois encore, l'écureuil l'évita, grâce à la même manœuvre. Le faucon fit volte-face encore, remonta, retomba, manqua son coup et reprit son vol. Une quatrième tentative n'eut pas plus de succès, et l'oiseau recommença à tourner en cercle au-dessus de l'arbre.

— Je ne comprends pas pourquoi cette bête ne gagne pas un autre arbre garni de branches, au milieu desquelles il pourrait se cacher, murmura François, ou bien que ne va-t-il à celui où est son trou ? Il y serait en sûreté.

— C'est bien ce qu'il voudrait faire, répondit Lucien. Mais, regarde, son ennemi est juste au-dessus de lui. Les autres arbres sont loin, et, s'il essaie de traverser la clairière, le faucon tombera sur lui comme une bombe. Tu as vu avec quelle rapidité il descend ?

Telle était en effet la situation de l'écureuil. On le voyait jeter des regards pleins d'envie et d'inquiétude sur les arbres trop distans ; car, bien qu'il eût réussi jusque-là à échapper, il paraissait épuisé de fatigue et d'effroi.

Le faucon se tenait à une douzaine de yards au-dessus de l'arbre, et avait recommencé à tourner en cercle ; tout en volant, il poussait des cris d'une nature particulière : c'était comme un appel adressé à quelque camarade. Un moment après, on entendit la réponse, venant du fond des bois ; presque aussitôt, un autre faucon, un rouge-queue comme le premier, mais beaucoup plus grand, arriva s'essorant. Le premier était évidemment le mâle ; car, dans cette espèce, la femelle est toujours plus grosse que le mâle. Ils se réunirent et enveloppèrent l'arbre de deux cercles tracés en sens contraire, et tenant les yeux fixés en bas. La terreur de l'écureuil redoubla ; il voyait trop bien ce qui allait lui arriver. Il se mit à courir tout autour du tronc, jetant des regards désespérés en arrière, comme s'il eût voulu s'élancer pour gagner le bois,

Les faucons ne lui laissèrent pas le temps de prendre un parti. Le plus petit s'abattit le premier, et manqua l'écureuil qui se réfugia, comme avant, de l'autre côté de l'arbre ; mais la pauvre bête y était à peine arrêtée, que la femelle, arrivant à son tour, la forçait à regagner sa première place. Pendant ce temps le mâle s'était élevé de nouveau, et cette fois il tombait sur sa proie avec tant de rapidité et de précision, que l'écureuil, incapable de recommencer la manœuvre qui lui avait si bien réussi jusque-là, lâchait prise et tombait. L'oiseau suivait, gouvernant son vol avec sa large queue ; avant que l'animal eût touché terre, le faucon l'avait saisi, et remontait avec sa proie aux talons, en jetant un cri perçant.

Son triomphe ne fut pas de longue durée. Un coup de feu se fit entendre, le faucon et l'écureuil tombèrent lourdement à terre. Un autre coup suivit, et, presque en même temps que le mâle, la grande femelle s'abattit avec une aile cassée, et s'agita violemment sur le gazon, en poussant des cris semblables à ceux d'un chat. Un coup de la crosse du fusil de François la réduisit au silence : les deux canons de son arme étaient déchargés, car c'était François qui venait d'exécuter ce coup double sur les rouge-queues.

Ce qu'il y a de plus singulier, c'est que l'écureuil n'avait été tué ni par le coup de feu ni par la chute : bien loin de là ; et quand Lucien se baissa tranquillement pour le ramasser, se félicitant de l'avoir pris, l'animal fit un bond, se dégagea des serres du faucon mort, et, s'élançant au milieu du bois, eut bientôt gagné le haut d'un arbre. Les trois jeunes gens se hâtèrent à sa poursuite : mais en arrivant au pied de l'arbre, un chêne de cinq pieds de diamètre, ils eurent la mortification de découvrir le trou de l'écureuil, à cinquante pieds du sol : cela mit fin à la chasse en ce qui le concernait.

VII

FRANÇOIS FAIT UNE VILAINE CULBUTE.

Le soir du second jour, nos chasseurs campèrent sur le bayou Crocodile. Ce bayou, comme tous les bayous, est un cours d'eau paresseux formant une suite d'étangs ou de petits lacs. Il doit son nom au grand nombre d'alligators qui infestent ses eaux, quoique, sous ce rapport, il ne diffère pas beaucoup des autres rivières de la Louisiane.

On avait choisi pour établir le camp un espace ouvert, sur le bord, à un endroit où le bayou s'élargissait et formait un petit lac. De là, on pouvait voir tout le tour de ce lac, et ses bords présentaient un singulier aspect. Des arbres géans, chênes et cyprès, croissaient presque dans l'eau, et, de leurs branches étendues, pendait, en longs fils d'argent, la mousse blanche d'Espagne. Cela donnait au bois un aspect chenu, et la scène eût été d'une grande mélancolie, sans le brillant feuillage des autres arbres. Çà et là, un vert magnolia reluisait au soleil, étalant ses larges fleurs blanches. Plus bas croissaient des joncs énormes (*arundo gigantea*), dont les tiges vert-pâle, se terminant en pointe de lance et se dressant parallèlement à rangs pressés, semblaient du blé géant avant la formation de l'épi. Au-dessus se montraient les branches grises du nyssa aquatique (*nyssa aquatica*), plantureusement couvertes de feuilles légères. Le magnifique palmetto (*chamærops*) étendait ses éventails comme pour protéger la terre contre l'ardeur du soleil. Des formes étranges se réfléchissaient dans l'eau. D'énormes parasites, des vignes, des lianes, des convolvulus d'espèces variées, s'enroulaient d'arbre en arbre, comme des câbles; les uns couverts d'un épais feuillage, les autres étalant des fleurs splendides. Les tubes écarlates de la vigne trompette (*bignonia*), les blanches étoiles du parasite du cyprès, les fleurs roses de l'althéa sauvage (*hiblscus grandiflora*), mêlent leurs nuances et invitent les papillons aux vives couleurs, les oiseaux-mouche cuirassés de rouge, qui se jouent au milieu de leurs corolles satinées. A côté de ces parties brillantes du paysage, il y en a de sombres et de sévères. La vue s'étend au loin dans la forêt, à travers les troncs noirs des cyprès qui croissent dans des marécages à croûte verte, et qui s'élèvent jusqu'à cent pieds sans une seule branche, laissant pendre de leur cime la mousse grisâtre aride et triste. Quelques troncs brisés s'élèvent comme des cônes; d'énormes parasites, d'un pied et plus de diamètre, semblent des monstrueux serpens se glissant d'arbre en arbre.

Le lac est rempli d'alligators. Les uns se chauffent au soleil sur les rives basses, d'autres gagnent en rampant les sombres marécages. Ceux-ci nagent avec aisance à la surface de l'eau; on voit saillir la longue épine noueuse de leur dos. Quand ces horribles bêtes sont immobiles, on les prendrait pour des souches de bois mort; beaucoup restent ainsi sans mouvement, soit pour guetter leur proie, soit par suite de leur paresse naturelle. Ceux qui se chauffent au soleil ont leurs longues mâchoires toutes grandes ouvertes, et les referment de temps en temps avec un bruit sec. Ils s'amusent à attraper des mouches, qui, attirées par l'odeur musquée, bourdonnent autour de leurs hideuses gencives, et viennent se poser sur leur langue visqueuse. Il y en a qui pêchent dans le courant, et, par intervalles, les coups de queue dont ils battent l'eau se font entendre à la distance de plus d'un demi-mille. Leur coassement fait retentir les bois : c'est un son de la même nature que le coassement de la grenouille, mais aussi fort, aussi terrible que le mugissement du bœuf. Ils sont horribles à voir; mais nos chasseurs sont habitués à leur aspect, et ils ne craignent rien de ces animaux.

D'autres objets plus agréables à l'œil entourent le lac. A une certaine distance, on voit une troupe de flamans au plumage écarlate, alignés comme une compagnie de soldats. Près d'eux, une multitude de grues, de la taille d'un homme, poussant de temps en temps leur cri strident comme une note de trompette. On voit aussi là l'aigrette au blanc plumage, avec son bec orange; le héron de la Louisiane, aux formes délicates; des grues des sables, en foule, ressemblant de loin à des troupeaux de blancs moutons.

Des pélicans, avec leurs jabots et leurs becs monstrueux, affectent des attitudes mélancoliques; des ibis blancs et rouges, et des gallinules pourprés, se tiennent auprès d'eux. Des spatules (1) rosées parcourent les marécages, et pêchent des crabes et des écrevisses avec leurs becs difformes. Sur des branches avancées on voit, perchés, de noirs dardeurs, tendant au-dessus de l'eau leurs longs cous semblables à des serpens. Des vautours-busards planent dans l'air en tournant paresseusement; une couple d'aigles plongeurs surveillent le lac et s'abattent de temps en temps sur une proie nageante.

Telle est la scène qui environne le camp des jeunes chasseurs : on en rencontre souvent de semblables dans les solitudes marécageuses de la Louisiane.

La tente était dressée près du bord du bayou, à un endroit sec, où le sol était un peu élevé. Cette place était dégagée d'arbres; quelques palmettos épars s'y montraient seuls; on avait installé les bêtes sur la prairie voisine.

On était pourvu de venaison pour le souper. Le rifle de Basile avait abattu un daim au moment d'arriver au campement, et Basile s'entendait parfaitement à débiter un gibier de ce genre. Le daim fut bientôt dépouillé et les morceaux de choix découpés, seulement la quantité nécessaire pour le souper et pour le déjeuner du lendemain. Les quartiers furent pendus à un arbre pour être emportés, au cas où la chasse ne serait pas assez heureuse le jour suivant. Il en restait assez pour faire à Marengo un repas splendide, et l'animal affamé profita de grand cœur de cette bonne aubaine. Il savait très bien que, dans une expédition de ce genre, on ne devait pas compter tous les jours sur un daim gros et gras; il comprenait aussi qu'on ne pourrait pas, dans toutes les occasions semblables, lui faire une part aussi considérable.

Le soleil était encore à deux heures de son coucher quand nos chasseurs finirent de souper; nous pourrions plutôt dire de dîner, car ils n'avaient guère pris qu'une ou deux bouchées de viande séchée à leur halte de midi. Après le repas, Basile s'occupa de réparer le harnais de la mule, qui s'était dérangé pendant sa marche. Lucien prit son carnet et son crayon, puis, s'installant sur une peau de buffalo, nota ses observations de la journée. François, n'ayant rien à faire, suivit les bords du bayou, dans l'intention de tirer un ou deux flamans, s'il pouvait être assez heureux de les approcher. Il savait que la chose ne serait pas facile, mais il avait résolu de l'essayer. Après avoir prévenu ses frères de son intention, il mit son fusil sur l'épaule, et s'éloigna.

On le perdit bientôt de vue au milieu des bois touffus qui garnissaient le bord de l'eau, et que traversait un sentier clairement tracé par des daims et d'autres animaux. François suivait ce sentier, ayant soin de se cacher derrière les arbres, afin que les flamans, placés à quelques cents yards, ne le vissent pas approcher.

Moins de cinq minutes après qu'il avait disparu, un coup de fusil fit tressaillir Basile et Lucien ; un second coup suivit presque aussitôt. Les jeunes gens reconnurent bien le son du fusil de François; mais sur quoi avait-il tiré? Ce n'était pas sur les flamans, car il n'avait pas eu le temps d'arriver à portée. En outre, les oiseaux n'avaient

(1) Le nom anglais de cet oiseau est *Spoonhill*, bec-en-cuiller.

pas bougé, et on les voyait maintenant, effarouchés par le bruit, s'envoler vers les cimes des arbres. A coup sûr François n'avait pas tiré sur les flamans. Sur quoi donc? Basile et Lucien se le demandaient, non sans quelque inquiétude. Peut-être, pensèrent-ils, François a débuché un daim, ou il est tombé sur une troupe de dindons. C'était l'hypothèse la plus probable. Les cris d'épouvante poussés par l'enfant mirent fin aux conjectures.

Basile et Lucien saisirent leurs rifles et coururent au-devant de lui ; mais, avant qu'ils eussent atteint la lisière du bois, ils aperçurent François courant à perdre haleine dans le sentier. Devant lui, tout en travers de la voie, il y avait quelque chose qui ressemblait à un tronc d'arbre mort, mais l'objet se mouvait. C'était un animal vivant, un alligator !

Et un alligator de la plus grande espèce, car il n'avait pas moins de vingt pieds de long; il barrait toute la route. Basile et Lucien l'aperçurent au moment où ils atteignaient le débouché du chemin ; ils comprirent aussi que ce n'était pas cet animal qui motivait la fuite de leur frère, car celui-ci courait droit sur le crocodile. La cause de son effroi était derrière lui, et il ne voyait pas du tout l'alligator. Malgré les cris d'avertissement de ses frères, il précipitait sa course, et, se heurtant au corps hideux du reptile, de faible calibre, il tomba sur la face, et son fusil lui échappa des mains. Il ne s'était fait aucun mal, et fut aussitôt relevé ; puis il reprit sa course, criant, tout hors d'haleine, en sortant du taillis :

— Un ours! un ours!

Basile et Lucien, tenant leurs fusils prêts, regardèrent dans le sentier. Un ours arrivait en effet de toute sa vitesse. C'était sur lui que François avait tiré ; mais les balles, de faible calibre, n'avaient fait qu'exciter sa fureur, et il s'était lancé à la poursuite de son téméraire antagoniste.

Tous trois eurent d'abord l'idée de prendre la fuite et de chercher leur salut dans la vitesse de leurs chevaux ; mais l'ours était trop près, et l'un d'eux ne pouvait manquer d'être pris avant qu'ils eussent le temps de gagner les piquets et de détacher les lassos. Ils résolurent donc d'attendre de pied ferme. Basile, qui avait déjà assisté à la mort d'un ours noir, n'était pas trop effrayé de la rencontre ; lui et Lucien levèrent leurs rifles dans l'intention de faire à *Bruin* (1) une chaude réception.

Celui-ci continuait son lourd galop, et atteignait la place où l'alligator était étendu ; le reptile s'était à moitié retourné, se tenait soulevé sur ses deux pattes courtes, soufflant comme un soufflet de forge. L'ours, tout occupé de l'objet de sa poursuite, ne le vit qu'au moment où il roulait sur son corps. Il se jeta de côté en poussant un rugissement furieux. Comme il longeait le crocodile, un coup terrible de la queue redoutable du monstre vint le frapper en plein corps, avec une telle force qu'on entendit craquer ses côtes.

L'ours, qui n'avait aucune intention mauvaise contre l'alligator, fut tellement exaspéré de cette attaque sans provocation, qu'il se jeta sur ce nouvel ennemi et le saisit à bras-le-corps dans une vigoureuse étreinte. Tous deux se débattirent sur le sol, l'un grognant et rugissant, l'autre meuglant comme un bœuf.

Combien de temps ce combat eut-il duré, et lequel des deux en serait sorti vainqueur ? c'est ce qu'il serait difficile de dire, car Basile et Lucien, faisant feu en même temps, blessèrent l'ours. Celui-ci lâcha son adversaire, paraissant disposé à se retirer. Mais le reptile avait saisi une de ses pattes entre ses puissantes mâchoires, le tenait solidement et l'entraînait en rampant vers l'eau. L'ours comprenait évidemment l'intention de son antagoniste, et poussait des hurlemens terribles, désespérés, criant parfois comme un verrat sous le couteau d'un boucher. Tout cela ne servait de rien. Son ennemi gagnait incessamment vers le bord, et bientôt disparaissait avec sa proie dans

(1) Sobriquet américain de l'ours. Prononcez *Brouinn*.

l'eau profonde. Les enfans restèrent en observation pendant près d'une heure : ils ne revinrent ni l'ours, ni le reptile. L'ours était noyé évidemment, et l'alligator avait sans doute caché le cadavre dans la vase, ou l'avait traîné, en suivant le fond, vers une autre partie du bayou, pour s'en régaler à son loisir.

VIII

TOUCHANT LES ALLIGATORS.

La curiosité des enfans était très éveillée par ce qu'ils venaient de voir. Ils revinrent vers leur tente, s'étendirent sur l'herbe, et se mirent à causer d'ours et d'alligators. Ces derniers surtout les occupaient beaucoup par la singularité de leurs mœurs. Plus d'une histoire curieuse sur ces animaux était connue d'eux tous, même du petit François, et Basile, qui était un vieux chasseur aux marais et aux bayous, avait d'assez nombreuses notions sur leurs habitudes. Mais Basile n'était pas un grand observateur, et n'avait porté son attention sur les particularités liées avec les incidens de la chasse. Lucien avait observé de plus près, et, de plus, il avait beaucoup lu. Il savait donc tout ce que les naturalistes savent sur ces animaux, et, à la demande de ses frères, il employa les heures de la soirée à leur communiquer le résultat de ses études.

— L'*alligator*, leur dit-il, appartient à l'ordre des *sauriens* ou lézards. Il se divise en plusieurs familles, dont l'une est appelée *crocodilida* ou crocodiles. La famille des crocodiles se divise en trois genres, qui, chacun, se subdivisent en plusieurs espèces.

— Combien d'espèces en tout? demanda Basile.

— Il n'y a pas plus d'une douzaine de variétés dans toute la famille des crocodiles, du moins les naturalistes n'en connaissent pas davantage.

— Eh bien ! je me demande pourquoi cette division et ces subdivisions en ordres, familles, genres, espèces, pour une douzaine de variétés du même animal, et si semblables les uns aux autres sous le double rapport de la forme et des habitudes ; ne sont-elles pas ainsi ?

— Elles sont semblables, répondit Lucien, par tous les points vraiment caractéristiques.

— Pourquoi donc alors tant de classifications ? ça me semble bien inutile.

— L'objet des classifications est de rendre plus simple et plus facile l'étude de l'histoire naturelle ; mais, dans la circonstance présente, tu as raison : toutes ces subdivisions sont inutiles, et ne font que rendre la chose plus complexe et plus obscure. Quand un ordre ou une famille d'animaux offre de nombreuses variétés ou espèces différant d'une manière sensible par l'aspect ou les habitudes, une classification minutieuse est indispensable pour aider la mémoire ; mais, je le répète, tu as pleinement raison dans le cas actuel. On n'avait pas besoin de tant de divisions et de subdivisions pour la famille des crocodiles.

— Qui donc les a faites? demanda François.

— Qui? s'écria Lucien avec une certaine animation ; qui donc serait-ce autre que les naturalistes de cabinet, les vieux chasseurs de momies des muséums ! En vérité, ça fait pitié et ça rendrait méchant !

La physionomie ordinairement douce de Lucien s'allumait, en disant ces mots, d'indignation et de mépris.

— Qu'est-ce qui rendrait méchant ? demanda Basile en regardant son frère avec étonnement.

— Eh ! mais, répondit Lucien, de penser que ces mêmes naturalistes de cabinet se sont fait de grands noms en restant tranquillement assis dans leurs fauteuils, à mesurer, additionner, classer dans d'insipides catalogues, une foule d'objets qu'ils connnaissaient à peine ; sur lesquels ils avaient été quelque peu renseignés par d'autres, par de vrais naturalistes, des hommes comme le grand Wilson, des hommes qui ont affronté les fatigues et les dangers des plus pénibles voyages pour recueillir des observations et des échantillons ; tout cela pour se voir frustrés du bénéfice et de l'honneur de leurs travaux, qui viennent se résoudre dans les sèches nomenclatures de ces fabricans de catalogues. Ah !...

— Mais, frère, Wilson n'a pas été dépouillé du fruit de ses travaux ; il est devenu célèbre.

— Oui, il est mort à la peine ; il me rappelle la fable du cygne. Il écrivit son beau livre, et puis il mourut. Ah ! pauvre Wilson ! c'était un vrai naturaliste.

— Son nom vivra à jamais.

— Oui, sans doute, et beaucoup de ces naturalistes philosophes dont on parle tant seront oubliés, ou, si l'on se souvient d'eux, ce sera pour rire de leurs absurdes théories ou de leurs descriptions fabuleuses. Heureusement pour Wilson, il était trop pauvre et trop modeste pour s'attirer leur patronage avant d'avoir publié son livre. Heureusement pour lui, il ne connaissait ni grand Linnée, ni comte Buffon, autrement les immenses collections qu'il avait pris tant de peine à réunir auraient été présentées au monde sous un autre nom. Voyez Bartram.

— Bartram ! s'écria François, mais je n'ai jamais entendu ce nom-là, Luce.

— Ni moi, dit Basile.

— C'est cela même ; vous voyez bien. Très peu de personnes connaissent son nom, et cependant John Bartram, un fermier de Pensylvanie, qui vivait il y a cent ans environ, a plus fait qu'aucun de ceux qui ont vécu depuis pour répandre, je ne dirai pas seulement la connaissance des plantes de l'Amérique, mais les plantes elles-mêmes. La plupart des grands jardins de l'Angleterre, celui de Kew entre autres, doivent toute leur flore américaine à cet infatigable botaniste ; et il n'y a probablement pas un naturaliste de cette époque, y compris Linnée, qui ne lui doive une grande part de réputation. Ils lui ont pris les plantes qu'il avait réunies au milieu des fatigues et des périls de ses longs voyages ; ils les ont baptisées de noms royaux et nobles, car la plupart d'entre eux étaient des sycophantes ; ils les ont *décrites*, comme ils disent : belles descriptions, en vérité ; puis ils les ont présentées comme découvertes par eux. Et qu'ont-ils donné à John Bartram pour toutes ses peines ? Le roi d'Angleterre lui alloua cinquante livres pour qu'il fît un voyage de plusieurs milliers de milles à travers les pays sauvages, à la recherche de plantes rares qui, la plupart, valaient, rendues en Angleterre, plusieurs centaines de livres chacune ! Voilà tout ce que le pauvre naturaliste reçut pour enrichir les jardins de Kew, et envoyer les premiers magnolias, les premiers tulipiers qui fleurirent en Angleterre ! Et les naturalistes, qu'ont-ils fait pour lui ? Ils lui ont volé ses relations et ses descriptions, et les ont publiées sous leurs noms. Maintenant, frères, que pensez-vous de cela ? Ne trouvez-vous pas qu'il y a de quoi faire sortir de son caractère celui qui réfléchit sur de telles injustices ?

Basile et François manifestèrent leur assentiment.

— C'est aux hommes tels que Hearne, Bartram et Wilson que nous devons toutes nos connaissances en histoire naturelle, du moins tout ce qui vaut la peine d'être connu. A quoi bon les sèches nomenclatures des classifications scientifiques ? Pour ma part, je crois que les auteurs de ces dictionnaires ont beaucoup plus fait pour obscurcir les questions que pour y porter la lumière. Prenons un exemple. Il y en a un devant vos yeux. Vous voyez bien ces longues traînées qui pendent des branches de chêne ?

— Oui, oui, répondit François, la mousse d'Espagne.

— Oui, la mousse d'Espagne, comme on l'appelle ici, ou la *barbe de vieillard*, comme on dit ailleurs. Ce n'est pas une mousse, mais une plante qui fleurit régulièrement. Elle est très singulière, il est vrai. Maintenant, si l'on en croit ces naturalistes philosophes, cette plante aux longs fils d'argent qui ressemblent à la barbe d'un vieillard est de la même famille que la pomme de pin.

— Ha ! ha ! ha ! fit François, la mousse d'Espagne de la même famille que le pin ! ils se ressemblent autant que mon chapeau et l'aiguille du clocher.

— Ils diffèrent, continua Lucien, sous tous les rapports : la forme, les propriétés, l'usage ; et cependant, si vous consultez les livres des naturalistes de cabinet, vous apprendrez que la mousse d'Espagne (*tillandsia*) appartient à une certaine famille de plantes, et autres détails, en très petit nombre, de cette force ; c'est tout ce que vous en saurez. A quoi cela pourra-t-il vous servir ? N'aimeriez-vous pas mieux connaître l'aspect, la structure, le caractère de la plante, ses propriétés et le but qui lui est assigné par la nature, l'usage dont elle est pour les oiseaux, pour les bêtes, l'utilité que l'homme en retire ; son emploi pour faire des matelas, rembourrer des canapés et des fauteuils, tout aussi bien que le meilleur crin ; de savoir enfin qu'un cheval peut s'en nourrir en cas de besoin ? A mon sens, voilà ce qu'il est bon et utile de connaître. Et quels sont les hommes qui portent ces faits à la connaissance du monde ? ce ne sont pas vos naturalistes de cabinet, je suppose.

— C'est juste, c'est bien juste, frère ; mais ne nous faisons pas de mauvais sang à ce propos ; continue, et raconte-nous ce que tu sais des crocodiles.

— Eh bien ! donc, dit Lucien, reprenant le ton et les manières qui lui étaient habituelles, je vous ai déjà dit que les crocodiles sont divisés en trois genres : ce sont les *crocodiles*, les *gavials* et les *alligators*. C'est le baron Cuvier qui les a classés ainsi. Cette distinction repose plutôt sur la forme de la tête et la disposition des dents que sur aucune différence marquée dans l'aspect ou dans les habitudes. Les crocodiles ont un museau long, étroit, pointu, une large dent de chaque côté de la mâchoire inférieure, qui se loge dans une rainure de la mâchoire supérieure quand la gueule se ferme. Ce sont, dit monsieur Cuvier, les vrais crocodiles. Les gavials ont aussi le museau long, étroit et terminé en pointe arrondie, mais leurs dents sont à peu près toutes de la même taille. Les alligators, au contraire, ont le nez large et en forme de fer de lance, leurs dents sont très inégales, et ils en ont une large de chaque côté de la mâchoire inférieure, qui, lorsque la gueule se ferme, entre, non pas dans une rainure comme chez le crocodile, mais dans un trou, espèce d'étui pratiqué dans la mâchoire supérieure. Telles sont les distinctions établies par monsieur Cuvier, et il se donne un mal inimaginable pour établir et prouver tous ces détails. Il aurait pu, à mon sens, s'épargner toute cette peine, et les variétés sont si peu nombreuses, si peu différentes, qu'on pouvait les considérer simplement comme autant d'espèces du genre crocodile.

Du vrai crocodile, il y a cinq espèces connues : quatre se rencontrent dans les rivières de l'Afrique, la cinquième habite les Indes-Occidentales et l'Amérique du Sud. Le gavial se trouve en Asie, particulièrement dans le Gange et dans les autres rivières de l'Inde ; c'est le crocodile de ces contrées. L'alligator appartient à l'Amérique ; on le trouve en grande abondance sur les deux parties nord et sud du Nouveau-Monde. Dans les pays espagnols, on les appelle caïmans ; il y en a deux espèces bien connues : le caïman à lunettes de la Guyane, et l'alligator du Mississipi.

Il est probable que, quand les grandes rivières de l'Amérique du Sud auront été bien explorées, on découvrira quelques autres variétés. J'ai entendu parler d'une espèce qui habite le lac Valencia, dans Venezuela, et qui diffère des deux américaines que j'ai mentionnées. Les individus de cette espèce sont plus petits, et les Indiens les recherchent pour leur chair, qu'ils mangent avec délices. Il est probable aussi qu'on trouvera d'autres espèces de crocodiles encore en Afrique et dans les îles de l'Océan indien.

Maintenant, je crois qu'il est parfaitement constaté que

tous les membres de la famille des crocodiles, à quelque variété qu'ils appartiennent, ont les mêmes habitudes, et que les petites différences qui peuvent exister s'expliquent par le climat, la nourriture, ou d'autres circonstances ambiantes.

Ce que je vais vous dire de l'alligator s'appliquera donc en général à tous ses cousins. Vous connaissez sa couleur, brun foncé sur le dos, blanc jaunâtre sale sous le ventre. Vous savez qu'il est entièrement recouvert d'écailles, et vous voyez que celles du dos forment des protubérances en forme de pyramides, et que la rangée supérieure de celles de la queue donne presque à cette partie l'apparence d'une scie. Vous remarquez que cette queue est aplatie dans le sens vertical, à l'inverse de celle du castor, qui est aplatie horizontalement. Vous remarquez encore que les jambes sont courtes et très puissantes; qu'elles se terminent, celles de devant par cinq doigts, légèrement palmés ou garnis de membranes, celles de derrière par quatre doigts beaucoup plus longs et pourvus de membranes bien plus grandes. Voyez la tête, assez semblable à un fer de lance, les narines près de l'extrémité du museau, les yeux proéminens, et les trous des oreilles tout près derrière. Les yeux ont des pupilles noires, avec un iris couleur de citron. Les pupilles ne sont pas rondes, comme chez l'homme, mais d'une forme ovale, à peu près comme celles de la chèvre.

Tout cela, vous pouvez le reconnaître par la simple inspection d'un alligator. Mais il y a dans la structure de cet animal des particularités qui ne frappent pas le regard tout d'abord. Vous voyez que ses mâchoires s'ouvrent très en arrière, et que l'articulation est placée au-delà même des oreilles. C'est là une singularité de conformation de laquelle il résulte que, quand l'alligator ouvre sa gueule, son cou semble se soulever, et on croirait que c'est la mâchoire supérieure qui s'est mise en mouvement, au lieu de l'inférieure.

— Mais j'ai souvent entendu dire que c'était ainsi, dit François.

— Beaucoup l'ont cru, et beaucoup le croient encore, depuis Hérodote qui, le premier, propagea cette idée absurde. Cela n'est pas. C'est la mâchoire inférieure qui se meut chez le crocodile, comme chez tous les animaux vertébrés; mais l'apparence dont je vous ai rendu compte explique l'erreur des observateurs superficiels. Il y a un autre point que je dois vous signaler. Le trou de l'oreille de l'alligator est garni d'une paire de lèvres qui se ferment quand il va sous l'eau. Les narines aussi sont protégées par des membranes qu'il peut fermer à volonté. Ses vertèbres offrent une particularité digne de remarque. Elles sont si solidement jointes les unes aux autres qu'il ne peut tourner sans décrire un grand cercle. Sa tête ne peut se mouvoir que très peu à droite et à gauche. C'est une circonstance fort heureuse, sinon pour lui, du moins pour ses ennemis. S'il pouvait tourner court, ou se replier comme les serpens, ce serait l'animal le plus redoutable à rencontrer. Tel qu'il est, la longueur de son corps combinée avec la petite dimension de ses pattes, et l'impossibilité de se retourner rapidement, en fait un antagoniste peu dangereux sur terre, pourvu qu'on ait soin de se tenir hors de portée de ses longues mâchoires ou des atteintes de sa queue puissante. Cette dernière est sa véritable arme offensive et défensive; comme elle n'est point retenue par les vertèbres, il peut s'en servir avec une telle force, qu'un simple coup suffit pour tuer un homme.

Vous connaissez un grand nombre des habitudes de l'alligator. Vous savez que la femelle dépose dans le sable ses œufs, de la grosseur de ceux d'une oie, et que la chaleur du soleil les fait éclore. Quelquefois il lui arrive de ne pas trouver un banc de sable convenable ; alors elle façonne une plate-forme circulaire avec du limon mélangé d'herbes et de broussailles. Elle dépose dans un premier lit d'œufs, qu'elle recouvre ensuite avec une nouvelle couche de boue et d'herbes, épaisse de plusieurs pouces ; puis elle pond un second lit d'œufs, qu'elle recouvre de même; ainsi de suite jusqu'à la fin de la portée, qui monte souvent à deux cents œufs. Quand elle a fini, elle recouvre le tout avec du limon, qu'elle bat avec sa queue jusqu'à ce qu'il prenne l'apparence d'un four en terre ou d'une cabane de castor. Elle prend toute cette peine pour protéger ses œufs contre les *raccoons*, les tortues, les vautours et autres oiseaux, qui en sont très friands.

Elle se tient près de la place où ils ont été déposés pour les défendre contre toutes les attaques. Quand les petits sont éclos, son premier soin est de les mener à l'eau hors de l'atteinte des ennemis du dehors. Il semble au surplus que l'instinct les y porte, car, à peine sortis de la coque, on les voit prendre cette direction, les uns suivant leur mère, le plus grand nombre grimpant sur son dos et sur ses épaules.

— Mais, mon frère, interrompit François, est-il vrai que les vieux mâles mangent leurs propres enfans?

— Quelque horrible que cela soit, c'est parfaitement vrai, François. Je l'ai vu de mes propres yeux.

— Et moi aussi, dit Basile, plusieurs fois.

— Le premier soin de la mère est, comme je vous l'ai dit, de les conduire à l'eau, où elle peut plus facilement les soustraire à la voracité de leurs parens dénaturés. Mais, en dépit de toutes les précautions, beaucoup sont détruits par les vieux alligators, par les tortues et par les oiseaux. Aussitôt que les jeunes ont acquis un peu d'instinct, si je puis parler ainsi, ils évitent leurs monstres de pères et d'oncles, et, grâce à la légèreté de leurs mouvemens, se tiennent hors de portée de leurs grandes mâchoires et de leurs queues. J'ai vu souvent des petits alligators grimpés sur les dos des grands, sachant bien que ceux-ci ne pouvaient les atteindre dans une pareille situation.

— Il paraît qu'ils mangent tout ce qui se trouve sur leur chemin, dit François.

— Ils ne sont pas très difficiles dans le choix de leur nourriture; le poisson est, je crois, leur régal favori, mais ils mangent tous les animaux de terre qu'ils peuvent tuer. On croit généralement qu'ils les préfèrent en état de putréfaction; ce point mériterait d'être éclairci. On sait qu'après avoir tué de gros animaux en les entraînant sous l'eau, ils les laissent au fond pendant plusieurs jours. Mais cela peut tenir à ce qu'ils n'ont pas faim dans le moment, et les conservent jusqu'au jour où l'appétit se fera sentir. Chez eux, comme chez tous les reptiles, la digestion s'accomplit avec beaucoup de lenteur; il résulte qu'ils n'ont pas besoin d'une quantité de nourriture aussi considérable que les animaux à sang chaud, mammifères ou oiseaux. Ainsi, par exemple, ils s'ensevelissent dans la vase et y restent engourdis pendant tout l'hiver sans manger.

— Tu dis que le poisson est leur régal favori, Luce, observa Basile, pourtant je crois qu'ils préfèrent les chiens à toute autre chose. J'ai souvent entendu dire qu'ils accourent vers l'endroit où ils entendent aboyer un chien, avec l'intention manifeste de le dévorer. J'en ai vu un saisir un chien de grande taille qui traversait le bayou Bœuf à la nage, et l'entraîner au fond aussi lestement qu'aurait pu faire une truite d'une mouche. On n'a plus entendu parler du chien depuis.

— Il est parfaitement vrai, répondit Lucien, qu'ils mangent les chiens comme ils mangent tout autre animal ; mais qu'ils les préfèrent à toute autre chose, c'est un point sur lequel les naturalistes ne sont pas d'accord. Il est encore vrai qu'ils accourent à l'aboiement d'un chien ; mais quelques personnes prétendent que cela tient à la ressemblance qui existe entre cet aboiement et le vagissement de leurs petits, à la recherche desquels ils sont toujours.

— Mais j'ai vu des femelles, aussi bien que des mâles, accourir vers les chiens.

— Sans doute. Les mâles y vont pour manger les petits et les femelles pour les défendre. Il y a souvent des combats terribles entre les mâles et les femelles à ce sujet.

— Mais, demanda François, comment peuvent-ils attraper les poissons qui sont bien autrement lestes qu'eux ?
— Il y a peu de poissons plus rapides que les crocodiles. Les alligators, grâce à leurs pattes palmées, grâce surtout à leur queue aplatie, qui agit comme la rame d'arrière (1) d'un bateau, filent dans l'eau avec une rapidité égale à celle des poissons les plus vifs. Néanmoins, ce n'est point en les chassant qu'ils les prennent, mais en usant de stratagème.
— Quel stratagème ?
— Vous avez pu remarquer souvent des alligators flottant à la surface de l'eau, dans une position semi-circulaire, et sans bouger ni le corps ni les pattes ?
— Oui, oui, j'ai remarqué cela plus d'une fois.
— Eh bien ! si vous aviez regardé sous l'eau, vous auriez vu quelque part, du côté de la convexité, un poisson, probablement immobile lui même et guettant à la surface une mouche ou un cerf-volant. Ainsi occupé, celui-ci ne prend pas garde à la grande masse noire qui s'approche de lui tout doucement, et qui n'a l'air de rien, car la tête de l'alligator est, pendant tout ce temps, tournée du côté opposé à la proie qu'il convoite. Malgré son apparence endormie, l'alligator connaît parfaitement son affaire. Il dérive sans faire le moindre bruit jusqu'à ce que le poisson soit à portée de sa grande queue qu'il tient toujours pliée comme un arc ; alors, dirigeant son coup avec sûreté, il frappe sa victime, à l'improviste, d'un coup qui la tue instantanément, et la lance tantôt tout droit dans sa gueule, tantôt à plusieurs pieds hors de l'eau.

A terre, l'alligator frappe sa proie de la même manière. Au moment où il lance le coup, sa tête se retourne et vient à moitié chemin dans la direction de sa queue, son corps se disposant, comme auparavant, en demi-cercle. Si la proie n'est pas tuée sur le coup, elle est jetée entre les mâchoires du monstre, qui achèvent bien vite la besogne.

— Mais, mon frère, demanda Basile, pourquoi les alligators mangent-ils des pierres et d'autres substances semblables ? J'en ai vu un qu'on a ouvert et dans l'estomac duquel on a trouvé près d'un boisseau de cailloux gros comme mon pouce, de morceaux de bois, et des fragmens de verre. Ces objets paraissaient avoir séjourné là longtemps, car les bords en étaient usés ; je n'ai jamais pu comprendre cela.

— Des naturalistes plus expérimentés que nous n'en savent pas plus là-dessus. Quelques uns pensent que c'est pour aider le travail de la digestion, ainsi que cela se passe chez les oiseaux et autres animaux qui avalent de la terre et du gravier. D'autres affirment que c'est pour distendre les parois de l'estomac, en vue de le préparer au long jeûne des mois d'hiver. Cette dernière raison me paraît complètement absurde, et digne du fabuleux Buffon. Pour ma part, je crois que les cailloux que l'on trouve dans l'estomac des alligators y sont tout simplement par accident, avalés de temps en temps par erreur : ces animaux n'ont pas, tant s'en faut, les organes du goût délicats, et ils dévorent tout ce qu'on jette dans l'eau, jusqu'aux tessons de bouteilles. Naturellement ces substances restent dans l'estomac. Peut être s'accumulent-elles pendant tout le cours de la vie, et, grâce à la force de l'organe, elles ne causent que peu ou point de dérangement au reptile.

Nous ne devons point juger de l'estomac de l'alligator ni d'aucun autre de ses organes d'après les nôtres. Si notre cervelle par exemple, est gravement atteinte, nous mourons ; tandis qu'on peut enlever, même avec violence, toute la cervelle d'un alligator, et l'aminal vivra encore plusieurs jours après. On a vu des exemples d'alligators qui avaient eu la cervelle traversée d'une balle, et qui, plusieurs heures après, livraient bataille à quiconque pouvait les approcher. Leur cervelle, comme celle de tous les reptiles, est excessivement petite, ce qui les classe au-dessous des oiseaux et des mammifères dans l'échelle de l'intelligence.

(1) La rame dont on se sert pour *godiller*.

LE SIÈCLE. — XV.

— Mais, Lucien, tu nous dis que les habitudes de tous les membres de la famille des crocodiles sont semblables ou à peu près. Comment se fait-il que les crocodiles d'Afrique, à ce que j'ai entendu dire, soient d'une telle férocité qu'ils attaquent et dévorent les naturels du Sénégal et du Nil supérieur. Nos alligators ne sont pas ainsi. Il est vrai que, parfois, ils coupent une jambe à un nègre, et nous avons ouï parler de quelques enfans tués par eux ; mais toujours c'était par suite de la négligence des victimes, qui allaient se mettre sur leur chemin. Ils n'attaquent jamais si on les laisse tranquilles. Nous, par exemple, nous approchons d'eux sans aucune crainte, avec une simple baguette à la main.

— Cela tient à ce que nous les savons incapables de se mouvoir assez lestement pour nous attraper quand ils sont à terre ; il nous est ni aisé de nous tenir hors de l'atteinte de leur queue ou de leurs mâchoires. Seriez-vous d'humeur à traverser ce bayou à la nage dans ce moment ? J'ose dire que vous ne tenteriez pas l'aventure.

— Certainement non ; tu as raison en cela.

— Si vous vous y risquiez, vous seriez indubitablement attaqués avant d'avoir atteint l'autre bord. Toutefois, nos alligators ne sont plus ce qu'ils étaient il y a une trentaine d'années.

Nous savons, par les témoignages les plus certains, qu'ils étaient alors bien plus féroces, bien plus dangereux, et qu'ils attaquaient souvent l'homme sans provocation. Ils ont pris frayeur de nous parce qu'ils ont éprouvé que nous sommes dangereux pour eux : il leur est facile de distinguer notre forme droite de celle des autres animaux. Pense un peu combien l'homme en a tué à l'époque où on avait la manie du cuir de crocodile, et combien on en tue encore pour leur huile et leur queue. Il est bien naturel qu'ils nous redoutent, et vous pourrez remarquer qu'ils sont beaucoup plus timides près des plantations et des établissemens que dans les districts sauvages. Je suis convaincu, et je l'ai entendu dire, qu'il y a des endroits des grands marécages où ils sont encore dangereux à approcher. Ceux qui avancent que les crocodiles d'Afrique sont plus féroces n'appuient pas leur opinion sur des faits. Les caïmans de l'Amérique du Sud, sont des alligators, sont aussi féroces que les crocodiles. J'ai lu bien des récits d'attaques dirigées par eux contre les naturels de la Guyane et du Brésil pour les dévorer. Beaucoup de ces récits sont fabuleux, sans aucun doute ; mais il y a plusieurs de ces histoires dont l'authenticité est prouvée. On m'en a raconté une qui est vraie, j'en suis sûr ; je vous la raconterai si vous voulez, quoique ce soit un épisode horrible et lamentable, à tel point que je serais heureux de penser qu'il a été inventé.

— Oh ! dis, dis-nous-la ! s'écria François, nous supporterons bien ta narration. Ni Basile ni moi n'avons les nerfs trop sensibles ; n'est-ce pas, Basile ?

— Non, appuya Basile. Nous pouvons l'entendre, Frank. Allons va, Luce.

— Eh bien ! alors, je vais vous le dire, reprit Lucien. Au surplus, elle n'est pas longue, et elle ne vous fatiguera pas.

IX

LA MÈRE INDIENNE ET LE CAÏMAN.

De toutes les parties de l'Amérique, la vallée de la Magdalena et de ses affluens est peut-être celle où les alligators atteignent les dimensions les plus formidables et se montrent les plus féroces. Ces rivières coulent dans un pays bas en dedans des tropiques. Le climat est des plus chauds, très favorable en conséquence au développement des grands reptiles. Le caractère indolent des habitans du pays, race mélangée d'Indien et d'Espagnol, ne

32

leur permet pas de déployer l'énergie nécessaire pour attaquer et détruire ces affreuses créatures, ainsi que le font nos compatriotes. Il résulte de là que les alligators ne sont pas effrayés par la vue de l'homme, et, souvent en font leur proie. Les alligators de la Magdalena, les caïmans, comme on les appelle, tuent les naturels qui, par accident, viennent à tomber dans les eaux fréquentées par eux. Il n'est pas rare de voir les bateliers (*bogadores*) qui sillonnent la Magdalena dans leur *bogarás*, ou bateaux plats, tomber par-dessus le bord et être saisis par les caïmans comme les navigateurs de l'Océan le sont par les requins.

Ces bateliers se munissent souvent de rifles, dans le but de tirer sur les caïmans; mais on en détruit bien peu par ce moyen, car les *bogadores* sont trop occupés de la manœuvre de leurs bateaux; et puis ce n'est pas chose facile que de tuer un alligator d'un coup de fusil. Il faut pour cela lui envoyer la balle dans l'œil, car le reste de son corps est à l'épreuve du mousquet. Or, on ne peut exécuter ce coup qu'à la condition d'être bon tireur et de rencontrer un caïman bien posé sur le bord ou à la surface de l'eau. Quand il est tout à fait hors de l'eau, le caïman peut encore être frappé sous les épaules de devant, où la peau est unie et élastique. Mais le procédé n'est pas sûr, plusieurs balles dirigées dans cette partie du corps ne suffisant pas toujours pour le tuer. Parfois les naturels de la Magdalena prennent le caïman au lasso, et après l'avoir traîné sur le bord, l'expédient à coups de haches et de lances. Néanmoins, les caïmans fourmillent dans ces rivières, où ils sont rarement poursuivis. De temps en temps, une horrible tragédie, la mort terrible d'une victime humaine mise en pièces, fait sortir les habitans de leur léthargie : alors il se rassemblent et font un massacre de ces hideux reptiles. L'histoire que j'ai à vous raconter est un épisode de ce genre.

Un *vaquero* (gardeur de bestiaux) demeurait sur la Magdalena, à quelques milles au-dessus de la ville de la nouvelle Carthagène. Son rancho, couvert en feuilles de palmier, était situé à peu de distance du bord de la rivière, près d'un point infesté de caïmans ; le pays environnant était tout à fait inculte et dépourvu d'habitans. Le vaquero avait une femme et un enfant, une petite fille de six ou sept ans, très gentille ; c'était l'idole de ses parens.

Le vaquero s'absentait souvent du logis, entraîné à de grandes distances dans les bois par le soin de ses bestiaux. Mais sa femme ne s'inquiétait pas de rester ainsi seule. C'était une Indienne accoutumée à des dangers qui auraient fait mourir de peur une femme de la ville.

Un jour que son mari était absent comme d'habitude, occupée de la surveillance de son troupeau, elle porta quelques hardes à la rivière dans l'intention de les laver. Il n'y avait d'autre eau que celle de la rivière aux environs du rancho, et, en emportant le linge, elle s'évitait la peine de transporter l'eau à une assez grande distance. Il y avait sur le bord une large pierre unie, sur laquelle elle avait l'habitude de battre son linge. Sa petite fille l'accompagnait portant un des paquets.

En arrivant à sa place accoutumée, la mère remplit ses baquets et se mit à l'ouvrage. L'enfant, n'ayant rien à faire, s'amusa à cueillir des *gouavas* mûres à un arbre de la rive dont les branches s'avançaient jusqu'au-dessus de l'eau. Au milieu de sa besogne, l'Indienne fut tout à coup frappée par un cri terrible et le bruit d'un corps tombant dans l'eau; en levant les yeux, elle aperçut son enfant en train de disparaître. Au même instant, elle vit un monstrueux caïman se dirigeant vers la place. Remplie d'épouvante, elle jeta là son linge et se précipita vers le bord. Elle n'hésita pas un instant, et sauta dans la rivière, où elle entra jusqu'au cou. L'enfant revenait à la surface; la mère la saisit par les bras et allait la retirer de l'eau, quand le caïman arriva la gueule ouverte, et d'un coup de ses puissantes mâchoires, sépara les deux jambes du corps! La petite fille poussa encore un cri, mais ce fut le dernier! Quand la mère eut regagné le bord sur lequel elle posa le pauvre petit corps mutilé, l'enfant avait cessé de vivre.

Pendant quelques instans, la mère infortunée demeura immobile, absorbée dans la contemplation des restes encore pantelans. De temps en temps, elle se baissait et embrassait les lèvres pâles que le sang abandonnait. Elle ne pleurait pas. J'ai dit que c'était une Indienne, et les Indiennes n'ont pas les mêmes faiblesses que les blanches : d'ailleurs, ses angoisses étaient trop vives pour permettre aux larmes de couler. Elle ne criait pas et n'appelait pas au secours. A quoi cela eût-il pu servir? Il était trop tard. Elle savait qu'il n'y avait personne dans un rayon de plusieurs milles. Quand ses yeux quittaient le corps déchiré, c'était pour regarder la sombre surface de l'eau : sous l'ombre des buissons de *gouavas*, le hideux reptile nageait de long en large. Il avait avalé les membres, et cherchait les restes de sa victime.

La physionomie de la mère était empreinte d'une expression mélangée de désespoir et de vengeance. Tout à coup elle tressaillit comme prise d'une idée subite, d'une résolution soudaine. Elle se leva, et, jetant un regard sur le corps inanimé, puis un autre sur le caïman, elle courut en toute hâte vers la maison.

Quelques minutes après, elle revenait, rapportant une longue lance. C'était la lance de chasse de son mari ; elle avait servi dans plus d'une rencontre avec des tigres du Brésil et d'autres animaux féroces de la forêt. Elle apportait encore quelques autres objets : un lasso, plusieurs cordes de *pita*, et deux couteaux.

En arrivant au bord, elle jeta un coup d'œil inquiet sur la rivière. Le caïman était toujours là. Elle se retourna et resta un moment immobile, combinant son projet. Sa résolution fut bientôt prise: elle se baissa et enfonça la lance dans ce qui restait du corps de son enfant! C'était quelque chose d'horrible, mais le besoin de se venger dominait tout chez elle. Ensuite, elle saisit le fer de la lance, rouge de sang, disposa les deux couteaux en travers, de manière à former comme les barbes d'une flèche, et les attacha solidement avec les cordes de *pita*. Elle poussa le corps tout près des lames, puis noua fortement le lasso au manche de la lance. Elle fixa ensuite l'autre extrémité de la courroie au tronc d'un gouava, car elle savait bien ne pouvoir lutter de force avec un animal aussi monstrueux que le caïman.

Quand tout fut préparé, elle saisit le bois de la lance, et jeta le tout dans l'eau. Puis, prenant le lasso dans sa main, elle se tapit dans les buissons, attendant le résultat.

Son attente ne fut pas longue. Le reptile, altéré de sang, vit l'appât; et s'élançant en avant, le saisit entre ses grandes mâchoires, et le broya d'un seul coup. La femme demeura immobile ; elle prenait son temps.

Les caïmans ne mâchent point leur nourriture ; leurs dents ne sont point conformées pour cela ; elles ne peuvent que saisir, et leur langue, qu'ils ne peuvent sortir, leur sert à opérer la déglutition. Au bout de peu d'instans, le corps avait disparu dans le large estomac du monstre. Voyant cela, l'Indienne se redressa d'un bond, et donna une violente secousse à la courroie. Un cri terrible annonça qu'elle avait réussi. Les lames barbelées avaient fait leur office : le caïman était pris.

Le monstrueux reptile plongea au fond, puis revint à la surface, poussant des beuglemens terribles, se débattant au milieu de l'eau qui jaillissait en écume ; le sang lui sortait par la gueule et par les narines. Parfois il essayait de fuir, et les secousses du lasso faisaient trembler l'arbre. Longtemps il lutta ainsi, puis ses mouvemens devinrent plus faibles, plus faibles encore, et enfin il demeura immobile dans l'eau. Pendant toute cette scène, la mère, assise sur le bord, gardait le silence ; sa physionomie tantôt exprimait l'abattement le plus profond, tantôt s'illuminait du feu de la vengeance satisfaite, quand ses yeux se portaient sur le monstre qui lui avait tué son enfant.

Elle fut tirée de sa rêverie par le galop d'un cheval. Elle retourna la tête : c'était son mari.

Elle lui raconta en peu de mots l'histoire lamentable, qui bientôt fut connue de tous ceux qui habitaient dans le voisinage. Tout le monde prit une vive part à la douleur des parens. La sympathie excita un soulèvement général, et pendant plusieurs jours on fit aux caïmans une guerre d'extermination.

— L'épisode que je viens de vous raconter est vrai, ajouta Lucien, et il n'y a pas plus d'un an ou deux que le fait s'est produit.

— Et c'est une histoire horrible! s'écria Basile avec un peu de colère. Tonnerre! cela vous inspire une telle haine contre ces monstres, que je voudrais bien en avoir un au bout de mon rifle dans ce moment : d'autant plus que j'ai besoin d'une dent pour me faire une...

En disant ces mots, Basile prit son rifle et se dirigea vers la rivière. Pas un seul alligator ne se montrait à portée pour le moment, bien qu'on les vit, par douzaines, nager dans le bayou.

— Attends! mon frère, cria François ; aie un peu de patience, et je vais te les faire venir. Mets-toi en embuscade, pendant que je vais les appeler.

François était doué d'un talent d'imitation remarquable. Il savait contrefaire les cris de tous les animaux, depuis le cocorico du coq jusqu'au beuglement du bœuf ; il les imitait à s'y méprendre. Il courut vers le bord en se cachant, s'accroupit derrière un buisson de yucca, puis se mit à gémir et à aboyer comme un petit chien. Basile se tenait à l'affût de son côté.

Quelques secondes après, plusieurs alligators traversaient le bayou en nageant, venant de toutes les directions à la fois. Ils eurent bientôt atteint le bord où François était caché. Un gros mâle, en avant des autres, sortait de l'eau, le nez en l'air. Il se repaissait par avance de la proie dont les cris l'attiraient; mais il fut cruellement désappointé; on entendit la détonation du rifle de Basile, le hideux reptile roula dans la boue, et, après s'être débattu quelques instans, demeura immobile. Il était mort. La balle l'avait atteint droit dans l'œil.

Basile et François se montrèrent alors : ils ne voulaient pas gaspiller leurs munitions à en tuer d'autres, et les alligators, en les voyant, se sauvèrent plus vite qu'ils n'étaient venus. La plus grosse dent de celui qui avait été tué fut déchaussée avec la hachette de Lucien, et l'horrible carcasse fut abandonnée où elle était, pour servir de proie aux loups, aux vautours ou à tous autres carnassiers qui voudraient s'en régaler.

Après avoir soupé d'une tranche de venaison et pris leur café, nos jeunes aventuriers étendirent leurs peaux de buffalos sous la tente, et dormirent toute la nuit.

Le lendemain matin, ils étaient debout au point du jour déjeunaient de bon appétit, sellaient leur chevaux et continuaient leur voyage.

X.

LA PATURE DU VER A SOIE.

En quittant le bayou Crocodile, nos jeunes chasseurs se dirigèrent à l'ouest, à travers les prairies d'Opelonsas. Ils n'espéraient point rencontrer de buffalos dans ces grandes plaines de verdure. Depuis longtemps le bison a quitté les pâturages d'Opelonsas, et s'est retiré plus à l'ouest. Ils sont remplacés par des milliers de bestiaux à longues cornes, qui, bien que très sauvages, appartiennent à des propriétaires dont ils portent la marque, et sont gardés par des bergers à cheval. Il y avait des établissemens de blancs sur les prairies d'Opelonsas ; mais nos jeunes gens ne jugèrent pas à propos de se déranger de leur route pour les visiter. Le terme de leur voyage était encore bien éloigné, et ils ne voulaient pas perdre de temps.

Ils eurent à traverser des rivières et des bayous en grand nombre, presque tous se dirigeant au sud, vers le golfe du Mexique. Ils passaient les unes à gué, les autres en faisant nager leurs chevaux. Ils s'inquiétaient peu de la profondeur, car leurs montures, aussi bien que la mule Jeannette et le chien Marengo, nageaient comme des poissons.

Après plusieurs jours de marche, ils atteignirent les bords de la Sabine, qui sépare la Louisiane du Texas; ce dernier faisait alors partie du territoire mexicain. Le pays présentait alors un aspect tout différent de ceux qu'ils avaient traversés. Il était plus accidenté : la végétation était tout autre. Les grands cyprès noirs avaient disparu, et les pins se montraient en plus grande abondance. Les forêts, moins touffues, offraient de plus nombreuses clairières.

Il y avait un courant profond dans la Sabine, mais ils le passèrent à la nage, comme ils avaient déjà fait pour d'autres rivières, et s'arrêtèrent pour camper sur la rive occidentale. L'après-midi n'était pas encore avancé, mais comme ils avaient mouillé leurs effets en traversant la rivière, ils avaient résolu de passer sur ses bords le reste de la journée. Ils établirent leur camp sur une place ouverte, au milieu d'un bosquet de petits arbres. Il y avait un grand nombre de clairières, car les arbres étaient très écartés les uns des autres, et le terrain présentait à peu près l'aspect d'un verger abandonné. De place en place, le sommet conique d'un grand magnolia dominait de très haut les essences environnantes, et le tronc colossal d'un de ces arbres, dépourvu de branches et de feuilles, figurait, à une certaine distance, une vieille tour en ruine.

Le sol était couvert de fleurs de toutes sortes : les bleus lupins et les hélianthes dorés, les mauves et la monarde pourpre; les fleurs du cotonnier rose, de cinq pouces de diamètre; les fleurs des vignes et des plantes grimpantes qui s'enroulaient autour des arbres, où s'élançaient en festons de l'un à l'autre; la vigne roseau, avec ses grappes blanches, et le raisin de raccoon, dont la douce odeur parfumait l'air. Mais tout était éclipsé par les grandes fleurs du bignonia, dont les corolles, en forme de trompette, étalant de larges surfaces du plus bel écarlate, garnissaient les lianes flexibles.

Nos chasseurs établirent leur camp au milieu de toutes ces fleurs, attachant leurs animaux aux piquets et dressant leur tente comme d'habitude.

Le soleil dardait ses chauds rayons, et ils mirent à sécher leurs manteaux et leurs couvertures.

— Je serais tenté de croire, dit Lucien, quand les arrangemens furent terminés pour camper, que nous sommes installés sur l'emplacement d'une ancienne ville indienne.

— Sur quoi bases-tu cette idée? demanda Basile.

— Sur quoi? Voici des monceaux de débris couverts d'herbes et de broussailles. Ce sont ou des tombes indiennes, ou des piles de troncs pourris qui marquent la place où s'élevaient autrefois des maisons. Les arbres aussi me frappent. Regardez tout autour, ne voyez-vous rien de particulier dans ces arbres?

— Rien, répondirent ensemble Basile et François. Rien, si ce n'est que la plupart ne sont ni gros ni grands.

— Vous ne voyez rien de particulier dans les essences?

— Non, dit Basile. Il me semble que je les connais tous. Voilà des mûriers, des noyers noirs, des pruniers de Chicasaw, des pawpaws, des orangers de l'Osage, des hickoris à l'écorce écailleuse, des pekans et des robiniers à miel. Je n'en vois pas d'autres, à l'exception des vignes et de ces grands magnolias. J'ai vu tous ces arbres auparavant.

— Oui, répondit Lucien, mais les as-tu vus tous croissant près l'un de l'autre comme ils font ici?

— Ah ça! c'est autre chose. Je ne crois pas.

— C'est justement cela, continua Lucien, qui me fait penser que cet endroit a été autrefois le siège d'un établissement indien. Ces arbres, ou d'autres dont ceux-ci proviennent, ont été plantés ici, et plantés par des Indiens.

— Mais, mon frère, fit observer François, je n'ai jamais entendu dire que les Indiens de ces contrées aient fait de tels établissemens. Ces arbres, de petite taille, s'étendent à plusieurs milles en descendant la rivière. Il faut qu'il y ait eu une bien grande étendue de terres mises en culture.

— Je ne pense pas, répondit Lucien, que les Indiens qui vivent aujourd'hui dans ces régions aient jamais planté ces arbres. Il est plus probable que cet établissement est un de ceux fondés par l'ancienne nation des Natchez.

— Les Natchez! Eh mais! c'est le nom d'une ville du Mississipi; mais je ne savais pas qu'il y eût des Indiens appelés ainsi.

— Et il n'y en a plus; mais il existait autrefois une tribu très nombreuse de ce nom, qui occupait tout le territoire de la Louisiane. On dit que, comme les Mexicains et les Péruviens, ils avaient fait quelques progrès en civilisation, savaient cultiver le sol et tisser des étoffes. C'est une race aujourd'hui disparue.

— Comment cela est-il arrivé?

— Nul ne peut le dire. Quelques vieux auteurs espagnols assurent qu'ils ont été détruits par des Indiens de l'Amérique du Sud. Cet histoire, toutefois, est assez absurde, comme le sont au surplus la plupart de celles racontées par ces mêmes vieux auteurs espagnols, dont les livres semblent vraiment avoir été écrits plutôt par des enfans que par des hommes raisonnables. Ce qu'il y a de plus vraisemblable, c'est que les Natchez ont été soumis par les Creeks et les Chicasaws, qui venaient du sud-ouest de leur pays, et que les restes de leur tribu se mélangèrent avec leurs conquérans. Voilà, dans mon opinion, comment cette race a disparu. Pourquoi ces ruines, alors, ne seraient-elles pas celles d'un de leurs anciens établissemens, et ces arbres ceux des vergers qu'ils cultivaient pour en récolter les fruits et pour d'autres usages.

— Mais ces arbres-là ne nous servent pas à grand'chose, dit François.

— Qu'est-ce que tu dis donc? s'écria Basile; toi, François, qui, tous les ans, mange une telle quantité de noix d'hickory, de pekans et de mûres rouges! toi qui suces les perrimons comme un opossum, tu oses dire que ça ne nous sert pas à grand chose! ah?

— C'est vrai, tu as raison, répondit François; mais pourtant nous ne nous amusons pas à cultiver de pareils arbres pour leurs fruits; nous les trouvons dans les bois, où ils poussent naturellement.

— Parce que, interrompit Lucien, nous sommes plus avancés que les Indiens. Nous connaissons les avantages du commerce, et nous nous procurons d'autres fruits meilleurs venant de toutes les parties du monde. Nous avons les céréales aussi, telles que riz et froment, et beaucoup d'autres espèces qu'ils ne possédaient point. Nous pouvons donc nous passer de ces arbres. Il n'en était pas de même pour les Indiens. A la vérité, ils avaient le blé indien ou le maïs (zea mais); mais, comme tout le monde, ils aimaient à varier leur nourriture, et ces arbres leur étaient utiles pour cela. Il est de fait que jamais un peuple dépourvu de ressources commerciales n'était mieux partagé en plantes et arbres à fruits que les Astèques et autres tribus du sud. Toutefois, les Natchez et les tribus des zônes tempérées avaient aussi leurs plantes et leurs fruits (nous en avons devant les yeux des échantillons) dont ils tiraient leur nourriture habituelle, leurs fruits de luxe, et des boissons. Les premiers colons n'ont pas vécu autrement; et beaucoup de settlers, perdus dans les solitudes, font encore usage aujourd'hui des productions spontanées de la nature.

— Dis donc, Basile, s'écria François, si Lucien nous donnait une leçon de botanique sur ces arbres et nous disait à quoi ils servent, cela serait bien intéressant. Il sait tout cela.

— Oui, oui, répondit Basile, cela me ferait grand plaisir.

— Très volontiers, dit Lucien; toutefois, je ne vous ferai pas une leçon de botanique dans le style de l'école de Linnée, cela vous ennuierait bientôt, et ça ne vous apprendrait pas grand'chose. Je vous dirai seulement ce que je sais des propriétés et des usages de ces arbres; et je vous ferai remarquer en passant qu'il n'y a pas un arbre, pas une plante qui n'ait son usage marqué dans l'économie générale de la nature. Si les botanistes avaient employé leur temps à découvrir ces usages, au lieu de le perdre à faire de vaines classifications, le genre humain aurait retiré un bien plus grand avantage de leurs travaux.

Commençons donc par le mûrier, car il y a un assez grand nombre de ces arbres autour de nous. S'il me fallait vous dire tout ce qu'il y a d'intéressant relativement à cet arbre précieux, j'en aurais pour plus d'un jour. Je m'en tiendrai aux faits principaux.

Les mûriers forment le genre *morus*. Ce nom est celui sous lequel ils étaient connus des anciens Grecs. Ce genre se divise en plusieurs espèces bien connues. Il est plus que probable que d'autres espèces encore croissent dans des contrées sauvages, et sont restées jusqu'à ce jour ignorées des botanistes. Cette remarque s'applique tout aussi bien aux autres arbres, car tous les jours nous entendons parler de nouvelles variétés découvertes par de hardis explorateurs.

Au premier rang, nous placerons le mûrier blanc (*morus alba*). C'est la plus importante des espèces connues jusqu'à ce jour. Vous le comprendrez tout de suite quand je vous dirai que c'est à elle que nous devons notre soie, qui en est extraite par le ver à soie (*bombyx mori*). On l'appelle mûrier blanc à cause de la couleur de son fruit, qui cependant n'est pas toujours blanc, et se montre parfois rouge ou noir.

Maintenant, il serait assez difficile de vous donner une description exacte du mûrier blanc; car, de même que pour les pommiers et les poiriers, les mêmes graines produisent de nombreuses variétés, et il se modifie aussi avec la nature du sol et du climat. C'est un arbre de petite taille, dépassant rarement la hauteur de quarante pieds, à branches très nombreuses et à feuillage touffu. Les feuilles constituent la partie la plus importante de cet arbre. C'est sur elles que le ver à soie se nourrit, tirant ses fils déliés de leur suc laiteux, qui, par ses propriétés, ressemble à celui de l'arbre à caoutchouc. Il est vrai de dire que le ver à soie se nourrit aussi des feuilles d'autres espèces de mûriers, et même des feuilles de l'orme, du figuier, de la laitue, de la poirée, de l'endive et de beaucoup d'autres plantes; mais la soie qui résulte de tous ces feuillages est d'une qualité inférieure, et les diverses variétés du mûrier blanc lui-même produisent des qualités différentes de ce magnifique produit.

Là ne se bornent pas les usages de cet arbre. Son bois est compacte et lourd; le pied cube ne pèse pas moins de quarante-quatre livres. On s'en sert beaucoup en France pour la boissellerie : on en fait des barriques, car il a la propriété de donner aux vins blancs un agréable parfum de violettes. Avec ses branches, on fait des échalas de vigne et de clôtures; de son écorce on tire, par un procédé que je n'ai pas le temps de vous décrire, une étoffe que l'on parvient à rendre aussi fine que celles fabriquées avec la soie elle-même. Le fruit du mûrier blanc, dans les climats chauds, est très bon à manger, et fournit un excellent sirop.

Le mûrier blanc est, à ce qu'on suppose, originaire de la Chine, où il croît encore à l'état sauvage. Les Chinois ont commencé à le cultiver pour nourrir les vers à soie, environ [2,700 ans avant l'ère chrétienne. On le trouve maintenant dans tous les pays civilisés, soit comme arbre d'ornement dans les massifs de parcs, soit comme arbre de culture pour l'élève des vers à soie.

La deuxième espèce est celle du mûrier noir (*morus nigra*), ainsi nommé de la couleur de son fruit, qui est rouge foncé, presque noir. Cette espèce est originaire de la Perse; mais aujourd'hui elle est, comme la première, répandue dans tous les pays civilisés. On la cultive plutôt à titre d'ornement et pour son ombrage que pour nourrir des vers à soie. Cependant, on l'emploie à cet usage dans certaines contrées, notamment dans les pays froids, où l'autre espèce ne peut pas réussir. On distingue facilement les deux espèces l'une de l'autre. L'écorce du mûrier noir est beaucoup plus rugueuse et plus foncée que celle de l'autre. Le bois n'en est pas si dur ni si lourd, mais il est auss durable, et on s'en sert en Angleterre pour faire des cerceaux, des roues, des membrures de petits navires. En Espagne, en Italie, en Perse, on préfère la feuille du mûrier noir pour nourrir les vers à soie. On les donne aussi en pâture aux bestiaux, aux moutons et aux chèvres. Les racines préparées sont employées comme vermifuge. Le fruit a une saveur aromatique agréable; on le mange cru et en confitures; mélangé avec du cidre, il fait une excellente boisson. Les Grecs en extraient, par la distillation, une eau-de-vie claire et faible; en France, on en fait une espèce de vin qu'il faut boire pendant qu'il est nouveau, car il tourne promptement en vinaigre. Ce fruit est un bon antidote contre les fièvres et les rhumatismes; les oiseaux et toutes les espèces de volailles en sont très friands.

Assez sur le mûrier blanc et sur le mûrier noir: passons à la troisième espèce, le mûrier rouge (*morus rubra*).

— Le voici devant vous, continua Lucien, montrant les arbres qu'il avait déjà désignés. On l'appelle ainsi à cause de son fruit, qui, comme vous savez, est d'une couleur rouge foncé, et ressemble à la framboise plus qu'à toute autre chose. Quelques uns de ces arbres ont, vous le voyez, près de soixante-dix pieds de haut, bien qu'ils n'atteignent pas ordinairement une pareille hauteur. Remarquez leurs feuilles: elles sont en forme de cœur; beaucoup sont longues de dix pouces et presque aussi larges.

Elles sont rugueuses, d'un vert tendre. On ne s'en sert guères pour nourrir les vers à soie quand on peut avoir des mûriers blancs. Leur ombrage est délicieux, et c'est un des avantages que l'on recherche dans ces beaux arbres. Son fruit est, à mon sens, et je crois que c'est aussi l'opinion de François, au moins aussi bon que les meilleures framboises. Quant au bois, on en fait grand usage dans les arsenaux de marine des États du Sud. Il est d'une couleur citron pâle; on le considère comme meilleur, au point de vue de la conservation, pour les chevilles, le locustier excepté, cependant.

Le mûrier rouge, comme le blanc et le noir, présente plusieurs variétés, qui diffèrent beaucoup les unes des autres.

Il y a encore une quatrième espèce, qu'on appelle le mûrier papyrus (*morus papyrifera*). Les botanistes, il est vrai, en ont fait un genre à part; mais il mérite que je vous en dise un mot, car c'est un arbre très curieux et très précieux; je devrais plutôt dire un grand arbrisseau, car il n'atteint pas la hauteur des trois autres.

Il est originaire de la Chine, du Japon, et des îles de l'Océan Pacifique; mais, comme les autres, on le trouve en Europe et en Amérique, où il est cultivé à titre d'ornement. Son fruit, écarlate, est rond, et non oblong comme celui des véritables mûriers; c'est pour cette raison qu'on en a fait un genre à part, qu'il compose à lui tout seul. Ses feuilles ne servent pas à obtenir la soie, mais elles forment une excellente nourriture pour les bestiaux, et comme ces arbres croissent rapidement, comme ils se couvrent de larges bouquets de feuilles, quelques personnes prétendent qu'on en tirerait meilleur parti que de l'herbe, et qu'on devrait le cultiver pour faire des pâturages. Je ne sais pas si on en a essayé jusqu'à présent. La partie la plus intéressante du mûrier papyrus est son écorce, dont on se sert dans les manufactures de papier de la Chine et du Japon. C'est avec elle qu'on fabrique le beau papier de Chine dont on se sert pour les gravures, l'étoffe blanche si fine que portent les naturels des îles de la Société, et qui causa tant d'étonnement aux Européens quand ils la virent pour la première fois. Les détails de la fabrication de cette étoffe, et de celle du papier seraient pleins d'intérêt, mais cela nous prendrait trop de temps.

Il y a une autre famille d'arbres qui ressemblent beaucoup aux mûriers. On en fait grand cas pour leur bois, qui fournit une belle couleur jaune connue sous le nom de fustique. L'arbre qui produit la meilleure teinture de cette couleur est le *morus tinctoria*; il croît dans les Indes Occidentales et dans l'Amérique intertropicale. On en trouve une espèce, d'une qualité inférieure, dans les Etats-Unis du Sud, qui produit la fustique bâtarde du commerce.

En voilà assez, je pense, sur les mûriers, mais je crains de n'avoir guère le temps de vous parler des autres arbres.

— Oh! tu as tout le temps, dit Basile, nous n'avons rien autre chose à faire. Mieux vaut nous instruire ainsi que de flâner paresseusement; et, sur ma parole! Luce, tu commence à me faire prendre goût à la botanique.

— Eh bien! j'en suis enchanté, répondit Lucien; car je tiens pour certain que c'est une science dont on retire de grands profits, non-seulement à cause de son utilité dans les arts et dans l'industrie, mais aussi par l'effet qu'elle produit sur l'esprit de ceux qui l'étudient; l'âme s'épure j'en suis convaincu, sous l'influence de cette étude.

Lucien allait continuer la description des arbres environnans lorsqu'une série d'incidens vint mettre fin à la conversation, ou du moins en détourner le cours.

Ces incidens font l'objet du chapitre suivant.

XI

LA CHAÎNE DE DESTRUCTION.

Juste en face de la tente, et à peu de distance, deux arbres étaient entrelacés par un épais réseau de vignes. C'étaient deux grands tupelos. Les vignes enroulées autour des troncs, et passant de l'un à l'autre, formaient un impénétrable rideau de feuilles. Le feuillage lui-même disparaissait sous les fleurs. La surface entière resplendissait comme un riche tapis étendu entre les deux arbres. Les fleurs étaient de différentes couleurs, quelques-unes blanchâtres et en forme d'étoiles; mais le plus grand nombre présentait la teinte écarlate des larges tubes de la vigne-trompette (*bignonia*).

Depuis quelques instans, François, tout en prêtant l'oreille à ce que disait son frère, tenait les yeux fixés dans cette direction, et paraissait admirer les fleurs. Tout à coup il interrompit la conversation.

— Voyez là-bas... des oiseaux-mouches!

Les oiseaux-mouches ne se montrent pas en Amérique aussi souvent que les voyageurs voudraient le faire croire. Au Mexique même, où vivent de nombreuses espèces de ces oiseaux, on n'en voit pas tous les jours. Il est même nécessaire de s'appliquer tout particulièrement à les chercher pour en apercevoir. Ils sont si petits et volent si rapidement, s'élançant de fleur en fleur et d'arbre en arbre, que l'on peut passer à côté d'eux sans les remarquer, ou parfois les prendre pour des abeilles. Mais, dans les États-Unis, où, jusqu'à ce jour, une seule espèce a été signalée, on en voit très rarement, et c'est un événement intéressant que d'en rencontrer quelques uns. Aussi l'exclamation de François exprimait-elle la surprise et le plaisir.

— Où donc? demanda Lucien, se levant avec vivacité.

— Là-bas! répondit François, autour des fleurs en trompette; j'en vois plusieurs, je crois.

— Doucement, frère, dit Lucien; approchons doucement pour ne pas les effrayer. Je voudrais faire quelques observations sur eux.

En disant ces mots, il s'avança avec précaution, suivi de Basile et de François.

— Ah! s'écria Lucien lorsqu'ils se furent approchés,

j'en vois un. C'est le gorge de rubis (*trochilus colubris*). Il se nourrit de fleurs du bignonia, qu'il préfère à toutes les autres. Voyez, il est entré dans une corolle... Ah! le voilà qui en sort... Écoutez le bruissement de ses ailes, qui ressemble au bourdonnement d'une grosse abeille. C'est de là que lui vient le nom anglais *humming bird* (oiseau bourdonnant.) Regardez sa gorge! elle brille comme un rubis!...

— En voilà un autre, cria François. Regardez là-haut!... Il n'est pas, à beaucoup près, aussi joli que le premier. Est-il d'une espèce différente?

— Non, répondit Lucien, c'est la femelle; ses nuances ne sont pas si brillantes, et vous pouvez remarquer qu'elle n'a pas sa gorge rouge.

— Je n'en vois pas d'autres, dit François après un moment de silence.

— Je crois qu'il n'y en a que deux, répondit Lucien, le mâle et la femelle. C'est la saison où ils s'accouplent ; sûrement leur nid est près d'ici.

— Essaierons-nous de les attraper, demanda François?

— Nous ne le pouvons pas sans filet.

— Je peux les tirer avec du petit plomb.

— Non, non, dit Lucien; la plus petite cendrée les mettrait en pièces. On les tire quelquefois avec des graines de pavots ou même avec de l'eau. Mais, laissons, j'aime mieux les observer un instant en liberté. J'ai besoin de vérifier un point. Cherchez le nid, vous qui avez de bons yeux. Vous le trouverez près d'ici, dans quelque fourche nue, mais pas au milieu des branches ni des feuilles.

Basile et François se mirent à la recherche du nid, tandis que Lucien restait à observer les évolutions des mignonnes créatures. Le point que voulait éclaircir notre jeune naturaliste était de savoir si les oiseaux-mouches se nourrissent d'insectes aussi bien que de miel, question débattue entre les ornithologistes. Pendant qu'il les regardait ainsi, un gros bourdon (*apis bombilicus*) arrivait en bourdonnant et se posait sur une fleur. A peine ses pattes avaient-elles touché les brillantes pétales, que le mâle à gorge rouge se précipitait vers lui et l'attaquait avec furie. Ils sortirent ensemble de la fleur et se livrèrent, en volant, un combat en miniature. Mais, après un court engagement, le bourdon fit volte-face et s'envola avec un bourdonnement furibond, occasionné sans doute par le jeu plus rapide de ses ailes.

Une exclamation de François annonça que le nid était découvert. Il était placé dans la fourche d'une branche peu élevée, mais ne contenait pas encore d'œufs, autrement les oiseaux n'auraient pas été dehors.

Tous trois examinèrent le nid ; mais ils se gardèrent bien de le déranger. Il était fait de petits brins de mousse d'Espagne (*tillandsia*), qui servaient aussi à l'attacher à la branche, et l'intérieur était garni de soyeux duvet d'anémone. C'était une espèce de demi-boule, en haut de laquelle était une ouverture d'un pouce de diamètre tout au plus. En fait, il était si petit, que les yeux perçans d'un dénicheur d'oiseaux comme François pouvaient seuls ne pas le confondre avec une boursouflure de l'écorce.

Tous trois révinrent observer les manœuvres des oiseaux qui, ne les ayant pas vus autour du nid, continuèrent à voltiger parmi les fleurs. Les jeunes gens se tenaient le plus près élevée, mais ne pouvant être encore d'œufs, cachés derrière une grosse touffe de vigne. Lucien était le plus rapproché ; sa figure était à quelques pas seulement des oiseaux, de sorte qu'il pouvait suivre tous leurs mouvemens. Il eut bientôt la chance d'assister à une scène qui, pour lui, décida le *point* dont il se préoccupait. Un groupe de mouches aux ailes bleues attira son attention. Elles étaient au milieu des fleurs, tantôt se posant, tantôt volant de l'une à l'autre. Il vit plusieurs fois les oiseaux s'élancer sur elles, le bec ouvert, et les saisir. La question était tranchée : les oiseaux-mouches étaient insectivores.

Quelques momens après, la femelle vola vers le nid, laissant le mâle parmi les fleurs.

La curiosité des enfans était maintenant satisfaite, et ils allaient retourner à leur tente, lorsque Lucien fit un mouvement brusque et les pria de ne pas bouger. François chercha tout autour de lui quelle pouvait être la cause de cette recommandation de la part de son frère. Basile la découvrit au même instant : c'était quelque chose de hideux.

Accroupie au milieu des feuilles, tantôt se tournant de côté, tantôt faisant de petits bonds, puis se cachant, une affreuse créature s'avançait. Elle avait à peu près la taille des oiseaux, mais ne leur ressemblait en aucune façon. Son corps était formé de deux parties jointes par le milieu et couvertes partout de poils brun-rougeâtre, hérissés comme des soies de sanglier. Elle avait dix pattes longues, crochues, poilues comme le reste du corps ; deux antennes recourbées comme des griffes en avant, et deux cornes projetées en arrière, de sorte que, sans les yeux perçans et farouches de l'animal, il eût été difficile de distinguer sa tête de la partie postérieure de son corps. Sa couleur fauve, son corps difforme, ses jambes velues, son regard perçant, lui donnaient un aspect repoussant, qui caractérise au surplus tous les êtres de son espèce, car elle était de la race des *aranea* ou araignées.

— La tarentule sauteuse, dit tout bas Lucien à ses frères. Voyez, elle guette le gorge de rubis. C'était évident. L'araignée s'approchait pas à pas, bond par bond, du bouquet de fleurs où était alors plongé l'oiseau-mouche. Elle tenait les yeux fixés sur celui-ci, et, chaque fois qu'il sortait des fleurs, voltigeant négligemment tout autour, la tarentule se tapissait derrière les feuilles ou les vrilles de la vigne. Lorsque, au contraire, l'oiseau s'arrêtait un instant et paraissait bien occupé à sucer le suc des fleurs, la bête cauteleuse s'avançait un peu plus, soit en courant, soit en sautant, et alors se cachait de nouveau pour attendre le moment opportun. Comme l'oiseau changeait souvent de place en volant, l'araignée devait changer fréquemment sa direction en le poursuivant. Le premier, après une de ces évolutions, vint se poser sur une fleur-trompette, juste en face de l'endroit où était cachée la tarentule. Il n'entra pas dans le tube de la fleur, mais resta à l'ouverture, se soutenant par l'agitation rapide de ses ailes, et pompant le miel à l'aide de sa langue allongée et flexible. Il était à peine dans cette position que la tarentule s'élançait et le saisissait entre ses antennes. L'oiseau prit son vol de-ci de-là, en poussant une note aiguë comme le cri de détresse d'un grillon. Ses ailes étaient encore libres, et nos jeunes chasseurs s'attendaient à lui voir emporter l'araignée, qui était accrochée autour de son corps. Cela ne devait pas se passer ainsi. A quelques pieds de sa fleur, son vol sembla s'arrêter tout à coup, et, quoiqu'il se tînt encore en l'air, voltigeant d'un côté, puis de l'autre, il était évident que quelque chose l'empêchait de s'en aller plus loin. Un examen plus attentif fit découvrir un petit fil soyeux qui s'étendait des arbres à la pauvre petite bête. C'était le fil de l'araignée, qui préservait le bourreau d'être emporté par sa victime. Les petites ailes cessèrent bientôt de s'agiter; l'oiseau et l'araignée tombèrent tous deux jusqu'au bout du fil et y restèrent un moment suspendus. L'oiseau était mort ; les mandibules du monstre avaient disparu dans la gorge brillante!

François voulait s'élancer pour punir l'assassin ; mais Lucien, naturaliste trop passionné pour laisser interrompre ainsi la leçon, modéra l'impétuosité de son frère, et tous trois conservèrent leur immobilité.

La tarentule commença alors à renvider son fil, dans le but de porter sa proie au milieu des branches où était situé son nid. Nos chasseurs levèrent les yeux pour tâcher de découvrir ce repaire. Dans un coin sombre, ils virent la toile qui étendait ses mailles entre une grosse liane et le tronc du tupelo ; et c'était vers ce point que se dirigeait lentement l'araignée, portant sa victime inanimée.

Pendant qu'ils observaient ses mouvemens, leurs yeux furent attirés par quelque chose de brillant qui se mouvait le long de l'écorce rugueuse de la liane. La vigne avait près d'un pied de diamètre, une couleur ferrugineuse foncée, et formait un fond sombre sur lequel se détachaient vivement les brillantes nuances de cette créature. C'était un animal de l'espèce des lézards, aussi beau, en vérité, qu'un lézard puisse être. Mais la forme hideuse, presque humaine de ces animaux, leurs regards perçans, leurs habitudes déprédatrices et dissimulées, par-dessus tout la connaissance que l'on a du caractère venimeux de certains d'entre eux, tout contribue à en faire des objets de dégoût et de crainte plutôt que d'admiration.

Comme nous l'avons déjà dit, celui-ci était de la plus brillante couleur. Toute la partie supérieure de son corps était d'un vert doré, vif comme l'émeraude ; le dessous était d'un blanc verdâtre. Cette partie, au surplus, n'était pas visible, attendu qu'il était couché le long de la liane, et l'on ne voyait que le vert éclatant et pur. La gorge, cependant, formait exception : elle était gonflée, comme soufflée, montrant une surface du plus bel écarlate, et semblait, au soleil, peinte de vermillon. Les yeux de l'animal lançaient des flammes ; ses pupilles, toutes petites, scintillaient comme des diamans au milieu du fond d'or poli des iris. Ses membres étaient de la même couleur que son corps, et les doigts de ses pattes offraient cette particularité qu'ils étaient terminés par de petites boules ou tubercules. Ces tubercules et le fanon qui pendait de sa gorge indiquaient le genre auquel appartenait cet animal. C'était un *anolius* de la famille des *iguanidæ*, seule espèce d'anolius que l'on rencontre sur le territoire des États-Unis. Lucien communiqua tout bas ces détails à ses frères pendant qu'ils observaient l'animal couché sur la liane.

Basile et François avaient vu souvent de ces animaux auparavant, et les connaissaient sous les noms de *lézard vert* et de *caméléon*, qui leur sont indifféremment appliqués dans le langage ordinaire. Celui qu'ils voyaient n'avait pas plus de six pouces de long, et sa tête allongée en forme de cercueil, sa queue mince ressemblant à une cravache, formaient au moins les deux tiers de sa longueur. Au moment où ils le découvrirent, il grimpait le long de la liane qui s'élevait obliquement entre les arbres. Il ne voyait pas les jeunes gens, ou du moins ne faisait nulle attention à eux, car le caméléon est un petit animal plein de courage, que la présence de l'homme n'intimide pas. Jusque-là, il n'avait pas vu non plus la tarentule.

En suivant son chemin, ses yeux tombèrent sur cette dernière, qui grimpait à une échelle de soie. Le lézard s'arrêta court et s'aplatit contre la branche. Sa couleur changea aussitôt : de vermillon, sa gorge devint blanche ; puis de nuance cendrée pâle ; le vert brillant de son corps fut remplacé par une teinte brun foncé ou couleur de rouille ; de telle sorte qu'il devint difficile de distinguer l'animal de l'écorce de la liane. Si les spectateurs n'eussent eu les yeux déjà fixés sur lui depuis quelque temps, ils auraient pu supposer qu'il avait totalement disparu. Après quelques instans de guet, il parut avoir arrêté son plan d'attaque, car évidemment il se proposait d'attaquer l'araignée, qui, ainsi que les mouches et autres insectes, est une de ses proies habituelles.

Il passa de l'autre côté de la liane, et se mit à grimper dans la direction du nid de la tarentule. Il l'atteignit d'un seul élan, quoiqu'il grimpât le dos en bas, ce qu'il pouvait faire facilement, grâce aux tubercules des doigts qui permettent aux lézards du genre *anolius* de marcher le long des murs verticaux, sur les carreaux de vitres ou contre les plafonds les plus unis.

Il resta accroupi et immobile pendant quelques instans, attendant l'araignée qui, occupée de ses propres affaires, ne se doutait pas qu'un ennemi était en embuscade si près d'elle.

La tarentule était sans doute fort excitée à ce moment ; elle se réjouissait à l'idée du festin de sang qui lui était réservé lorsqu'elle aurait porté la gorge de rubis dans son nid sombre et soyeux ; mais elle ne devait jamais atteindre ce nid.

Quand elle fut arrivée à quelques pouces de l'entrée, le caméléon s'élança de la branche où il était tapi, saisit l'araignée dans ses larges mâchoires, et tous trois, lézard, araignée et oiseau, tombèrent ensemble à terre. L'araignée lâcha l'oiseau en tombant. Entre elle et le caméléon se livra sur le gazon un combat de quelques instans ; la tarentule lutta courageusement, mais elle n'était pas de taille à tenir contre son antagoniste, qui bientôt, au moyen de ses mâchoires, lui sépara les jambes du tronc et la laissa sans mouvement et sans secours. Le caméléon saisit alors sa victime par la tête, lui enfonça dans le crâne ses dents aiguës et coniques, et la tua sur place. Mais ce qui parut à tous étonnant, c'est qu'au moment où le lézard s'élança sur sa proie, ses brillantes couleurs reparurent soudainement, et on le vit de nouveau avec son dos vert, et sa gorge rouge plus que jamais brillante.

Il se mit alors à traîner le corps de l'araignée sur le gazon, se dirigeant évidemment vers un tronc mort, à demi couvert de pampres et de ronces, qui s'élevait auprès. C'était là, sans doute, qu'était sa retraite. François n'essaya pas cette fois de l'en détourner. Il regardait la mort de la tarentule comme une punition méritée ; de plus, le caméléon, par ses brillantes couleurs, par ses habitudes folâtres et son caractère inoffensif, et on qui regarde l'homme, est aimé de tout le monde ; il l'était surtout de François qui, comme ses frères, avait souvent observé le petit animal gambadant au milieu des feuilles, gobant des mouches et d'autres insectes, et ne l'avait jamais vu jusque-là montrer autant de férocité. Malgré tout, ils applaudissaient à la mort de la hideuse tarentule, et si le caméléon n'avait eu qu'eux à craindre, il aurait pu sans entraves porter le corps à son trou. Quelque chose pourtant devait l'en empêcher. François, dont les yeux perçans erraient de tous côtés, s'écria tout à coup :

— Voyez, frères, voyez ! un scorpion-lézard !

Bazile et Lucien regardèrent dans la direction qu'il leur indiquait, et aperçurent, au haut d'un arbre qui s'élevait à la place même où rampait le caméléon, un trou rond dont on avait évidemment servi de nid à un pic à ventre rouge (*picus carolinus*). Mais l'oiseau qui avait construit ce nid l'avait abandonné, et il était maintenant occupé par un animal d'une espèce toute différente, le scorpion-lézard, dont on voyait la tête rouge et les brunes épaules sortir du trou.

Tous ceux qui ont voyagé dans les grandes forêts de l'Amérique en ont rencontré fréquemment. Rien n'est plus désagréable à voir. Le scorpion-lézard, avec sa tête rouge et son corps brun-olive, est un reptile d'un aspect hideux. Tel était celui qu'on apercevait, guettant de son trou, au haut d'un arbre, en faisant aller son museau pointu de côté et d'autre ; ses yeux noirs et brillans avaient une expression de malice méchante. Il serait difficile de concevoir une créature d'un aspect plus repoussant. Le mouvement de sa tête avait attiré les yeux de l'enfant. L'animal semblait observer quelque chose en bas de l'arbre, et se préparait évidemment à sortir de son trou et à descendre. Le caméléon, en rampant sur les feuilles sèches, avait attiré son attention.

Aussi prompt que l'éclair, le scorpion-lézard sortit du trou, se coucha le long de l'écorce, la tête en bas, s'arrêta un moment, puis descendit avec agilité le long du tronc. Il s'élança alors et sauta sur le caméléon qui, attaqué soudainement, lâcha l'araignée et montra d'abord l'intention de battre en retraite. S'il l'eût fait, le scorpion ne l'aurait pas suivi plus loin ; son seul but, en l'attaquant, était de lui ravir sa proie. Mais le caméléon est courageux : et voyant que son adversaire n'était pas beaucoup plus gros que lui (c'était un des plus petits de son espèce), il se retourna et présenta la bataille. Sa gorge s'enfla et devint plus brillante que jamais.

Les deux champions étaient maintenant en présence, éloignés environ de douze pouces l'un de l'autre, et dans une attitude menaçante. Leurs yeux lançaient des flammes; ils dardaient leurs langues fourchues, qui brillaient au soleil; ils levaient et abaissaient de temps en temps leurs têtes d'un mouvement régulier, semblables à deux lutteurs sur le point d'en venir aux mains.

Après quelques momens, ils s'élancèrent l'un contre l'autre, les mâchoires ouvertes, roulèrent par terre, la queue en l'air, se lâchèrent et reprirent de nouveau leur attitude de défi; ils se rencontrèrent et se séparèrent ainsi plusieurs fois, semblant n'avoir gagné ni l'un ni l'autre un grand avantage.

La partie la plus faible du lézard vert est sa queue. Elle est, en effet, si tendre, que le plus petit coup de baguette la sépare du corps. Cela paraissait être parfaitement connu du scorpion-lézard, qui tâcha plusieurs fois de tourner autour de son adversaire, ou, pour nous servir de l'expression militaire, de l'attaquer sur ses derrières. Son intention évidente était de s'en prendre à la queue. C'était ce que craignait le caméléon, qui ne voulait pas être pris à revers, et, de quelque manière que manœuvrât son antagoniste, il le rencontrait toujours face à face.

Le combat dura quelques minutes. Ces petits animaux montraient autant de fureur et de férocité que de gros crocodiles. Enfin le caméléon sembla vouloir abandonner la lutte. Sa gorge devint plus pâle, sa couleur verte moins vive, et il était évident qu'il avait le dessous.

Le scorpion s'élança alors sur lui, le renversa sur le dos, et, avant qu'il fût revenu à lui, il lui saisit la queue, qu'il mordit au point de la séparer du corps. Le pauvre caméléon, sentant qu'il avait perdu la moitié de sa longueur, s'enfuit et se cacha parmi les troncs d'arbres.

Cela fut très heureux pour lui, comme on verra par la suite. Il aurait bien mieux valu pour le scorpion qu'il fût resté dans son trou. Le combat avait entraîné les deux animaux à quelque distance de l'endroit où il avait commencé, sous les branches touffues d'un mûrier. L'attention des jeunes gens avait été attirée par un mouvement des feuilles, et on aperçut un objet rouge, de la longueur d'un pied environ, qui pendait des branches. Cet objet était gros à peu près comme une canne; mais à ses écailles brillantes, à sa forme élégamment recourbée, on reconnaissait le serpent.

Il ne restait pas immobile, mais se laissait glisser lentement; chaque instant laissait apercevoir une nouvelle partie de son corps, jusqu'à ce qu'il en pendît à peu près un yard hors des feuilles; le reste était caché par l'épais feuillage, et sa queue était enroulée autour d'une branche. La partie visible de son corps était d'une couleur rouge sang; le ventre et la partie inférieure étaient d'une teinte plus claire.

— Regardez! dit tout bas François: un serpent rouge ! Je n'en ai jamais vu de pareil.

— Ni moi, ajouta Basile.

— Ni moi non plus, dit Lucien. Mais je le reconnais facilement à la description qu'on en a faite : c'est le serpent rouge des montagnes Rocheuses (coluber testacea.)

— Oh! dit Basile, j'en ai entendu parler souvent par des trappeurs.

— Oui, ajouta Lucien, c'est une espèce rare que l'on ne rencontre que dans l'Ouest sauvage. Ah! voyez le scorpion!... le caméléon s'enfuit. Sur ma vie, il n'a plus de queue !

A ce moment, le lézard aperçut le long corps rouge du serpent qui pendait au-dessus de lui, et reconnaissant par expérience un ennemi terrible, il s'enfuit, essayant de se cacher dans l'herbe, au lieu de se diriger vers un arbre où, par son agilité, il aurait pu échapper à l'attaque du serpent. Troublé par la frayeur, il se dirigea vers un terrain ouvert. Le serpent se laissa glisser immédiatement du mûrier et le poursuivit, levant la tête, et les mâchoires ouvertes. Il l'atteignit en un instant, et, le frappant de l'avant et de l'arrière, il le tua sur le coup. Lucien, enchanté de la leçon intéressante qu'il recevait, empêcha François de s'avancer. Ils marchèrent avec précaution,

et, pour mieux observer les mouvemens du serpent, ils se cachèrent derrière les feuilles et les buissons.

Après avoir tué le lézard, le serpent resta étendu sur le gazon et se mit en devoir de le dévorer. Les serpens ne mâchent pas leur nourriture, leurs dents ne sont pas faites pour cela, elles leur servent seulement à saisir et à tuer. Le serpent rouge n'est pas venimeux, et par conséquent n'a pas de crochets distillant le poison. Il possède, en place, une double rangée de dents très aiguës; ainsi que le serpent noir, le serpent fouetteur, et les autres du genre coluber, il est extrêmement agile, et possède une certaine puissance de constriction qui manque généralement aux serpens des espèces venimeuses. De même que tous les autres, il avale sa proie tout entière. Celui dont nous parlons était de cette espèce. S'étant placé en face du scorpion, il ouvrit les mâchoires autant que possible, fit entrer la tête de l'animal dans sa gueule, et se mit à engloutir peu à peu le corps. C'était une opération curieuse, et les enfans l'observaient avec intérêt.

Mais d'autres yeux aussi étaient fixés sur le reptile. Son corps brillant, couleur de sang, étendu sur l'herbe, avait attiré le regard perçant d'un ennemi dont l'ombre se projetait sur le terrain. En levant les yeux, les enfans aperçurent un gros oiseau décrivant des cercles en l'air. Sa tête et sa poitrine, blanches comme la neige, ses ailes étendues et se terminant en pointe, et, plus encore que tout cela, sa longue queue fourchue, le leur firent reconnaître à l'instant : c'était le grand milan du Sud. (Falco furcatus).

Lorsqu'on l'aperçut, il décrivait des cercles, ou plutôt une courbe en spirale, qui se resserrait de plus en plus en descendant. Le centre de cette courbe était le point occupé par le serpent.

C'était un beau spectacle que cette créature fendant l'air. Son vol était le beau idéal de l'aisance et de la grâce; car, sous ce rapport, aucun oiseau n'égale le milan. Aucun mouvement de ses longues ailes ne trahissait le besoin qu'il avait de leur assistance; il semblait se glorifier de pouvoir naviguer dans l'air sans leur secours.

S'il s'en était servi, d'ailleurs, leur mouvement aurait pu frapper le regard de sa victime, et l'avertir du danger.

C'était un magnifique spectacle que cet oiseau décrivant des cercles aériens, et tantôt paraissant tout blanc, lorsque sa poitrine était tournée du côté des spectateurs, tantôt montrant son dos noir et ses ailes pourpre brillant au soleil, lorsqu'il présentait le flanc dans sa descente en spirale. Les jeunes chasseurs, saisis d'admiration, le regardaient en silence.

Basile et François s'étonnaient de ne pas le voir fondre sur le serpent. C'était évidemment là son dessein. Ils avaient vu d'autres faucons le faire, comme le rouge-queue, le pélerin et l'orfraie, qui, quelquefois, s'abattent perpendiculairement sur leur proie de plusieurs centaines de pieds. Lucien, cependant, était mieux informé ; il savait que ce coup ne pouvait être accompli que par les oiseaux dont les queues sont pleines et non fourchues, tels que l'aigle chauve et les autres espèces que nous venons de nommer; leurs queues, qu'ils peuvent étendre à volonté, leur donnant la faculté d'arrêter soudainement leur descente rapide, et les empêchant ainsi de se heurter contre la terre. Les milans, au contraire, n'ont pas cette faculté, et Lucien voyait en cela une prévoyance admirable de la nature, qui répartit avec égalité les avantages entre les diverses espèces d'oiseaux. Il raisonnait ainsi :

Les faucons, quoique volant très vite et pouvant soutenir leur course assez longue, ne peuvent rester longtemps en l'air. Ils se fatiguent, et ont besoin d'un repos qu'ils prennent en se perchant sur un arbre. Ils choisissent de préférence les arbres morts, soit qu'ils commandent une éclaircie, pour que les feuilles n'interceptent pas leur vue, et pour avoir ainsi une plus grande portée de regard, par conséquent plus de chances pour découvrir leur proie. Mais, même avec cet avantage, ces chances sont très circonscrites, si on les compare à celle des milans ; aussi les faucons sont-ils souvent forcés de reprendre leur vol pour apercevoir l'objet qu'ils veulent saisir.

Il en est autrement des milans. Ils sont toujours ou presque toujours en l'air. Ils vivent sur leurs ailes, mangeant en volant leur nourriture qu'ils tiennent entre leurs serres. Ils ont ainsi beaucoup plus de chances de voir leur proie que leurs cousins de l'espèce faucon, et s'ils avaient la faculté de s'élancer avec autant de certitude que ceux-ci, ils auraient de beaucoup l'avantage ; mais l'absence de cette faculté rétablit l'égalité, et, comme je l'ai dit, Lucien voyait en cela le contre-poids de puissance qui se présente constamment à celui qui étudie la nature.

Ces pensées passèrent rapidement dans son esprit et ne l'occupèrent qu'un moment, car quelques secondes seulement après avoir été aperçu, le milan, décrivant en l'air de grands cercles, descendait en rasant de si près le haut des arbres, que les enfans purent distinguer l'iris rouge de ses yeux brillans.

Pour la première fois alors, le serpent le vit. Il avait été jusque-là trop occupé de sa propre proie qu'il était parvenu à avaler. L'ombre des larges ailes se projeta sur le gazon juste devant lui. Il leva les yeux et aperçut son terrible ennemi. Il sembla trembler de tout son corps : sa couleur devint plus pâle, et il enfonça sa tête dans l'herbe, essayant de se cacher. Mais il était trop tard : le milan, descendant lentement, s'arrêta un instant au-dessus de lui, et, lorsqu'il se releva, on vit le reptile se tordre dans ses serres.

Quelques battemens de ses puissantes ailes élevèrent le milan au-dessus des arbres les plus hauts. Plus il montait, plus le mouvement de ses ailes devenait précipité et irrégulier. Il était évident que quelque chose retenait son vol. Le serpent ne pendait plus ; il s'était enroulé autour du corps de son ennemi, et l'on voyait ses replis brillans, semblables à des liens rouges, à moitié ensevelis dans le blanc plumage de l'oiseau.

Tout à coup le milan se débattit ; une de ses ailes resta sans mouvement, et, malgré le battement précipité de l'autre, l'oiseau et le serpent tombèrent lourdement à terre, près de l'endroit d'où ils s'étaient élevés. Ni l'un ni l'autre ne fut tué par la chute ni blessé, selon toute apparence, car un moment après qu'ils eurent touché la terre, on les vit engagés dans un combat à mort. L'oiseau s'efforçait évidemment de se débarrasser des replis du reptile, tandis que celui-ci paraissait faire tout ce qu'il pouvait pour le retenir. Le serpent savait parfaitement que c'était son seul espoir de salut, car s'il se déroulait et essayait de s'échapper, il donnerait au milan l'occasion de l'*empoigner* une seconde fois, ce que le dernier ne manquerait pas de faire d'une manière plus fatale pour lui.

Telle était sans doute la pensée du serpent. Il est probable aussi que son antagoniste, dont la position était beaucoup plus mauvaise encore que la sienne, aurait été enchanté d'être débarrassé de lui. Le serpent avait évidemment l'avantage dans l'état présent des choses.

Le combat devait, selon toute apparence, durer longtemps, car, bien qu'ils se roulassent en se tordant sur l'herbe, bien que le milan agitât la seule aile qu'il eût de libre, aucun changement ne se fit pendant longtemps dans les positions relatives des combattans. On pouvait s'en apercevoir toutes les fois qu'ils s'arrêtaient pour se reposer, ce qu'ils faisaient toutes les deux ou trois minutes.

Quelle devait être l'issue de la lutte ? Le milan ne pouvait tuer le serpent, car il ne pouvait le prendre ni avec le bec ni avec les serres. En tâchant de se retenir dans sa chute, il avait lâché le reptile, qui, s'étant enroulé autour de lui, lui avait ôté toute faculté de le saisir de nouveau.

D'un autre côté, le serpent ne pouvait tuer le milan, car, bien qu'il possédât une grande puissance de constriction, cette puissance n'était pas suffisante. Il était assez fort pour retenir et même étreindre son adversaire, mais non pas assez pour l'écraser et le tuer. Ils ne pouvaient se séparer en sûreté, quoique chacun désirât en ce moment être loin de l'autre. Le milan *ne pouvait s'en aller*, et le serpent *n'osait le laisser partir!*

Comment cela finira-t-il, si un tiers ne se mêle de la partie ! Telle était la question que se posaient nos observateurs, en regardant curieusement le singulier combat. Ils pensaient que la faim seule occasionnerait la mort de l'un des deux champions.

Mais lequel mourrait le premier ? Il était bien reconnu que le milan pouvait vivre plusieurs jours sans nourriture ; mais le serpent le pouvait aussi, et de plus celui-ci supporterait la faim dix fois plus longtemps que l'oiseau ; en outre, il venait de dîner, il avait fait un repas somptueux avec le scorpion-lézard, qu'il n'avait pas encore digéré, tandis que le milan n'avait pas dîné, et il semblait certain qu'il n'avait pas même déjeuné. Il devait être bien affamé pour avoir osé attaquer un serpent rouge de quatre pieds de long, car il est reconnu que ses proies ordinaires sont la cigale, le caméléon et le petit serpent vert (*coluber æstuvis*). Le serpent avait donc, sur tous les points, l'avantage sur l'oiseau, qu'il ferait facilement mourir de faim.

Telle devait être l'issue du combat, si les combattans restaient livrés à eux-mêmes.

Les jeunes chasseurs arrivèrent à cette conclusion, et leur curiosité étant satisfaite, ils allaient s'avancer pour mettre fin à la lutte, quand une nouvelle manœuvre de la part des combattans les fit rester immobiles. Le milan s'était posté sur le dos du serpent, dont, avec son bec, il frappait la tête à coups redoublés. Cette position est à ces sortes d'oiseaux la plus commode pour combattre. De son côté, le serpent s'efforçait de mordre son ennemi, et pour cela ouvrait de temps en temps sa gueule, montrant ses doubles rangées de dents coniques et pointues. Dans un certain moment, le milan frappa le serpent dont la gueule était ouverte, et saisit la partie inférieure de sa mâchoire que le serpent referma aussitôt ; mais le bec de l'oiseau étant impénétrable aux dents aiguës du reptile, il ne s'en occupa point.

Le milan continua à tenir ferme. Il avait maintenant obtenu l'avantage pour lequel il avait lutté jusqu'alors ; il se hâta d'en profiter. Se remettant tout à coup dans sa position naturelle, il se tint immobile à l'aide d'une de ses serres et de son aile, tandis que, de son cou vigoureux, il amena la tête du serpent au-dessous de lui, à portée de son autre serre, dont il se servit pour entourer la gorge du reptile, la serrant comme dans un étau.

Cette manœuvre mit fin au combat. Les replis rouges se relâchèrent puis tombèrent, et, quoique l'on vît encore le serpent se tordre, ses contorsions étaient celles de l'agonie. Quelques instans après, son corps gisait sur le gazon sans force et sans mouvement.

Après un moment de repos, le milan retira son bec des mâchoires du serpent, leva la tête, déploya ses ailes pour s'assurer qu'elles étaient libres, et s'envola avec un cri de triomphe, emportant le long corps du reptile, qui pendait après lui comme une traînée.

Tout aussitôt un autre cri frappa les oreilles des jeunes chasseurs. Il aurait pu passer pour l'écho du premier ; mais il était beaucoup plus fort et plus sauvage. Tous les regards se portèrent vers l'endroit d'où il venait. Les enfans connaissaient bien l'animal qui l'avait jeté, car ils en avaient déjà entendu de pareils : c'était celui de l'*aigle à tête blanche*. En levant les yeux, ils aperçurent cet oiseau volant dans le ciel bleu, ses larges ailes et sa grande queue déployées. Il se dirigeait en ligne droite vers le milan ; il voulait évidemment lui voler le butin qu'il venait de faire.

Le milan avait entendu le cri qui avait répondu au sien, et, en comprenant la signification, il employait toute la force de ses ailes pour s'élever plus haut. Il semblait résolu à garder la proie qui lui avait coûté si cher, ou tout au moins à ne pas la céder sans donner au voleur plus puissant que lui la peine de le poursuivre. Le souvenir du péril récent qu'il avait couru pour l'obtenir était pour une bonne part dans cette résolution.

Le vol des oiseaux de son espèce peut quelquefois dépasser celui de l'aigle, c'est à dire de certaines espèces d'aigles, car ces rois de l'air diffèrent en vitesse tout comme les limiers ou les chevaux. Il en est de même des milans, et celui dont nous parlons ayant sans doute grande confiance dans ses ailes, jugea convenable d'éprouver celles de l'aigle qui le poursuivait, et qui pouvait être ou trop gras ou trop vieux, ou même trop jeune pour avoir une grande puissance de vol.

En somme, il avait résolu de recourir à la fuite, se résignant, dans le cas où il serait atteint, à abandonner le serpent, comme faisait parfois son cousin l'aigle-pêcheur, obligé de céder son poisson. Il s'éleva donc en décrivant une spirale d'environ cinquante yards de diamètre. Mais il fut bientôt désabusé, car l'aigle était de la plus haute taille.

Nos jeunes chasseurs ne se rappelaient pas avoir vu un plus magnifique échantillon de son espèce.

Son plumage était épais, sa plume et sa queue aussi blanches que la neige. et ses ailes larges et nettement découpées. Ce devait être une femelle, car, chose étrange, la nature semble avoir renversé un ordre ordinaire chez ces oiseaux : les femelles sont généralement plus brillantes de plumage, plus fortes et même plus féroces que les mâles. On peut en conclure que, dans la vie sociale du *royaume des aigles*, le beau sexe a ses droits, et peut-être un peu plus. Il est une chose certaine, et qui semble être une conséquence de cela, — je le dis pour complimenter le beau sexe, — c'est que la polygamie est inconnue chez eux. Malheur à l'aigle mâle qui y penserait seulement !

Voyez! le milan s'élève, forçant chaque battement de ses ailes pointues; il monte en spirale vers le zénith. L'aigle le suit, décrivant aussi des cercles, mais de beaucoup plus grands, et qui semblent circonscrire les courbes de l'autre ; leur centre est le même. Maintenant leurs orbites se coupent ; ils décrivent des courbes parallèles. Le milan s'élève plus haut; l'aigle le poursuit encore. Ils semblent se rapprocher, leur cercle paraît se resserrer, mais c'est parce qu'ils sont plus éloignés. Voyez ! le milan n'est plus qu'une petite tache et paraît stationnaire.... maintenant on ne peut plus le voir. L'aigle n'est plus qu'un point... il disparaît aussi !... tout à fait pourtant; sa queue semble un morceau de nuage blanc ou un flocon de neige sur le ciel... Ah! il disparaît !... Ils sont hors de portée de la vue.

. . . .

Écoutez !... *Ish-sh-sh !*... Avez-vous entendu ce bruit semblable au sifflement d'une fusée volante ? Voyez! quelque chose vient de tomber sur le sommet de cet arbre et en a brisé plusieurs branches !... Sur ma vie, c'est le milan !... Il est mort, et le sang sort d'une blessure à l'épaule !

Écoutez encore !... *whush-sh-ush* !... C'est l'aigle !... Voyez! il tient le serpent dans ses serres !... L'aigle s'était laissé tomber du point où il était sans qu'aucun œil eût pu le suivre dans sa descente rapide comme le trait d'une flèche. Quand il fut à environ deux ou trois cents yards de la terre, il étendit ses ailes, abaissa tout à coup sa queue et la déploya en éventail. Il s'arrêta, et, au moyen de quelques battemens mesurés, glissant doucement au-dessus des arbres, il se percha sur le sommet du magnolia mort.

Basile saisit son rifle dans l'intention de le tuer. Il n'y avait pas beaucoup de taillis sur le terrain qui environnait l'arbre où était perché l'aigle, et le jeune chasseur savait par expérience que la seule chance de s'approcher assez près de lui était d'avoir recours à son cheval. Il enleva donc le piquet qui retenait Black-Hawk et, s'élançant sur lui, s'enfonça dans le taillis. Quelques instans seulement s'étaient écoulés quand on entendit une détonation, et on vit l'aigle tomber de son perchoir. — C'était le dernier anneau de la *chaîne de destruction !*

XII

L'AIGLE A TÊTE BLANCHE.

Basile revint, apportant le gros oiseau. C'était, comme l'avait dit Lucien, une femelle des plus grosses, pesant plus de douze livres, et ayant, lorsque les ailes étaient étendues, sept pieds d'envergure. Les oiseaux de cette espèce excèdent rarement huit livres de poids, et leurs dimensions sont proportionnellement petites.

L'aigle à tête blanche (*falco leucocephalus*), ou l'aigle chauve, comme on l'appelle généralement (sa tête blanche le faisant paraître presque chauve), a été choisi par les États-Unis comme l'emblème de leur république. Si l'on considère ses inclinations, il serait plutôt l'emblème d'une troupe de bandits, car il n'existe pas, dans la gent ailée, de plus grand voleur ni de plus grand tyran. Il vole à l'aigle-pêcheur son poisson, et au vautour sa charogne; en un mot, il se conduit en maître envers tous les animaux plus faibles que lui.

Je pense qu'il est dérisoire pour les Américains d'avoir choisi l'aigle, cet oiseau tyran, pour symbole de leur liberté; car bien qu'il puisse s'appliquer à une partie de ce peuple, il est loin d'être l'emblème des principes de cette grande république. Ainsi le pensait le sage Franklin. Il y a beaucoup d'autres animaux, particuliers au territoire des États-Unis, qui auraient pu mériter cet honneur. Tels sont le hardi mais inoffensif buffalo, le superbe élan et l'industrieux castor. Ou bien, s'il faut absolument un oiseau sur la bannière américaine, quel autre pourrait-on trouver plus convenable que le dindon sauvage, qui possède une admirable combinaison de bonnes qualités : la grâce, la beauté, le courage et l'utilité ? Ainsi s'exprimait Franklin, et il aurait été à désirer que les Américains eussent pris en considération son raisonnement et eussent écarté l'aigle, ou tout au moins en eussent changé l'espèce ; car il y en a une autre famille, particulière aux États-Unis, qui est beaucoup plus noble, tout aussi grande et aussi belle que celle qu'ils ont choisie.

Il est curieux d'observer combien de contrées ont adopté cet oiseau rapace pour leur emblème, et cela ne prouve rien en faveur des motifs qui, jusqu'ici, ont fait agir ces nations.

Dans l'ancien temps, on le voyait sur les drapeaux des Perses et sur ceux des Romains. Dans les temps modernes, l'aigle de Napoléon étendit l'ombre de ses longues ailes sur la France. Cet oiseau est en même temps l'emblème du despotisme russe et celui de la liberté américaine. L'Autriche, la Prusse, la Pologne, la Sicile, l'Espagne, la Sardaigne et beaucoup d'autres petits gouvernemens d'Allemagne, placent aussi l'aigle sur leurs étendards. Et de l'autre côté de l'Atlantique, il flotte encore sur les grandes nations des États-Unis et du Mexique, aussi bien que sur quelques républiques d'une moindre importance.

En vérité, une guerre générale parmi les nations du monde serait presque exclusivement une guerre parmi les aigles. Il est assez probable que le lion insisterait pour placer sa griffe dans la querelle, bien que la loyauté et la noblesse de ses sentimens soient très fortement mises en doute, particulièrement par le chacal et quelques autres animaux. Il n'est donc pas plus étrange que le pire des aigles d'être choisi pour emblème par un peuple pacifique.

. . . .

— Quelle chaîne de destruction ! s'écria Lucien ; chaque créature fait sa proie d'une autre !

— Oui, dit François; et n'est-ce pas curieux de commencer par un oiseau et de finir de même ! Regardez les deux à la fois! Embrassez les deux extrémités! Ah! ah!

Comme François faisait cette remarque, il désignait l'oiseau-mouche et le grand aigle qui étaient étendus côte à côte sur l'herbe, et qui certainement présentaient en taille et en apparence le plus singulier contraste.

— Vous oubliez, François, dit Lucien, qu'il y a deux autres anneaux de la chaîne, et peut-être plus encore.

— Quels autres anneaux, demanda François.

— L'oiseau-mouche, rappelez-vous-le bien, quand vous l'avez attaqué, était lui-même destructeur; il tuait alors une petite mouche bleue.

— Cela est certainement un autre chaînon, mais...

— Qui tua l'aigle?

— Ah! c'est vrai!... Basile, alors, est le dernier anneau de la chaîne de destruction.

— Peut-être le plus criminel aussi, dit Lucien, parce qu'il n'a pas l'excuse de la nécessité. Les autres créatures suivaient leurs instincts pour se procurer leur nourriture, tandis que le seul motif de Basile était la destruction.

— Je diffère d'opinion avec vous, Luce, dit Basile, interrompant son frère brusquement, ce n'est pas ainsi. J'ai tué l'aigle parce qu'il a tué le milan, et qu'il lui a volé sa proie au lieu d'employer son industrie à chercher de la nourriture pour lui-même. C'est pourquoi j'ai ajouté un anneau à votre chaîne.

— En ce cas, répliqua Lucien, souriant à son frère, qui semblait froissé d'être chargé ainsi d'une inutile cruauté; en ce cas, vous êtes peut-être justifiable, quoiqu'il soit difficile d'établir si l'aigle était plus coupable que le milan lui-même. Il avait tranché seulement une existence, ainsi que l'avait fait le milan.

— Mais, répliqua Basile, il ne prenait pas seulement la vie à sa victime, il la volait. Vol et meurtre tout à la fois, tandis que le milan n'était coupable que du dernier crime.

— Ha! ha! ha! firent ensemble Lucien et François riant. C'est une distinction subtile.

— Mais, frère Luce, demanda François, que vouliez-vous dire en prétendant que l'on pouvait ajouter beaucoup d'anneaux à cette chaîne?

— Vous savez que la mouche bleue fait sa proie d'autres créatures plus petites qu'elle, et celles-ci, de même, d'autres encore plus petites, qui quoique invisibles à nos yeux, possèdent une vie, une organisation comme la nôtre. Qui pourrait affirmer le contraire? et qui connaît la raison pour laquelle la mystérieuse Providence a créé ces êtres pour servir de nourriture les uns aux autres? C'est une question sur laquelle nous n'aurons aucune conclusion, aucune solution satisfaisante.

— Qui sait, frère, dit François, puisque tu es en train de raisonner, s'il ne peut y avoir un anneau de plus à l'extrémité de la chaîne? Hein! Basile, qu'en dirais-tu? Supposons que nous rencontrions des ours gris!

François riait en disant ces mots.

— Eh bien! en supposant que nous en rencontrions, répondit Basile, tu peux tout aussi bien former cet anneau que tout autre.

— Que Dieu nous en préserve! s'écria Lucien. J'espère que dans tous nos voyages nous ne rencontrerons ni ours gris ni Indiens.

— Mais cela ne m'inquiète pas, ajouta Basile. Je désire depuis longtemps chasser un ours gris, et, quant aux Indiens, je n'en ai pas la moindre crainte tant que je porte cela.

En disant ces mots, il tira de son sein un petit sac, le tint en l'air un instant, et le remit ensuite à sa place.

— Mais, frère, s'écria François, dis-nous donc ce c'est que cette bourse, et comment elle doit nous garantir des Indiens. Je suis curieux de le savoir.

— Pas maintenant, mon garçon, dit Basile d'un air protecteur, pas maintenant. Il faut préparer notre souper et nous coucher. Nous avons perdu une demi-journée à faire sécher nos nippes, et il faudra rattraper cela en partant de bonne heure demain matin, et alors en avant! aux prairies!

— En avant! aux prairies! répéta François. Les prairies! les chevaux sauvages! les big-horns! les buffalos!...

XIII

TROIS BUFFALOS AILÉS.

Le lendemain matin, nos jeunes voyageurs se remirent en route et marchèrent plusieurs jours sans incidens qui vaillent la peine d'être relatés.

Ils traversèrent plusieurs cours d'eau, parmi lesquels on peut citer le Neches et la Trinité du Texas.

Il leur arriva, entre la Trinité et le Brazos, une aventure qui faillit mal finir pour eux.

Ils avaient coutume, lorsqu'il faisait chaud, de s'arrêter vers midi pour se délasser et faire reposer leurs bêtes. C'est une coutume suivie par la plupart de ceux qui voyagent à travers ces pays sauvages. C'est ce qu'on appelle faire la méridienne.

Un jour, dans cette intention, ils s'arrêtèrent au bord d'une prairie et mirent pied à terre. Ils avaient derrière eux la forêt qu'ils venaient de parcourir, et devant s'étendait la prairie, qu'ils ne voulaient traverser qu'à la fraîcheur du soir. Sa surface était unie et couverte d'un manteau vert de jeune herbe à buffalo; çà et là un bouquet de petits arbres brisait la monotonie de l'aspect. Dans le lointain, une épaisse forêt de chênes vigoureux servait de limite à l'horizon; et quoique cette forêt ne parût être qu'à deux ou trois milles de distance, elle était à plus de dix du lieu où ils se trouvaient, tant est trompeuse la pure atmosphère de ces contrées élevées. Le pays où ils étaient maintenant était ce qu'on appelle une prairie boisée, c'est à dire entrecoupée de bosquets et d'îlots d'arbres.

Je disais donc que nos jeunes aventuriers venaient de descendre de cheval et se préparaient à desseller leurs montures, quand une exclamation de François attira l'attention de ses frères.

— Voyez! s'écria-t-il, montrant le terrain découvert, des buffalos! des buffalos!

Basile et Lucien regardèrent dans la direction indiquée par François. On voyait, sur le sommet d'une petite ondulation, trois gros objets qui se détachaient en noir sur le ciel. L'un d'eux paraissait plus petit que les autres.

— Bien sûr ce sont des buffalos, dit François. Voyez leur taille : deux mâles et une femelle sans doute.

Ses frères pensèrent comme lui. Aucun d'eux n'avait vu de buffalos dans leurs solitudes natales; ils n'avaient conséquemment qu'une idée très imparfaite de l'aspect que devaient avoir de loin ces animaux.

— Ce sont sûrement des buffalos, dirent-ils. L'élan ou le daim paraîtrait énorme, les loups rouges ou blancs. Ce ne pouvaient être des ours car ils ne se montreraient pas par trois sur les prairies, à moins que ce ne fussent des grizzly, qui vont quelquefois, sur les terrains découverts, à la recherche de *pommes blanches* et autres racines. Cela cependant n'était pas probable, car jamais ou presque jamais les ours gris ne se rencontrent aussi loin vers l'est. Non, ce n'étaient pas des ours gris à coup sûr; ce n'étaient pas non plus des chevaux sauvages : c'étaient donc des buffalos!

Comme tous ceux qui, pour la première fois, voient les buffalos dans leurs prairies natales, nos jeunes chasseurs étaient sous l'empire d'une vive excitation, d'autant plus que la rencontre de ces animaux était le but de leur expédition, le but du long et périlleux voyage qu'ils avaient entrepris. Ils se consultaient à la hâte pour savoir de quelle manière ils les prendraient tous trois. Il est vrai qu'il n'y avait pas de buffalo blanc parmi eux; mais peu importe, nos jeunes chasseurs désiraient goûter la chair du buffalo, et cette chasse devait leur donner une expérience qui pouvait leur être utile plus tard.

Mais comment fallait-il s'y prendre ?

— Les atteindre à la course, parbleu! dit François avec sa promptitude habituelle et tout l'aplomb d'un chasseur de buffalos expérimenté.

Il y a, pour chasser le buffalo, différentes méthodes pratiquées dans les prairies par les Indiens et les blancs. La plus commune est celle dont parlait François, et qui consiste à le courir. Il s'agit tout simplement d'atteindre le buffalo en galopant à côté de lui. Le chasseur étant à cheval, bien entendu, lui envoie une balle dans le cœur pendant qu'il court. Il faut le frapper dans la région du cœur, car vous pouvez loger vingt balles dans toute autre partie de son énorme corps sans que sa course en soit beaucoup ralentie. Les chasseurs visent un peu au-dessus du bréchet, au défaut de l'épaule. Les blancs se servent du reste d'un long pistolet qui leur est plus commode à charger en galopant. Les Indiens préfèrent l'arc, parce qu'ils peuvent tirer plusieurs flèches de suite, et tuer ainsi plusieurs buffalos en une seule course. Ils manient si habilement cette arme, que l'on a vu leurs flèches traverser le corps de buffalos énormes et sortir de l'autre côté. Ils se servent aussi quelquefois de lances, avec lesquelles ils percent les buffalos en galopant à côté d'eux.

Une seconde méthode pour chasser ces animaux est ce que l'on appelle *l'approche*.

Approcher des buffalos n'est autre chose que s'avancer lentement vers eux, en se cachant jusqu'à portée de fusil. Le chasseur alors fait feu, recharge et tire de nouveau. Il continue ainsi jusqu'à ce qu'il en ait tué plusieurs avant que leurs compagnons aient pris l'alarme et se soient enfuis. Quelquefois aussi le chasseur se traîne vers un troupeau et fait feu, en se cachant derrière le corps de ceux qu'il a tués les premiers, jusqu'à ce que plusieurs autres soient tombés. Il doit prendre soin de se tenir toujours sous le vent; car si ces animaux, qui ont l'odorat beaucoup plus fin que la vue, l'éventaient, comme on dit, ils disparaîtraient en un clin d'œil. Leur odorat est si subtil, qu'ils sentent à plus d'un mille un ennemi placé sous le vent. En s'approchant, le chasseur se couvre quelquefois de la peau d'un loup ou de celle d'un daim, et les buffalos, le prenant pour un de ces animaux, le laissent venir à portée de fusil. On raconte qu'un Indien, s'étant glissé de cette manière au milieu d'un troupeau de buffalos, les a percés d'un après l'autre avec ses flèches, jusqu'à ce que tout le troupeau soit tombé.

Approcher est quelquefois préférable à *courir* un buffalo. Le chasseur épargne ainsi son cheval, qui est le plus souvent surmené. Il a aussi la chance de tuer un plus grand nombre de buffalos, et par cela même trouve plus de places pour se cacher, si, comme il arrive fréquemment, c'est là son but. Si un voyageur solitaire, ou un trappeur de castors, a besoin d'un buffalo pour son dîner, *courir* est en ce cas la manière la plus certaine de l'attraper. De cette façon, toutefois, il n'en peut tuer qu'un, ou tout au plus deux ou trois, car, pendant qu'il chasse ceux-ci et qu'il recharge son fusil, le troupeau se disperse, et son cheval est trop fatigué pour lui permettre de les rejoindre.

La troisième méthode de chasser les buffalos consiste à les *entourer*. Les Indiens seuls la pratiquent, le nombre des chasseurs blancs dans les prairies étant rarement suffisant pour leur permettre *l'entourage*. Ce mot par lui-même indique la nature de cette chasse, qui se fait comme il suit :

Quand une troupe de chasseurs Indiens découvre un troupeau de buffalos, ils s'écartent et se déploient en cercle à l'entour, ce qu'ils font promptement au moyen de leurs excellens chevaux, car ils sont montés comme le sont tous les chasseurs de prairie, soient blancs, soit Indiens. Aussitôt que le cercle est formé, les Indiens s'élancent en poussant de grands cris, et chassent les buffalos en masse vers le centre. Ils les percent alors de leurs lances ou de leurs flèches, chaque chasseur en tuant autant qu'il peut. Les buffalos se mêlent, courent de côté et d'autre, et très peu parviennent à s'échapper. On massacre quelquefois à une de ces battues, un troupeau de plusieurs centaines et même de milliers de buffalos. Les Indiens font ces grands carnages dans deux buts : d'abord pour la viande, qu'ils conservent en la coupant en petites bandes et en la faisant sécher au soleil ; en second lieu, pour les peaux, avec lesquelles ils recouvrent leurs tentes, et qui, en outre, leur servent de lits ou composent une partie de leur habillement. Ils trafiquent de la plupart aux marchés que les blancs ont établis à cet effet dans les pays éloignés, et ils reçoivent, en échange, des couteaux, des rifles, du plomb, de la poudre, des chapelets et du vermillon.

Les Indiens ont une autre manière de chasser les buffalos. Elle ressemble assez à celle que nous venons de décrire, mais elle est encore plus effrayante à observer.

La plupart des pays parcourus par les buffalos sont des prairies élevées, appelées *steppes* en Asie, et *mesas* ou *tables* au Mexique et dans l'Amérique du Sud. Ces plaines sont élevées de trois mille à six mille pieds du niveau de la mer.

A quelques endroits de ces plateaux sont de profondes crevasses appelée *canons*, ou plus justement *barrancas*, qui ont probablement été formées par des torrens pendant les grandes tempêtes. Ces barrancas sont souvent à sec et ressemblent à de grandes fentes profondes de plus de mille pieds, et s'étendant à plusieurs milles à travers la prairie. Quelquefois deux canons se coupent, formant entre eux un espace triangulaire ou une péninsule, et, en atteignant ce point, le voyageur est forcé de retourner sur ses pas, car il se trouve entouré de précipices presque de tous côtés.

Toutes les fois que les Indiens rencontrent un troupeau de buffalos près d'un de ces canons, ils l'entourent et le poussent vers le précipice, et lorsqu'ils en sont assez près, ils galopent sur ces animaux en poussant des cris sauvages, et les forcent ainsi à s'élancer follement et aveuglément dans l'abîme. Tout un troupeau périt souvent de cette manière, ceux de la tête étant poussés par les autres, et les derniers forcés de sauter pour éviter les lances des cavaliers. Quelquefois, lorsque les Indiens ne sont pas assez nombreux pour cerner les buffalos, ils disposent des peaux de buffles en leur donnant la forme d'hommes. Ces mannequins sont placés sur deux rangées convergeant graduellement l'une vers l'autre, et conduisant à un précipice ; puis on chasse les buffalos entre ces deux rangées, et ceux-ci, prenant pour des Indiens ces mannequins faits de leurs propres peaux s'élancent vers le bord ; les chasseurs les poursuivent avec grand bruit et les forcent à se précipiter dans le canon.

Il y a encore d'autres manières de chasser le buffalo : par exemple, celle de le poursuivre sur la neige, où les chasseurs, au moyen de leurs patins, les atteignent facilement et les massacrent. Quelques chasseurs de buffalos mexicains, que l'on appelle *ciboleros* dans les prairies du Sud, prennent les buffalos au lasso; mais on emploie rarement ce moyen, à moins que l'on ne veuille prendre les jeunes veaux pour les élever.

Toutes ces méthodes étaient connues de nos jeunes chasseurs, au moins par leur description. Ils en avaient souvent entendu parler par les vieux trappeurs qui descendaient aux établissemens de la Louisiane, et qui passaient quelquefois la nuit sous le toit de leur père, car le colonel aimait beaucoup à faire leur connaissance et à causer avec eux. C'était à cette source que François avait puisé ses idées des chasses de buffalos les idées qui l'avaient conduit, dans l'orgueil de son savoir, à s'écrier : « Mais en les courant, donc ! »

Basile et Lucien réfléchirent un instant, les yeux toujours fixés sur les trois buffalos. Il y en aurait juste un pour chacun s'ils pouvaient les séparer et les *courir*. Ils étaient loin de tout couvert, et il leur serait difficile de les *approcher*. De plus, leurs chevaux étaient tout frais, car la veille avait été un dimanche, et nos jeunes gens avaient toujours pris pour règle de s'arrêter ce jour-là, afin de reposer leurs bêtes et de se reposer eux-mêmes. Ils obéissaient en cela à un ordre que leur avait donné leur père à leur départ. Toutes choses bien considérées, le meilleur parti à prendre était de *courir* les buffalos, et c'est ce qui fut adopté.

On attacha Jeannette à un arbre et on la laissa derrière avec les bagages, qu'on ne lui avait pas encore enlevés. Nos jeunes chasseurs prirent avec eux Marengo, qui pouvait leur être utile en faisant tomber un des vieux buffalos lorsqu'il serait blessé. Tout ce qui aurait pu les embarrasser fut laissé auprès de Jeannette, et tous trois traversèrent la prairie, se dirigeant vers les animaux. On convint que chacun en attaquerait un et ferait de son mieux avec son fusil et ses pistolets. François avait chargé les deux canons de son rifle à balles, se promettant bien de ne pas manquer son premier buffalo.

Comme ils approchaient, leur attention fut attirée par quelque chose qui semblait luire sur le corps de ces étranges animaux. Était-ce des buffalos? Ils n'auraient pu l'affirmer.

Tous trois s'avancèrent lentement en observant très attentivement. Ce ne pouvaient être des buffalos, car le corps velu de ces derniers n'aurait pas brillé ainsi au soleil au moindre mouvement.

— En effet, ce ne sont pas des buffalos, dit Lucien, après avoir regardé en redoublant d'attention.

— Qu'est-ce donc? demanda François.

— Écoutez, reprit Lucien, entendez-vous?

Ils arrêtèrent instantanément leurs chevaux.

Un long *gobble-obble-obble* partant des animaux, était poussé évidemment par l'un des trois.

— Sur ma vie! s'écria François, c'est le *gobble* d'un vieux coq d'Inde.

— Ce ne sont que des dindons, ni plus ni moins, reprit Lucien avec un sourire.

— Des dindons! répéta Basile, des dindons pris pour des buffalos! Quelle déception!...

Et tous trois se regardèrent, décontenancés, et se mirent à rire de tout leur cœur.

— Nous n'en parlerons jamais d'une telle méprise, dit Basile, on se moquerait de nous certainement.

— Ne soyez pas si confus, dit Lucien. De semblables méprises arrivent souvent à de vieux voyageurs des prairies. C'est une illusion atmosphérique très commune. J'ai entendu raconter une histoire pire que la nôtre : celle d'un corbeau pris pour un buffalo.

— Quand nous trouverons des buffalos, je suppose que nous les prendrons alors pour des mammouths, dit François.

Et les chasseurs désappointés tournèrent tous leurs soins à prendre des oiseaux au lieu de buffalos.

XIV

LA CHASSE AU DINDON SAUVAGE.

— Venez, cria Basile, éperonnant son cheval et prenant le devant. Venez donc! Ce n'est pas une si mauvaise chose, après tout, qu'un dindon gras pour dîner, hein? Allons!...

— Arrêtez, mon frère, dit Lucien. Comment pourrions-nous arriver près d'eux? Ils sont sur la plaine ouverte, et il n'y a pas de couvert!

— Nous n'avons pas besoin de couvert, répond Basile; nous pouvons les chasser comme nous eussions fait des buffalos.

— Ha! ha! ha! dit François en riant. Chasser un dindon! mais il s'envolera tout de suite. C'est absurde, mon frère.

— Je vous dis que non, réplique Basile, ce n'est pas absurde. On peut parfaitement réussir. Je l'ai souvent entendu raconter ainsi par les trappeurs. Essayons!

— Essayons, dirent ensemble François et Lucien, et tous trois se mirent en route.

Quand ils furent assez rapprochés pour distinguer la forme des oiseaux, ils virent que c'étaient deux vieux dindons (*gobblers*) et une poule d'Inde. Les dindons se carraient avec leurs queues en éventail et leurs ailes traînant à terre. De temps en temps, ils faisaient retentir leur *gobble-obble-obble*, et, par leur attitude et leurs mouvemens, on voyait qu'il s'agissait entre eux d'une affaire qui ne pouvait se terminer que par un combat. La femelle se pavanait sur l'herbe d'une manière calme mais coquette, fort enchantée sans doute du vif intérêt qu'elle excitait dans le cœur des belliqueux dindons.

Elle était de plus petite taille et d'un plumage moins brillant. Les mâles paraissaient presque aussi beaux que des paons, et, comme leurs dos luisans brillaient au soleil d'un éclat métallique, nos chasseurs crurent n'avoir jamais vu d'aussi beaux volatiles.

Ces oiseaux, occupés de leur propre querelle, auraient sans doute laissé les chasseurs approcher à portée de fusil; mais la femelle était sur ses gardes, et, voyant ceux-ci s'avancer, elle leva la tête en poussant un grand *touitt* qui attira l'attention de ses compagnons. En un instant leurs queues se resserrèrent et traînèrent à terre; leurs ailes se fermèrent, et ils allongèrent leurs longs cols. Un changement complet s'opéra dans leurs formes. Ils se tenaient sur leurs pattes, paraissant avoir chacun cinq grands pieds de hauteur.

— Quelles magnifiques créatures! s'écria Lucien.

— Oui, murmura Basile, mais ils ne nous attendront pas. Nous ferions bien de nous hâter de les poursuivre. Lucien, dit-il, attaque la femelle, ton cheval est le plus lent... Maintenant, *en avant!*

Ils donnèrent tous trois de l'éperon à leurs montures et s'élancèrent en même temps. Marengo conduisait la chasse. Ils arrivèrent en un instant à une centaine de yards environ des dindons. Ces derniers, surpris, coururent quelques pas, puis s'élevèrent dans l'air avec un grand battement d'ailes. Stupéfaits d'être chassés si soudainement, ils se dirigèrent de différens côtés. Chaque enfant avait choisi l'oiseau qu'il devait prendre, et le suivait attentivement des yeux. Basile et François s'élancèrent vers les dindons, tandis que Lucien poursuivait la poule au petit galop.

Marengo fut naturellement de la partie; il se joignit à Lucien, soit parce qu'il crut que la chair de la poule était plus tendre, soit parce qu'il jugea qu'elle serait plus facile à attraper. Elle ne tarda pas à redescendre à terre, et courut de toutes ses forces vers le bois le plus rapproché.

Lucien l'y suivit; Marengo courait en avant, poussant de temps en temps un aboiement sonore. En entrant dans le bois, Lucien vit le chien se tenir au pied d'un grand chêne; il y arrêtait certainement le dindon perché, le regardant avec des yeux brillans, et aboyant en remuant la queue. Lucien s'avança avec précaution sous l'arbre, et aperçut le dindon, tapi dans la mousse, sur une des branches les plus élevées. En un instant il eut épaulé son rifle; le coup partit on entendit l'oiseau tomber et se débattre au milieu des feuilles. Marengo se jeta sur lui lorsqu'il tomba à terre; mais son maître, s'élançant du cheval, le repoussa et ramassa le gibier, qui était tout à fait mort.

Lucien se remit en selle, et galopant sur le terrain découvert, il aperçut Basile, tout au loin, poursuivant au grand galop le dindon qui, les ailes étendues et à quelques pas de lui, courait comme une autruche. Basile et le dindon disparurent bientôt à ses yeux, cachés par un îlot d'arbres. Lucien chercha en vain François; il ne put l'apercevoir, ce dernier ayant été attiré par son dindon dans une direction où les taillis étaient plus épais.

Croyant inutile de suivre l'un ou l'autre, Lucien retourna lentement où l'on avait laissé Jeannette, sur la lisière de la forêt. Il descendit de cheval et s'assit pour attendre le retour de ses frères.

La chasse de Basile fut plus longue qu'il ne s'y était attendu. Il avait choisi le plus gros oiseau, et sans doute aussi le plus fort et le plus difficile à attraper. Son dindon vola d'abord pendant tout un mille, et lorsqu'il redescendit, il courut comme un chat effarouché ; mais Basile ne se découragea pas. Enfonçant l'éperon dans les flancs de son cheval, il gagna bientôt sur l'oiseau, qui s'envola de nouveau et ne redescendit qu'à un mille plus loin. Basile courut sur lui, et le vieux coq s'éleva de nouveau ; mais cette fois, ce ne fut que pour cent yards environ. Dès qu'il fût en bas, Basile l'eut bientôt atteint avec son rapide coursier. Le dindon, incapable de voler plus longtemps, pouvait cependant encore courir assez vite. Il dépassait le cheval en montant une pente, tandis qu'en descendant l'oiseau perdait au contraire sur le cheval. Ils allèrent ainsi jusqu'à ce que le dindon commençât à s'affaisser et à décrire des cercles qui prouvaient son état de fatigue. Plusieurs fois, quand le cheval courait sur lui, le dindon se retourna et revint sur ses pas.

A la fin, épuisé, l'oiseau se baissa jusqu'à terre, fourra sa tête et son long cou au milieu des herbes, comme fait l'autruche, se croyant ainsi caché à celui qui le poursuivait. Basile retint alors les rênes à son cheval, épaula son long rifle, et, une balle, passant à travers le corps du dindon, l'étendit mort sur le gazon.

Basile descendit de cheval, et, prenant le dindon, l'attacha par les pattes à l'arçon de sa selle. Il dut y employer toute sa force, car l'oiseau était un des plus gros de son espèce : il pesait quarante livres.

Aussitôt que Basile eut placé son gibier, il sauta en selle et se dirigea... Où?... c'est la question qu'il se posa avant que son cheval se fût avancé de trois fois sa longueur.

Où allait-il ? Tout à coup la pensée lui vint *qu'il était perdu*. De tous côtés autour de lui étaient des bouquets de bois qui tous se ressemblaient ; du moins, s'ils différaient entre eux, il n'avait pas fait attention à cette différence dans sa course rapide, qui ne lui eût pu le guider maintenant. Il n'avait pas la moindre idée du point d'où il était parti, et ne savait quelle direction prendre. Il vit et comprit *qu'il était perdu !*

Tu ne peux comprendre, jeune lecteur, les pensées qui viennent assaillir celui qui s'est égaré dans les prairies. Une pareille situation a effrayé des cœurs les plus courageux. Des hommes robustes ont tremblé en se sentant ainsi seuls au milieu du désert, et il y avait de quoi trembler en effet, car ils savaient que la mort pouvait en résulter. Le marin naufragé sur son vaisseau brisé est rarement en plus grand péril que le voyageur perdu dans la *mer-prairie*. Plusieurs en pareilles circonstances sont devenus fous. Imaginez-vous donc quelles devaient être les cruelles préoccupations du jeune Basile.

J'ai déjà dit que c'était un garçon ferme et courageux ; il le prouva dans cette occasion. Il sut conserver sa présence d'esprit. Il arrêta son cheval et examina d'un œil scrutateur la prairie qui l'environnait. Cela ne lui servit à rien ; il ne vit aucun indice qui pût le guider pour retourner à l'endroit où il s'était séparé de ses frères. Il appela, mais rien ne lui répondit. Il déchargea son rifle et écouta, espérant que Lucien et François lui répondraient par un signal semblable, il n'entendit rien. Il rechargea son arme, et s'assit un instant sur sa selle, plongé dans de tristes pensées.

— Ah ! je le tiens, s'écria-t-il, se levant tout à coup sur ses étriers. Pourquoi n'y ai-je pas encore pensé ! Viens, Black-Hawk ! nous ne sommes pas encore perdus !...

Basile n'avait pas été pour rien chasseur toute sa vie, et, quoiqu'il n'eût pas grande connaissance des prairies, son expérience des bois lui en tint lieu. La pensée qui l'avait frappé soudainement était bonne ; c'était la seule qui pût le sauver. Il avait résolu de suivre *ses propres traces*. Il fit retourner son cheval et s'avança lentement, les yeux fixés à terre. Le gazon était épais, et les empreintes des sabots du cheval n'étaient pas profondes ; mais Basile avait l'œil d'un chasseur et pouvait suivre les traces d'un faon. Il arriva en peu d'instans à l'endroit où il avait tué le dindon ; le sang et les plumes éparpillées sur l'herbe l'en convainquirent. Il s'y arrêta un moment, jusqu'à ce qu'il eût pu s'assurer de la direction qu'il avait suivie pour arriver à ce point. Il la reconnut enfin, à sa grande satisfaction, et il remonta lentement ses traces. Lorsqu'il se doublait, Basile suivit les empreintes et revint en passant presque sûr les mêmes traces.

Il recommença, puis encore, puis encore, sans s'éloigner de plus de cent yards de la place où il avait tué l'oiseau. Le jeune chasseur suivit tous les détours avec le plus grand soin et la plus grande patience, montrant en cela son jugement et son expérience ; car s'il s'était impatienté et avait décrit un cercle plus étendu, il aurait pu tomber sur ses nouvelles empreintes, et s'engager ainsi dans un véritable labyrinthe.

Au bout de quelque temps, les cercles qu'il suivait devinrent plus grands, et il se trouva enfin avancer en ligne droite. Plusieurs empreintes de cheval traversaient la piste qu'il suivait, quelques-unes presque aussi récentes que les siennes. Il ne s'y trompa point cependant : c'étaient des traces de mustangs, et quoique Black-Hawk ne fût pas chaussé autrement qu'eux, son cavalier connaissait l'empreinte de ses sabots aussi bien que l'aspect de son propre rifle. Les empreintes du cheval arabe sont considérablement plus larges que celles des chevaux sauvages.

Lorsqu'il eut remonté la piste pendant près d'une heure, il fut agréablement surpris de s'entendre appeler par son nom. Il leva les yeux et aperçut Lucien sur la lisière du bois. Il donna de l'éperon à son cheval en poussant un cri de joie, et galopa vers lui.

En approchant, ses sentimens de joie se changèrent en une douloureuse appréhension. Il voyait Lucien, il voyait Jeannette et Marengo, *mais où était François ?*

— Qu'est devenu François ? demanda Lucien, comme Basile approchait.

Ce dernier pouvait à peine répondre, tant son émotion était grande.

— O frère ! bégaya-t-il enfin, François n'est-il pas revenu ?

— Non, répondit Lucien, je pensais qu'il était avec toi, que vous reviendriez ensemble. Je me demandais ce qui pouvait vous retenir si lontemps.

— O mon Dieu ! il est perdu ! s'écria Basile avec désespoir. Lucien ! Lucien ! notre frère est perdu !...

— Perdu ! Que veux-tu dire ? demanda Lucien, croyant presque que François avait été attaqué par des Indiens ou par quelque animal féroce, et que c'était cela que voulait dire Basile. Lui est-il arrivé quelque chose ? Parle ! Basile !

— Non ! non ! répondit Basile, parlant avec effort ; perdu sur la prairie ! Oh ! frère, tu ne sais pas ce que c'est ! Eh bien ! c'est une chose effrayante. Je me suis perdu, *moi*, je suis revenu ; mais François, pauvre petit François ! il n'y a plus d'espoir pour lui ! Il est perdu ! perdu !...

— Mais ne l'as-tu pas vu depuis que nous nous sommes séparés ? demanda Lucien avec inquiétude.

— Non ; je me suis moi-même perdu, et j'ai été tout ce temps pour retrouver mon chemin. J'y ai réussi en suivant mes propres traces ; sans cela, nous ne nous serions jamais revus. O François ! pauvre François ! que deviendra-t-il ?

Lucien partageait maintenant les inquiétudes et les appréhensions de son frère. Il avait cru jusqu'alors que Basile et François étaient ensemble, et que quelque accident les avait retenus, peut-être la rupture d'une étrivière ou celle d'une sangle, ou tout autre chose, et il commençait à s'inquiéter lorsqu'il aperçut Basile. Il ne savait pas ce que c'était d'être perdu ; mais les explications de Basile, quoique vagues, le lui faisaient concevoir, et il pouvait apprécier la situation de François.

Ce n'était pas le moment, au reste, de s'abandonner à ces paroxysmes de douleur. Il voyait Basile abattu, parce qu'il se regardait comme la cause de ce malheur : c'est lui qui avait conseillé de courir après les dindons, et qui avait poussé à la chasse.

Au lieu de donner cours à leur désespoir, ils comprirent tous les deux qu'ils devaient aviser à quelque moyen de retrouver leur frère.

— Que faut-il faire? demanda Lucien.

Basile redevint maître de lui. L'espoir de sauver François lui rendit son énergie et son courage ordinaires.

— Ne ferions-nous pas bien de rester ici, dit Lucien, qui savait que le jugement ferme de son frère saurait découvrir le meilleur plan à suivre.

— Non, répondit Basile, cela n'aboutirait à rien. Je n'aurais jamais pu retrouver mon chemin sans les empreintes de mon cheval. François ne pensera pas à cela, et en outre son cheval est un mustang, et la prairie est remplie de traces de mustangs se dirigeant de tous côtés. Non, non, il ne reviendra pas ici, à moins que ce ne soit par hasard, et il y a mille chances contre une que cela n'arrivera pas. Il faut aller à sa recherche, et il faut suivre sa piste ; mais comment la reconnaître parmi tant d'autres? Avant de quitter cette place, continua-t-il, il faut essayer de tous les moyens possibles. Es-tu chargé?

— Oui, répondit Lucien.

— En ce cas, fais feu une minute ou deux après moi. La première détonation peut attirer son attention sur la seconde.

Basile éleva son rifle et tira en l'air. Quelques secondes après, Lucien fit aussi feu, et ils restèrent tous les deux à écouter, le cœur battant violemment. Ils écoutèrent pendant cinq minutes environ, afin de laisser à François le temps de charger son fusil s'il était vide ; mais ils ne reçurent aucune réponse.

Ils chargèrent de nouveau avec de la poudre seulement ; mais ils mirent une forte charge qu'ils bourrèrent fortement afin que l'explosion fût plus éclatante. Ils firent feu de nouveau ; mais le résultat fut le même : leur signal n'obtint pas de réponse.

— Cela prouve qu'il est très éloigné, dit Lucien, car dans ce pays les sons peuvent s'entendre à une grande distance.

— Essayons de faire de la fumée, dit Basile en posant son fusil. Ramasse du bois, Lucien, tandis que je vais allumer des feuilles.

Basile ramassa quelques morceaux de bourre, et les ayant portés à une place découverte, il réunit un tas de feuilles sèches et d'herbes, et y mit le feu.

Pendant ce temps, Lucien réunit une brassée de morceaux de bois et les mit sur le tas ; d'autres y furent également placés avec des feuilles vertes et des branches cassées, et dessous le tout, ils mirent, par brassées, de la mousse d'Espagne, qui pendait en abondance aux arbres.

Une fumée épaisse et bleue s'éleva bientôt, et les deux frères restèrent immobiles, portant leurs regards sur la prairie, dans toutes les directions.

— Il faut qu'il soit bien loin s'il ne voit pas cela, fit remarquer Lucien. On l'apercevrait à dix milles à la ronde, je parie.

— Tout au moins, répondit Basile ; mais il ne faut pas longtemps pour s'éloigner de dix milles. La chasse lui en aura fait faire une bonne partie, et, se trouvant perdu, il aura eu bientôt fait le reste au galop.

— A moins, dit Lucien, qu'il ne soit retourné comme toi sur ses propres traces.

— Non, ce n'est pas possible ; le pauvre petit François n'y aura pas pensé, il n'a pas assez d'expérience pour cela ; et d'ailleurs, je souhaite presque qu'il ne l'ait pas fait.

— Pourquoi cela? demanda Lucien.

— Parce que nous aurons plus de chances de suivre sa piste s'il a été toujours tout droit.

— C'est vrai, c'est vrai, dit Lucien, et tous deux restèrent dans le silence, examinant les éclaircies de la prairie avec des regards inquiets.

Ils demeurèrent ainsi pendant un temps considérable, puis enfin se retournèrent avec une triste expression de désappointement.

— Il ne vient pas, dit Lucien d'un ton affligé. S'il avait vu la fumée, il galoperait certainement de ce côté. Il faut aller le chercher.

Ils se dirigèrent vers leurs chevaux. L'œil de Basile tomba sur le chien ; un rayon de joie brilla dans ses yeux et illumina toute sa physionomie.

— Ah ! s'écria-t-il, nous avons perdu notre temps. Vite, Lucien, ton cheval ! ton cheval !

— Qu'est-ce ? demanda Lucien avec surprise.

— Ne me fais pas de questions ! Une bonne idée m'a frappé, et nous n'avons pas un instant à perdre. Le temps est précieux. Partons !

— Mais laisserons-nous Jeannette?

— Certainement ! François peut revenir.

— En ce cas, comment saura-t-il où nous sommes allés?

— C'est vrai, répondit Basile, réfléchissant un moment. Ah ! continua-t-il, donne-moi ton papier et ton crayon. Attache Jeannette pendant que j'écris.

Lucien lui tendit un morceau de papier et un crayon, puis il attacha la mule à une branche d'arbre.

Basile prit le papier et écrivit :

« François, nous sommes sur ta piste ; reste auprès de Jeannette. »

Il attacha avec précaution le papier au tronc d'un arbre, et, saisissant son rifle, sauta sur sa selle, en invitant Lucien à l'imiter. Lucien monta à cheval et le suivit. Quant à Marengo, il formait l'arrière-garde.

XV

UN LIMIER LANCÉ SUR UNE PISTE.

Ils se dirigèrent en droite ligne vers la place d'où ils étaient partis à la poursuite des dindons. François avait pris vers la gauche ; mais plusieurs traces, et des traces de chevaux lancés au galop, allaient dans la même direction.

— Comme je te le disais, frère, fit observer Basile, nous n'aurions jamais pu suivre sa piste par ses empreintes. Ici même nous ne saurions la reconnaître. Cependant celles-ci doivent être les siennes ; elles paraissent un peu plus fraîches que les autres. Essayons !...... Marengo !

— Arrête, frère, interrompit Lucien. C'est là-bas que j'ai vu François en dernier lieu. Je l'ai aperçu tournant le petit bois.

— Ha ! cela vaut mieux ! Peut-être là ses traces sont-elles séparées des autres ! viens?

Ils s'avancèrent à environ cent pas, jusqu'à la pointe du bois que Lucien avait indiquée.

— Oui, s'écria Basile, tu as raison ! il a passé par ici. Voici des empreintes bien distinctement marquées.

Basile descendit de cheval, donnant ses rênes à tenir à Lucien. Il se baissa sur le gazon et examina soigneusement l'une après l'autre les empreintes des sabots.

— Maintenant, se dit-il à lui-même lorsqu'il se releva, je vous reconnaîtrai entre mille !... Apprête toi à une bonne course, continua-t-il en s'adressant à Lucien ; le chien nous mènera sans doute au galop !... Marengo !...

Le chien arriva en courant à l'endroit où Basile s'était baissé pour reconnaître les traces. Basile tenait un objet rouge, c'était la couverture de François, que celui-ci avait détachée de la selle de son cheval et jetée en s'élançant à la chasse. Le chien sentit la couverture et poussa un sourd gémissement en regardant son maître d'un air d'intelligence. Il semblait comprendre ce qu'on lui demandait.

Basile jeta la couverture sur sa selle, se baissa vers le gazon, montra les traces à Marengo, et d'un geste de la main lui fit signe de suivre cette direction. Le limier, baissant le nez à terre, aboya une seule fois et s'élança en suivant la piste.

Basile sauta à l'instant sur sa selle, et, saisissant les rênes, cria à son frère :

— Viens, Lucien ! Il ne faut pas perdre le chien de vue, dussions-nous crever nos chevaux. Ne pas perdre le chien de vue, tout dépend de là.

Ils donnèrent tous les deux de l'éperon à leurs montures, et s'élancèrent au galop.

— Arrangeons-nous de manière à retrouver notre chemin, dit Basile, arrêtant son cheval au moment où il passait près d'un bouquet de bois. N'allons pas nous perdre à notre tour.

Et tout en parlant il tordait la branche d'un arbre, et laissait le bout à demi brisé pendre jusqu'à terre. Il repartait ensuite au galop.

Le chien courut en droite ligne pendant près d'un mille. C'était le premier vol du dindon. Sa direction changea alors quelque peu, et le porta en droite ligne encore à environ un demi-mille plus loin.

— C'est le second vol, fit remarquer à Basile son frère, pendant qu'ils suivaient tous deux au galop, tantôt examinant le chien avec des yeux inquiets, tantôt s'arrêtant un instant près d'un arbre qu'on pouvait voir de loin, pour marquer leur chemin en brisant une des branches.

Le chien entra enfin dans un fourré.

— Ha ! s'écria Basile, c'est ici François a tué le dindon !... Non, continua-t-il en voyant le limier sortir du fourré et s'élancer dans la plaine; non, le dindon a cherché à se cacher ici, mais il l'a fait sortir et l'a forcé à aller plus loin.

Marengo courut encore droit devant lui pendant quelques centaines de pas. Là, il tourna tout d'un coup, et se mit à décrire des cercles sur la prairie.

— Halte ! Lucien, halte ! s'écria Basile en tirant les rênes. Je sais ce que cela signifie. Ne marche pas sur les traces, tu pourrais induire le chien en erreur ; laisse-le à lui-même.

Marengo s'arrêta après quelques secondes, poussa un court gémissement, et parut remuer avec son museau quelque chose de noir sur le gazon. Basile et Lucien s'étaient arrêtés à une distance considérable, mais ils purent voir que c'étaient quelques plumes tombées.

— Sans aucun doute c'est l'endroit où François a tué le dindon, dit tout bas Basile. Si Marengo peut seulement attraper la piste par laquelle il s'en est allé, tout ira bien; mais... voilà !... voilà !... regarde ! il est reparti !

En ce moment le cœur de Basile et celui de Lucien battaient avec violence. C'était le moment décisif, et, comme le disait Basile, si Marengo pouvait trouver la piste de François, à partir de cet endroit il était presque certain qu'il pourrait la suivre jusqu'au bout. Les deux frères n'en doutaient nullement, sachant de quoi le chien était capable ; mais tout dépendait de là : à leurs yeux la question de vie ou de mort pour François allait se décider. Aussi observaient-ils tous les mouvemens du limier avec la plus vive anxiété, et demeuraient silencieux et immobiles sur leurs selles.

Après quelques instans, le chien s'éloigna des plumes et se remit à courir en cercles. Il n'allait pas avec assurance ; évidemment il était dépisté par les traces multipliées qui s'entre-croisaient en cet endroit. Il revint encore à la place où le dindon avait été tué, et s'y arrêta en poussant une plainte de désappointement !

Basile et son frère laissèrent échapper en même temps une exclamation qui trahissait leur douloureuse angoisse. Le gémissement du chien était un mauvais signe; mais ni l'un ni l'autre n'osait parler.

Le chien partit de nouveau, tournant toujours en cercles comme auparavant.

— O Dieu ! s'écria Basile avec désespoir, il revient sur la première piste !

Ce n'était que trop vrai, car un instant après, le chien, revenant sur ses pas, sauta entre les jambes des chevaux; il s'arrêta tout à coup en levant la tête et en poussant un nouveau gémissement découragé.

Basile le flatta de la main.

Il se remit en quête et suivit l'ancienne piste sans plus de succès. Alors il se troubla et courut dans toutes les directions sur la prairie, évidemment dérouté.

Les deux frères se regardèrent désespérés : la piste était perdue !

— Ah ! il y a encore de l'espoir, dit Basile. Nous pouvons la retrouver en faisant un plus large circuit. Tiens ma bride, s'écria-t-il en sautant à bas de son cheval. Marengo ! houp, Marengo !

Le chien obéit à cet appel proféré d'un ton de commandement. Il accourut aux pieds de son maître, qui s'avança sur la prairie en disant à Lucien de le suivre avec les chevaux.

Il marchait lentement, penché vers la terre, et observant soigneusement le terrain. Il décrivit la circonférence d'un cercle irrégulier et d'un grand diamètre, afin de se tenir hors des traces que François avait faites dans ses derniers efforts à la poursuite de l'oiseau fatigué, et qui avaient dépisté le chien. Il traversa plusieurs marques de chevaux se dirigeant de divers côtés. Il les examina toutes, mais sans trouver ce qu'il cherchait. Il avait parcouru de cette manière un demi-mille environ, quand ses yeux tombèrent sur une piste qui semblait plus fraîche que les autres. Il s'y précipita, se baissa et poussa un cri de joie ; il venait de reconnaître les empreintes des sabots du mustang de François. Il les avait reconnues parce que, la première fois qu'il avait mis le chien sur ces traces, il avait remarqué qu'un petit morceau était cassé à l'un des sabots de devant ; mais Marengo n'avait pas besoin de cela ; il était de nouveau sur la bonne piste, et s'élançait, le nez baissé, dans la prairie.

Basile sauta sur sa selle, et, faisant signe à son frère de le suivre, partit au galop sur les talons du limier.

Les traces ne menaient pas en droite ligne; elles allaient ainsi par places pendant quelques centaines de yards ; puis elles tournaient tout à coup à droite ou à gauche et revenaient en zigzag. Quelquefois elles décrivaient une circonférence et se croisaient à un ou deux endroits. Une fois ou deux le chien fut presque mis en défaut à ces endroits. Basile et Lucien savaient bien pourquoi la piste présentait ces méandres : le pauvre François avait erré de côté et d'autre, ne sachant où se diriger.

Les traces reprenaient de nouveau en ligne droite pendant plus de deux milles. François avait sans doute pris une résolution et avait marché en avant ; mais, comme le remarqua Basile, il avait voyagé tout ce temps en tournant le dos à leur camp !

La piste était fraîche en cet endroit, et le limier courait rapidement, menant les chasseurs au grand galop. Bientôt il tourna à droite, puis à gauche vers l'ouest. En se dirigeant de ce côté, l'attention des deux frères fut attirée vers le ciel, le soleil se couchait ! Leur esprit fut frappé d'une appréhension nouvelle. Ils savaient que, sur les plateaux élevés du Sud, il n'y a pas ou presque pas de crépuscule. Si la nuit était sombre, comment feraient-ils pour suivre le chien allant à toute vitesse ? L'intelligent animal pourrait encore suivre la piste et retrouver François; mais à quoi bon, s'ils n'étaient pas avec lui ? Cela procurerait seulement à François un compagnon de misère, mais ne fournirait ni aux uns ni à l'autre un moyen quelconque de se retrouver.

Ils se communiquèrent ces pensées tout en galopant côte à côte. Le soleil disparut rapidement, et les ombres du crépuscule s'étendirent sur le gazon. La nuit devint de plus en plus sombre, et bientôt il fut impossible de distinguer le corps noir du limier sur la pelouse.

Que faire ?... le chien allait s'éloigner d'eux et les laisser sans guide !...

— J'ai trouvé le moyen ! s'écria soudainement Basile.

A ces mots, il donna de l'éperon à son cheval, atteignit Marengo, sauta à terre et l'arrêta dans sa course.

— Descends, frère, s'écria-t-il, descends et aide-moi. Donne-moi ta chemise, elle est plus blanche que la mienne.

Lucien, comprenant à moitié le dessein de son frère, ôta immédiatement sa blouse, puis sa chemise, qui était de coton, légèrement rayée, et qui paraissait presque blanche dans l'obscurité. Basile la prit, en déchira avec précipitation les manches et la jeta sur le chien; puis, ayant passé les pattes de devant de l'animal dans les trous des bras, il attacha solidement le col de la chemise avec une lanière de cuir, autour de son cou ; il attacha de même, par derrière, les pans sur les flancs de Marengo, qui, ainsi vêtu, ressemblait à un singe des rues, mais était devenu visible malgré l'obscurité.

— Maintenant, s'écria Basile avec joie, nous pourrons le suivre, quand même il ferait noir comme dans un four.

— Arrête un instant, dit Lucien ; prenons toutes nos sûretés. Il fait encore assez clair, je puis écrire.

Disant cela, Lucien prit son carnet et écrivit :

« François, reviens sur tes traces, tu nous trouveras en les suivant. Si tu ne peux les suivre, laisse Marengo te guider. »

Il déchira la feuille, et la tendit à Basile, qui l'attacha solidement à la chemise.

Marengo fut lâché et reprit la piste.

Basile et Lucien, remontant en toute hâte sur leurs chevaux, le suivirent.

Heureusement la nuit ne devint pas si sombre qu'ils l'avaient craint, et ils pouvaient voir le vêtement blanc assez distinctement pour le suivre, même au galop. Ils continuèrent ainsi pendant près d'une heure, Basile marquant toujours la route par des brisées quand il passait près d'îlots d'arbres.

Tout à coup, au détour d'un petit bois, un point brillant s'offrit à leurs yeux : c'était un feu flambant sous un bouquet d'arbres élevés. Marengo s'y dirigeait tout droit. Craignant que ce ne fût un campement d'Indiens, Basile s'élança, et, descendant de cheval, arrêta le chien. On fit halte pour délibérer sur ce qu'il y avait de mieux à faire. A ce moment le feu flamba, et on vit auprès quelque chose de tacheté. Hourrah ! c'était le mustang de François. Basile et Lucien se portèrent rapidement en avant et aperçurent, à leur grande joie, François assis près du feu, et tenant quelque chose au-dessus des flammes.

Un moment après, les trois frères étaient dans les bras l'un de l'autre, pleurant tous trois en s'embrassant.

François raconta ses aventures. Il avait tué le dindon et s'était perdu ; mais, au lieu de chercher ses traces, comme l'avait fait Basile, il avait erré jusqu'à la nuit, criant et tirant des coups de fusil de temps en temps. Par moment le courage l'avait abandonné, et il avait parcouru de grandes distances en s'abandonnant au caprice de son cheval.

A la fin, fatigué, il était descendu et avait attaché sa monture à un arbre ; il était nuit. Sentant le froid et la faim, il avait repris courage et allumé du feu. Heureusement le dindon pendait encore à sa selle ; il venait de le flamber, et le faisait rôtir en le tenant au-dessus du feu, au moment où ses frères venaient de le retrouver d'une manière si heureuse.

A l'aspect du gros dindon qui grillait, Basile et Lucien se sentirent une faim de loup, car, dans leur anxiété, ils avaient oublié de dîner.

Le rôti fut bientôt prêt, et, après un repas abondant auquel Marengo prit part, les jeunes chasseurs attachèrent leurs chevaux à des piquets au milieu de l'herbe, s'enroulèrent dans leurs couvertures et s'endormirent.

XVI

JEANNETTE ET LES JAVALIES.

Le lendemain matin, ils se levèrent de bonne heure, déjeunèrent à la hâte avec les restes du dindon, et se remirent en route en remontant leurs propres traces.

Ils n'eurent pas recours au chien pour se guider, parce que, la piste étant refroidie, ils craignaient que Marengo, malgré son intelligence, ne sût pas la suivre.

Ils comptaient, pour retrouver leur chemin, sur leurs propres empreintes et sur les brisées qu'ils avaient faites. C'était une marche lente et coupée de haltes fréquentes ; mais ils avançaient sûrement, et le point important pour eux était de revenir à Jeannette : la tente, les instrumens, les provisions, tout était sous sa garde.

Leur humeur se ressentait de cette joie particulière qu'on éprouve quand on vient d'échapper à un péril. Ils échangeaient des plaisanteries tout en marchant. Lucien n'avait plus de chemise, car Marengo l'avait mise en lambeaux ; de plus, elle était toute mouillée et complètement hors d'usage. François s'amusait beaucoup de ce détail. Jeannette entra pour une bonne part dans leurs badinages. Lucien se souvint alors qu'il l'avait attachée par la tête à un arbre, en ne lui laissant guère plus d'un pied de longe, et que, par conséquent, elle avait dû rester tout ce temps sans prendre la moindre nourriture. De plus, dans leur empressement, ils avaient laissé le paquet sur son dos, et vraisemblablement cela n'avait pas dû contribuer à adoucir son caractère. Il était près de midi quand ils arrivèrent en vue de la pauvre bête.

— Holà ! s'écria François, qui l'aperçut le premier, en tournant un coin du bois. Que se passe-t-il donc là-bas ?

Après avoir regardé dans la plaine, tous les trois s'arrêtèrent stupéfaits. Leur surprise était naturelle, et ce qu'ils voyaient en eût étonné bien d'autres. C'était bien Jeannette en effet, mais Jeannette dans la situation la plus étrange. Ses sabots semblaient voler ; on voyait tantôt ceux de devant, tantôt ceux de derrière. Ce n'étaient pas de simples ruades, mais une évolution constante et rapide de coups de pieds ; parfois elle bondissait tout d'une pièce, et la toile blanche de la tente, qui s'était détachée, voltigeait de tous côtés, suivant les mouvemens de son corps.

Les enfans l'observèrent quelque temps avec une curiosité mêlée de frayeur.

— Ce sont peut-être des Indiens, pensèrent-ils !

— Non, dit Basile, ce sont des loups. Elle est attaquée par des loups. Courons vite à son secours.

Ils mirent leurs chevaux au galop et eurent bientôt franchi quelques centaines de yards. Ils virent alors que le terrain sur lequel se trouvait la mule était couvert, non pas de loups, mais d'animaux d'une toute autre espèce : petits de taille, presque noirs, ayant comme les cochons de longs groins pointus, et leur ressemblait d'ailleurs par la forme de leur corps ; en guise de queue, ils avaient une sorte de protubérance ; leur groin se composait d'une paire de longues mâchoires d'où saillaient de blanches défenses qu'on pouvait apercevoir de loin.

— Des javalies ! s'écria Lucien qui, sans en avoir jamais vu, les connaissait d'après leur description.

C'étaient en effet des javalies ou cochons du Mexique.

Nos jeunes gens s'étaient arrêtés aussitôt qu'ils avaient

reconnu que ces animaux n'étaient pas des loups; mais ils ne restèrent pas longtemps en place, car Jeannette était en danger. Elle lançait des coups de pied incessans, et criait comme un chat qu'on étrangle, tandis que les javalies, bien que plusieurs d'entre eux fussent mis hors de combat par ses ruades, poussaient leurs cris aigus et se jetaient sur ses jambes chaque fois qu'elle les posait à terre. Il y en avait plus de cent autour d'elle; pressés les uns contre les autres, ils couvraient littéralement le sol, et on les voyait bondir avec agilité autour de Jeannette.

Sans s'arrêter à calculer le danger, Basile s'élança au milieu d'eux, suivi de François et de Lucien. Ils durent s'estimer heureux d'être bien montés, car, sans cela, jamais ils n'auraient pu s'échapper de cette foule. Tous trois avaient fait feu en arrivant, espérant ainsi écarter le troupeau; mais ils s'étaient mépris, car, quoique leurs coups eussent porté, que chaque balle eût fait une victime, on ne s'en apercevait guère, et presque aussitôt leurs trois chevaux se démenaient, ruant et se cabrant avec la même activité que Jeannette.

Les javalies les entouraient en poussant leurs grogne-mens aigus, entamant les jambes des chevaux avec leurs défenses, et sautant presque assez haut pour atteindre les cavaliers eux-mêmes. Heureusement, ceux-ci étaient solides en selle. Si l'un d'eux eût été désarçonné à ce moment, il était perdu. Ils gardèrent leurs étriers, mais sans pouvoir recharger leurs armes.

Marengo était un vieux chien du Texas : il avait déjà vu des javalies, et, ayant sagement pris le large, assistait de loin à la scène.

Les jeunes chasseurs reconnurent bientôt qu'il n'y avait pas moyen de tenir là, et se préparèrent à la retraite. Basile poussa son cheval vers l'arbre, et, avec son couteau de chasse coupa le lasso qui retenait Jeannette; puis, criant à ses frères de le suivre, il partit au galop à travers la prairie.

Jamais peut-être mule ne fut plus contente d'être débarrassée d'une attache que ne le fut Jeannette en ce moment, et jamais non plus mule ne fit un meilleur usage de ce qui lui restait de jambes. Elle galopait comme si le diable eût été à ses trousses. Mais si le diable *n'y était pas*, les javalies *y étaient*; car tout le troupeau se mit à sa poursuite, criant et grognant tout en courant. Les chevaux n'eurent pas de peine à les distancer, Marengo non plus, mais il y avait encore du danger pour Jeannette : deux jours passés sans boire ni manger l'avaient naturellement rendue faible; ses jambes en outre avaient été déchirées par les défenses des cochons sauvages, et, pour comble, la tente, qui s'était détachée, traînant d'un côté à terre, la gênait considérablement dans sa fuite.

Cette dernière circonstance la sauva cependant, car les javalies en l'atteignant saisirent dans leur mâchoires la toile traînante et l'arrachèrent du paquet. Elle tomba tout étendue sur l'herbe; le troupeau, arrivant dessus, la prit pour un ennemi réel, et se mit à la fouler à coups de sabots et à la déchirer à coups de dents. Cela donna du temps à Jeannette, qui sut en profiter. Allégée de son fardeau, elle partit au grand galop, et bientôt rattrapa les chevaux, et toute la cavalcade continua à courir jusqu'à ce qu'elle eût mis plusieurs milles entre elle et les javalies. On fit halte dans l'intention d'établir le camp, car les bêtes étaient non-seulement fatiguées, mais Jeannette, particulièrement, était incapable d'aller plus loin.

L'établissement du camp était maintenant considérablement simplifié, car la tente était perdue, et avec elle la plupart des ustensiles de campement.

Par quoi donc avait été provoquée l'attaque des javalies? Ce fut le thème de la conversation entre nos jeunes aventuriers, aussitôt qu'ils furent un peu remis de leur bourse. Ils savaient que ces animaux attaquent rarement sans provocation; mais il était probable que Jeannette les avait provoqués. Ils étaient sans doute venus rôder autour d'elle en cherchant de la nourriture, et s'étaient jetés sur les dindons, que, dans leur précipitation, Lucien et Basile avaient laissés sur le sol.

Les cochons sauvages ne sont pas difficiles dans le choix de leur nourriture : ils mangent des poissons, de la viande, de la volaille, des serpens ou des racines. Trouvant sur leur chemin la paire d'oiseaux, ils s'étaient mis à les dévorer; ce faisant, ils étaient arrivés à portée des sabots de Jeannette, qui, n'étant pas à ce moment de très bonne humeur, s'était probablement mise à ruer et en avait jeté un par terre; d'où l'assaut général. Le retour de ses maîtres, dans cette circonstance, fut pour Jeannette un événement heureux; autrement ses vieilles côtes n'auraient pas tardé à être labourées par les défenses aiguës de ces animaux enragés.

Les javalies ou *pécaris*, comme ils sont plus souvent nommés par les naturalistes, sont généralement inoffensifs, et si on les laisse tranquilles, ils attaquent rarement l'homme. Mais lorsqu'ils sont provoqués, lorsque l'un d'entr'eux a été blessé, ou simplement lorsque le lieu de leur retraite est envahi, ils deviennent à la fois féroces et dangereux.

Quoique petits, ils sont très courageux, et leurs puissantes mâchoires, armées de larges défenses, en font de redoutables ennemis.

Comme tous les animaux de l'espèce cochon, lorsqu'ils sont furieux, ils semblent ne plus avoir conscience du danger, et un troupeau entier continuera la bataille jusqu'à ce que le dernier soit abattu.

Il n'est pas rare de voir un chasseur mexicain qui s'est réfugié sur un arbre pour éviter les javalies, contraint d'y rester pendant des heures, et quelquefois pendant des jours entiers, avant que les assiégens se retirent et lui permettent de descendre en sûreté.

XVII

A BON CHAT, BON... OPOSSUM.

Nos jeunes aventuriers se trouvaient alors campés dans un petit bois de chênes blancs et d'hickoris à écorce écailleuse.

Vers le milieu du bois jaillissait une source, autour de laquelle croissait abondamment l'herbe de l'espèce *mezquite*.

C'est là qu'on avait attaché les chevaux. Jeannette, dans sa fuite, avait laissé tomber la viande sèche composant toute la provision, qui se trouvait ainsi perdue. De quoi dînerait-on ? C'était une question importante. Pour toute réponse, Basile et François se mirent en quête d'un écureuil ou de quelque autre gibier pour leur dîner. Mais le soleil était encore élevé, et on ne voyait aucun écureuil, car ces animaux se cachent pendant le jour et ne sortent que le matin et le soir, pour chercher leur nourriture et pour s'ébattre.

Voyant qu'ils ne pouvaient lever aucun gibier sous l'ombre épaisse des bois, les jeunes chasseurs résolurent de faire une exploration sur les lisières.

Après avoir parcouru environ cent yards, ils arrivèrent au bord de la prairie. Ils ne se montrèrent pas tout d'abord, espérant apercevoir un daim, des perdrix ou quelque autre gibier sur les terrains découverts auprès de la lisière du bois, endroits souvent fréquentés par ces sortes d'animaux.

Ils avançaient donc en silence, se cachant derrière les gros arbres.

La prairie était nue, c'est à dire dépourvue d'îlots d'arbres. Çà et là, on apercevait par hasard quelques petits arbres rabougris et dont l'écorce tombait en écailles. On pouvait les voir d'une grande distance, car la prairie était unie et couverte d'herbe à buffalo fraîchement poussée.

On ne voyait ni daim ni animal quelconque. Cependant, en regardant avec plus d'attention, les jeunes gens aperçurent, à environ deux cents yards, deux petites créatures courant sur le gazon, s'asseyant parfois sur leurs hanches, comme le font souvent les singes, et semblant causer tous deux.

— Des chiens de prairie ! dit François.

— Non, répondit Basile, ce n'en sont pas, car je ne leur vois pas de queues, et les chiens de prairie en ont de fort longues.

— Qu'est-ce donc alors ?

— Des lièvres, je parie, dit Basile en regardant à travers ses doigts.

— Des lièvres ! s'écria François avec surprise ; mais ils ne sont pas plus gros que des rats ! Veux-tu dire que ce sont de jeunes lièvres ?

— Non, pas du tout, ce sont des lièvres faits, d'une espèce particulière.

— Ah ! ah ! ah ! fit François en riant. Ah çà ! frère, à quoi te servent tes yeux ?... Tu penses qu'ils sont bien éloignés, n'est-ce pas ? Je te dis qu'ils ne sont pas à plus de deux cents yards de nous, et un écureuil gris serait un géant à côté d'eux !... Des lièvres !

— Je le crois, répondit Basile, continuant à les regarder attentivement ; cependant je n'en suis pas certain. Je voudrais que Lucien fût ici ; il pourrait peut-être nous dire ce que c'est.

— Eh bien ! le voici, dit François, entendant Lucien marcher derrière eux. Regarde donc là-bas, Luce, continua-t-il. Vois ce que Basile appelle une paire de lièvres faits !

— Et Basile a raison, répondit Lucien après avoir examiné un instant ; ce sont des lièvres faits.

François parut confondu.

— Si je ne me trompe, continua Lucien, ils sont de l'espèce connue parmi les Indiens des prairies sous le nom de *little chief hare* (1) ; cependant ceux-ci peuvent être d'une variété différente, car on trouve dans les montagnes Rocheuses et dans les prairies qui les entourent plusieurs espèces de ces petits lièvres. Ils sont très rares, et je voudrais bien que nous pussions nous en procurer une peau. Papa, j'en suis sûr, en ferait beaucoup de cas.

— Cela n'est pas difficile, dit François, ne puis-je pas m'avancer et en tuer un ?

— Non, répondit Lucien, ils disparaîtraient avec la rapidité du vent avant que tu fusses arrivé à portée de fusil.

— Si nous essayions avec Marengo ? Ne pourrait-il en attraper un ?

— Je ne le pense pas, et puis le chien les mettrait en pièces. Non, notre seule chance est de rester ici ; ils paraissent se diriger de ce côté.

Tous trois se placèrent derrière de gros arbres, pour n'être pas aperçus de ces timides animaux.

En mangeant et en jouant sur le gazon, ces derniers s'approchaient de la lisière du petit bois ; mais, comme ils avançaient obliquement, il n'était pas probable qu'ils arrivassent à l'endroit où étaient cachés les jeunes chasseurs. Ceux-ci se disposaient à avancer un peu plus, quand ils aperçurent un objet qui les fit rester en place.

Se glissant avec précaution au milieu des herbes et des ronces, tantôt courant rapidement lorsqu'il était caché par une souche renversée, tantôt rampant sur le terrain découvert, s'approchait avec un singulier animal. De temps en temps il s'arrêtait, se baissant jusqu'à terre, et observait la prairie avec une grande attention. Il ne voyait pas les jeunes chasseurs ; ses yeux fauves étaient fixés sur les innocentes petites créatures qui gambadaient sur l'herbe.

C'était un animal étrange. Il avait à peu près la taille d'un basset, mais en différait sous tous les autres rapports. Sa robe était d'un jaune rouge, avec des taches brunes sur les côtés et des raies de même couleur sur le dos ;

(1) Mot à mot : petit-lièvre-chef.

cela, joint à la forme ronde de sa tête, semblable à celle du chat, le rattachait à l'espèce léopard ou tigre. Toutefois ses oreilles droites, couvertes de poils, et sa queue courte l'en distinguaient suffisamment. Sa queue, en effet, était ce qu'il y avait en lui de plus bizarre. Elle n'avait pas plus de cinq pouces de long, se recourbait légèrement, et paraissait avoir été coupée comme le sont ordinairement les queues de basset.

Il n'en était pas ainsi cependant ; il n'avait jamais eu plus de cinq pouces de queue ; cette petite dimension, jointe à ses grosses pattes, et par-dessus tout ses longues oreilles, qui, couvertes de poils, se rapprochaient par leurs extrémités, firent reconnaître aux jeunes chasseurs le *lynx*. Il était de l'espèce connue sous le nom de lynx-bai (*lynx-rufus*), appelé ordinairement en Amérique *chat sauvage*, et quelquefois aussi *catamount* (1). C'était la variété du Texas. Sa couleur est plus foncée que celle du lynx-bai, et c'est, je crois, une espèce différente. Il s'efforçait d'arriver à portée des petits lièvres pour en saisir un, sinon tous les deux. Il savait bien qu'il ne pourrait les vaincre à la course ; mais il espérait s'en approcher assez pour pouvoir s'élancer sur eux. Il fut pendant quelque temps favorisé par le terrain, car, bien que la prairie fût *ouverte*, les herbes blanches et fanées de l'année précédente s'élevaient assez haut çà et là, par-dessus les nouvelles touffes, pour cacher son corps aplati sur la terre.

Presque en ligne droite, entre le lynx et les lièvres, se trouvait un arbre solitaire aux branches étendues, de l'espèce *pecan*. A peu près au-dessous, il y avait un épais buisson de ronces et de hautes herbes sauvages. Quelque vieille souche sans doute, ou la carcasse d'un animal, avait pourri là et fertilisé le sol. C'est vers ce point que se dirigeaient, d'un côté le lynx guettant sa proie, et de l'autre les lièvres broutant paisiblement.

Ces derniers étaient arrivés très près du buisson et tout près aussi des jeunes gens, qui pouvaient distinguer leurs oreilles longues et droites, leurs membres délicats et leurs mouvements gracieux qui ressemblent à ceux du lièvre ordinaire. Ils différaient cependant de ce dernier par la couleur : ceux-ci avaient la nuance de la fougère flétrie, plus claire en dessous du corps ; mais nulle part, pas même sous la queue, on ne voyait de blanc. C'était plaisir de voir ces gentilles petites bêtes, tantôt grignotant la tige des herbes, tantôt sautant à quelques pieds sur le gazon, ou se dressant, comiquement assis sur leur train de derrière. Les jeunes chasseurs étaient émerveillés. Tu l'aurais été aussi, jeune lecteur, si tu avais observé les mouvements de ces *lièvres-miniatures*.

Juste devant eux, et tout près du fourré, on voyait un objet étrange. Il était rond, et ressemblait à un gros peloton de crins ou de laine, à demi caché dans la terre. Ni Basile, ni Lucien, ni François n'aurait pu dire s'il était auparavant. Possible qu'il y fût sans qu'ils n'eussent fait attention, occupés qu'ils étaient des lièvres et du lynx. François disait l'avoir remarqué depuis quelques instants, mais ne pas y avoir pris garde, pensant que c'était une touffe d'herbe sèche ou un cactus rond (*echinocactus*), espèce qu'ils avaient rencontrée souvent dans ces derniers temps, et à laquelle cet objet ressemblait beaucoup. Un examen plus attentif faisait reconnaître que ce n'était pas cela.

Les petits lièvres parurent l'avoir aperçu à peu près au même instant, et, poussés par la curiosité, ils s'en approchèrent peu à peu. Il n'y avait rien qui dût les alarmer dans l'extérieur de cet objet. Ils n'avaient jamais été attaqués par un ennemi de cette forme ; cela n'avait en apparence ni dents ni griffes ; ils croyaient donc n'avoir rien à en craindre.

Encouragés par l'absence apparente de tout danger, et s'excitant l'une l'autre, les petites créatures s'avancèrent de quelques pouces, l'une d'abord, puis l'autre après, et

(1) *Cat-a-mount*, mot à mot : chat de montagne.

ainsi de suite, jusqu'à ce qu'elles touchassent presque l'objet étrange. Tout à coup, le corps en forme de boule se déroula, laissant voir un animal à quatre pattes et à museau pointu, dont la queue longue, semblable à un serpent, faisant rafle en même temps, atteignit et saisit fortement un des deux lièvres. La petite créature jeta un cri perçant, tandis que son compagnon s'enfuyait tout effrayé.

L'opossum (car ce n'était rien autre chose qu'une vieille femelle opossum) se retourna, et saisissant dans ses mâchoires, semblables à celles d'un cochon, la tête du lièvre, la broya d'un seul coup. Il relâcha l'anneau de sa queue, et posant sa proie sur l'herbe, se préparait à en faire chère lie. Mais les choses devaient se passer autrement.

Le lynx, qui s'était approché en rampant à moins de vingt pieds du buisson, avait tout vu. Il avait semblé d'abord quelque peu contrarié; mais bientôt cela parut le satisfaire.

— En y pensant bien, se dit-il à lui-même, tout est pour le mieux; l'opossum m'a épargné la peine d'attraper le lièvre, que d'ailleurs j'aurais pu manquer; il a pris le gibier, mais c'est *moi* qui le *mangerai*.

Telle fut certainement sa pensée : l'acte qui suivit l'exprima aussi clairement que s'il eût eu la faculté de l'énoncer tout haut.

En conséquence, il s'avança lentement dans l'intention de s'élancer sur l'opossum. Avant de se mettre à manger cependant, ce dernier, comme tous ceux qui ont conscience d'avoir commis une mauvaise action, s'élevant de toute sa hauteur, regarda tout autour de lui, pour voir s'il y avait eu un témoin du crime. Ses yeux tombèrent sur le lynx; il saisit alors en toute hâte le lièvre avec ses dents, et s'enfonça au milieu des ronces.

Le lynx, voyant qu'il était inutile de se cacher plus longtemps, s'élança vers lui, le dos arrondi et la crinière levée. Il ne suivit pas immédiatement l'opossum dans le buisson, mais courut tout à l'entour pour découvrir l'endroit où celui-ci s'était caché. Il n'était pas sans appréhender que la bête eût là son trou; s'il en est ainsi, bonsoir au lièvre et à l'opossum, pensait-il.

Mais le trou n'y était pas, à ce qu'il parut; car le lynx, après avoir tourné plusieurs fois autour du buisson, s'y élança courageusement.

Pendant quelque temps, on n'aperçut ni lynx ni opossum. Le buisson ne couvrait que quelques yards de la prairie, mais c'était un vrai fourré, formé de vignes, de ronces et de chardons enchevêtrés et recouverts de feuilles. Les deux animaux ne faisaient aucun bruit; mais le mouvement des feuilles et le craquement des ronces en divers endroits, indiquaient qu'en dessous la chasse était poussée avec ardeur.

L'opossum, beaucoup plus mince et pouvant se glisser presque partout, échappait facilement à son ennemi, et la poursuite se continua pendant quelques instans. Enfin, l'opossum se glissa au dehors, portant, au grand étonnement de tous, le lièvre dans sa gueule. Il se dirigea droit vers l'arbre, et y monta, embrassant le tronc de ses pattes de devant, comme l'aurait fait un être humain. Les jeunes chasseurs, sachant que le lynx grimpe aussi bien que l'opossum, étaient surpris de voir celui-ci chercher son refuge sur un arbre qui n'avait pas plus de trente pieds de haut.

Le lynx sortit alors du taillis, et d'un bond arriva au pied de l'arbre. Il n'y monta pas tout de suite, mais s'arrêta un moment pour reprendre haleine, se réjouissant évidemment à l'idée qu'il pouvait aisément grimper, et que sa proie lui était assurée.

— Te voilà donc perchée, vieille maman opossum, se dit-il tout bas! Je t'attraperai maintenant, et si je ne te donne pas un bon *atout* pour la peine que tu m'as causée, *tu auras de la chance*. Je ne veux pas te manger, tu n'es pas assez tendre pour cela; mais je mangerai ce lièvre, et je te promets de plus la récompense que mérite ta conduite.

Le lynx, bien déterminé, s'élança sur le *pecan*, faisant crier l'écorce sous ses griffes.

Pendant ce temps, l'opossum était parvenu presque au sommet de l'arbre et s'était avancé sur l'une des branches qui s'étendaient horizontalement.

Le lynx l'y suivit, et il était déjà arrivé à portée de sa victime quand l'opossum, saisissant tout à coup la branche avec sa queue, se laissa tomber sur celle de dessous. Le lynx parut un instant vouloir s'y élancer; mais la branche était mince, et il n'était pas sûr de pouvoir s'y accrocher. Il se ravisa donc, très contrarié, descendit le long du tronc, et courut sur la branche occupée alors par l'opossum. Celui-ci se laissa, comme auparavant, tomber sur une autre branche, puis, sans attendre le lynx, sur une autre encore, jusqu'à ce qu'il restât suspendu à la branche la plus basse de l'arbre.

Les jeunes gens pensaient qu'il allait sauter à terre et tâcher d'échapper dans les bois. Ce n'était pas son intention, car il savait que le lynx l'attraperait bientôt s'il essayait de fuir. Il était parvenu à la situation la plus sûre dans les circonstances présentes, et il semblait en avoir conscience. Il resta donc suspendu à la branche la plus basse du *pecan*, si près de l'extrémité, que la branche, pliant sous son poids, n'aurait pu supporter un second opossum, et bien moins encore le poids plus lourd du lynx. Ce dernier, *avec son œil de lynx*, s'en aperçut bien vite.

Quelque mortifié qu'il fût, il voulut cependant en faire l'essai. Il s'avança sur la branche, marchant avec précaution, aussi loin qu'il put s'aventurer. Il essaya alors, en étendant les pattes, d'atteindre avec ses griffes la queue de l'opossum, dans l'espoir de le faire tomber; il n'y réussit pas; il arrivait seulement à toucher la queue du bout de ses ongles; autant eût valu pour lui tenter d'ouvrir les serres d'un aigle. Il monta alors sur la branche supérieure, pensant par là pouvoir s'approcher davantage, mais il reconnut bientôt son erreur. Il s'avança de nouveau sur la branche à laquelle était suspendu l'opossum. Un moment on put croire qu'il allait s'élancer sur lui et l'entraîner à terre; mais la hauteur le fit hésiter, et, après quelques secondes, il se retira et se tapit dans une fourche de l'arbre.

Une nouvelle idée lui vint alors : l'opossum n'était pas très élevé au-dessus du sol; peut-être pourrait-il, en sautant, l'attraper par le nez. Il descendit donc au pied de l'arbre, et courut se poster juste au-dessous de l'opossum; mais le lynx avait mal calculé la hauteur, et, de même que le renard avec les raisins, il dut y renoncer après quelques essais.

Résolu cependant à lui faire subir un siége, et jugeant qu'il ferait tout aussi bien de rester où il était, il ne retourna pas à l'arbre, mais s'assit sur l'herbe, les yeux fixés sur son antagoniste.

Pendant tout ce temps, la vieille femelle opossum restait tranquillement suspendue par la queue, tenant le lièvre dans ses dents. Depuis le moment où elle s'était établie dans cette position, elle paraissait n'avoir aucune crainte; sa contenance, au contraire, exprimait en quelque sorte une joie maligne : cela était aussi clair pour les spectateurs que si l'animal eût pu le dire. Cette rusée créature se réjouissait en réalité du déplaisir qu'elle causait au catamontain.

De temps en temps, cependant, elle paraissait se demander quelle serait l'issue de cette lutte. Elle prenait alors un air plus sérieux, car elle voyait bien, dans les yeux du lynx, qu'il était déterminé à un long siége. Ce serait donc une question de patience et de faim; elle était préparée à souffrir la faim; et pour se mettre en état de la mieux supporter, elle prit le lièvre entre ses pattes de devant, et se mit à le déchirer et à le manger.

C'en était trop pour la patience du lynx; il ne put voir cela sans un profond courroux; et, se levant sur ses pieds, il s'élança, crinière hérissée, sur l'arbre et sur la branche où était suspendu l'opossum.

Cette fois, sans s'arrêter à calculer le danger, il se précipita en avant, saisit de ses pattes de devant les hanches de l'autre animal, dont il prit la queue entre ses dents; la branche craqua, se brisa, et ils tombèrent tous deux à terre.

Le lynx parut un instant étourdi par sa chute; mais il ne tarda pas à revenir à lui. Il se leva, arrondit son dos comme un véritable chat, et fondit sur l'opossum avec un cri sauvage. Il semblait avoir oublié le lièvre, que l'opossum avait laissé échapper en tombant. La vengeance était la seule passion qui l'enflammât maintenant; la vengeance lui faisait oublier jusqu'à son appétit.

Dès qu'il avait touché la terre, l'opossum s'était enroulé sur lui-même, et avait repris la forme sous laquelle on l'avait vu pour la première fois. On n'apercevait plus ni tête, ni cou, ni membres, ni queue, rien qu'une boule de poils épais et laineux.

Le catamount l'attaqua avec ses dents et avec ses ongles; il le harcela pendant dix minutes environ, jusqu'à ce qu'il fût fatigué; selon toute apparence, l'opossum était mort; son adversaire paraissait le croire, ou du moins, s'il ne le croyait pas, il en avait assez, et il cessa de s'acharner sur lui. Un morceau plus agréable était devant ses yeux; le désir d'y mettre la dent fut pour une bonne part, sans doute, dans la cessation de ses hostilités.

Laissant donc là l'opossum, il se retourna et saisit le petit animal.

En ce moment, François lâcha Marengo, et les trois frères se précipitèrent en avant en poussant de grands cris.

Le lynx, voyant sa retraite coupée du côté du bois, s'enfuit dans la prairie; mais le grand chien fut bientôt atteint, et, après un combat court mais désespéré, mit à mort le meurtrier.

Tout en poursuivant le lynx, les jeunes chasseurs avaient ramassé le lièvre qu'il avait lâché dans sa fuite.

Quand tout fut fini, ils revinrent à l'arbre dans l'intention de prendre l'opossum mort, qu'ils voulaient faire cuire pour leur souper. A leur grand étonnement, ils ne virent plus d'opossum ni sur l'arbre, ni dans le buisson de ronces, ni auprès, ni nulle part. L'animal rusé avait fait le mort sous la dent terrible du lynx, puis, voyant le terrain libre, il s'était déroulé et avait rapidement gagné son gîte sous les racines de quelque arbre voisin.

Il ne restait là que le corps du lynx et la pauvre petite carcasse du lièvre. Aucun de nos aventuriers ne se souciait de la chair du premier, quoique les trappeurs et les Indiens en mangent souvent, et le dernier était tellement déchiré et abîmé, qu'il n'était plus bon à rien; de sorte que, ne pouvant trouver aucun gibier, pas même un écureuil, tous quatre, Lucien, Basile, François et Marengo, pour la première fois depuis le commencement de leur voyage, se couchèrent *sans souper!*

XVIII

UNE AVENTURE ÉTRANGE AVANT LE DÉJEUNER.

Le lendemain, ils eurent en abondance de la viande pour leur déjeuner; mais, comme on va le voir, peu s'en fallut qu'elle ne leur coûtât cher.

Les trois frères dormaient étendus sur la terre, à quelques pieds l'un de l'autre. Ils n'avaient plus de tente et couchaient à la belle étoile. Ils étaient sous un arbre touffu, enroulés dans leurs couvertures, et avaient dormi profondément toute la nuit.

Le jour commençait à poindre lorsque quelque chose toucha François au front. C'était un objet froid et visqueux qui, appuyant sur sa peau chaude, l'éveilla aussitôt. Il sursauta comme piqué par une épingle, et le cri qu'il jeta éveilla aussi ses compagnons. Avait-il été touché par un serpent? François l'avait cru d'abord, et il resta sous l'empire de cette pensée jusqu'à ce qu'il se fût frotté les yeux; mais, lorsque cette opération fut terminée, il aperçut, s'enfuyant, quelque chose qui ne pouvait pas être un serpent.

— Que penses-tu que ce soit? demandèrent Basile et Lucien en même temps.

— Je crois que c'est un loup, répondit François; c'est son nez froid que j'ai senti. Voyez! il s'en va là-bas. Voyez! voyez! il y en a deux!

François indiquait la direction où l'on voyait courir les deux animaux.

Basile et Lucien regardèrent et les aperçurent en effet. Ils étaient à peu près de la taille des loups, mais paraissaient tout noirs, et n'avaient pas du tout la forme de ces animaux. Qu'était-ce donc?

Ils s'étaient tout à coup enfoncés dans une partie plus sombre du bois, et les enfans ne les avaient découverts qu'au moment où ils y entraient; ils pouvaient encore voir leurs deux corps dans l'ombre, mais rien de plus. Qu'est-ce que cela pouvait être? Peut-être des javalis? Cette pensée se présenta à l'esprit des trois frères, à cause sans doute de leur récente rencontre avec ces animaux.

— Ils sont trop gros et courent trop lourdement pour des javalis, dit Lucien.

— Des ours! suggéra François.

— Non, non, ils ne sont pas assez gros pour des ours. Ils étaient tous fort intrigués. Ils s'étaient levés sur leurs mains et leurs genoux, et, s'étant débarrassés de leurs couvertures, ils avaient saisi leurs fusils, qu'ils tenaient toujours à côté d'eux lorsqu'ils dormaient. Ils restèrent dans cette position, cherchant des yeux, dans la sombre allée, les deux objets noirs, qui s'étaient arrêtés à la distance d'environ cinquante yards.

Tout à coup la forme d'un homme se dressa devant eux, juste en face des deux animaux. Au lieu d'éviter ces derniers comme s'y attendaient les jeunes gens, cette figure resta à sa place. Ils furent encore plus étonnés quand ils virent les deux animaux courir vers elle, paraissant sauter après elle et l'attaquer! Mais cela ne pouvait pas être, puisque la figure ne bougeait pas de sa place, immobilité que n'eût certainement pas gardée une personne attaquée. Au contraire, un moment après, elle se baissa et parut caresser les deux bêtes.

— Un homme et deux chiens, dit tout bas François; peut-être un Indien!

— Ce peut bien être un homme, répondit Lucien aussi tout bas. Je ne sais trop autrement ce que ce pourrait être; mais *quant à des chiens* je n'en ai jamais vu de pareils.

Lucien dit ces mots avec un accent pénétré et d'un ton si sérieux que les frères se rapprochèrent l'un de l'autre.

Pendant tout ce temps, Marengo, lorsqu'ils se levèrent tous presque simultanément, car il était bien dressé et n'attaquait ordinairement aucun animal, pas même ses ennemis naturels, sans un signal. Il resta donc immobile, regardant fixement dans la même direction que ses maîtres, et poussant de temps en temps un sourd grognement presque imperceptible. Il y avait cependant dans ce grognement quelque chose de sévère qui prouvait qu'il ne regardait pas ces êtres étranges comme des amis. Peut-être savait-il mieux que personne ce qu'ils étaient.

Les trois créatures mystérieuses restaient au même endroit à environ cinquante yards de les enfans. Elles n'étaient pas immobiles; les deux plus petites couraient çà et là, tantôt s'éloignant de celle qui était debout, puis y retournant et paraissant la caresser comme auparavant. Cette dernière se baissait de temps en temps, comme pour recevoir leurs caresses, et lorsqu'ils n'étaient pas à côté d'elle, elle se baissait encore comme pour cueillir quelque chose à terre. Elle se relevait et restait alors dans l'immobilité. Toutes leurs manœuvres s'accomplissaient dans un silence profond.

Il y avait dans leurs mouvemens quelque chose de mystérieux qui inspirait la crainte, et nos jeunes chasseurs, en les observant, ne pouvaient se défendre d'un certain effroi. Ils étaient à la fois embarrassés et inquiets. Ils ne savaient trop quel plan adopter et se communiquaient tout bas leurs réflexions et leurs avis.

Se dirigeraient-ils sans bruit vers leurs chevaux pour s'enfuir? Cela ne leur servirait à rien : car si, dans ce qu'ils voyaient, il y avait un Indien, il devait y en avoir d'autres dans le voisinage, qui pourraient facilement les suivre à la piste et les atteindre. Ils étaient sûrs que ces étranges créatures savaient qu'ils étaient là, car on pouvait fort bien entendre leurs chevaux, à quelques trentaines de yards, frapper la terre et brouter l'herbe. De plus, un des deux animaux avait touché et senti François ; de sorte qu'il était sans aucun doute instruit de leur présence. Il serait donc inutile d'essayer de partir sans qu'ils s'en aperçussent. Que faire alors ? Monteraient-ils sur un arbre ? Ceci, pensèrent-ils, serait tout aussi inutile, et ils y renoncèrent. Ils résolurent donc de rester où ils étaient, et d'attendre qu'ils fussent attaqués par leurs mystérieux voisins, ou que le jour leur permît, en devenant plus clair, de découvrir ce qu'ils étaient.

Cependant, à mesure que la clarté du jour augmentait, leur frayeur croissait ; car ils voyaient maintenant distinctement que la figure qui se tenait debout avait deux bras vigoureux qu'elle tenait horizontalement, les faisant mouvoir d'une singulière manière. Sa couleur paraissait rouge, tandis que celle des petits animaux était noir foncé. S'ils eussent été dans les forêts de l'Afrique ou dans celles de l'Amérique du Sud, au lieu d'être dans l'Amérique du Nord, ils auraient pris le plus gros de ces êtres pour un singe gigantesque. Ils savaient que ce n'en était pas un. La lumière devenant tout à coup plus forte par l'éloignement d'un nuage qui obscurcissait, on put mieux distinguer les objets, et le mystère qui avait tenu si longtemps les jeunes chasseurs dans l'anxiété fut enfin expliqué. Le gros animal se dressa tout droit et resta debout, présentant le côté à nos voyageurs, qui reconnurent, à son museau long et pointu, à ses oreilles courtes et droites, à son gros corps et à son long poil, que ce n'était ni un Indien ni une créature humaine, mais bien *un ours énorme, se tenant droit sur ses jarrets*.

— Une ourse et ses petits ! s'écria François. Mais voyez donc ! continua-t-il ; elle est rouge, tandis que les petits sont noirs comme du jais !

Basile avait à peine à une observation de ce genre. Au moment où il avait reconnu ce qu'était l'animal, il avait sauté sur ses pieds et ajustait son rifle.

— Sur ta vie, ne tire pas ! s'écria Lucien. Ce peut être un grizzly.

Son avis vint trop tard. On entendit la détonation du rifle de Basile, et l'ourse, atteinte de ses quatre pattes, s'agita sur la terre, secouant sa tête et ronflant d'une manière effrayante. Le jour, douteux encore, avait trompé Basile, et, au lieu de frapper à la tête, comme il en avait eu l'intention, la balle n'avait effleuré que le museau et n'avait fait que peu de mal. Or, le museau est chez l'ours l'organe le plus tendre, et un coup donné dessus met en fureur ceux de l'espèce la plus craintive. Il en fut ainsi dans cette occasion.

L'ourse vit d'où partait le coup, et, après avoir secoué quelque temps la tête, elle arriva au galop contre les enfans.

Basile comprit alors l'imprudence qu'il avait commise ; mais ce n'était pas le moment d'exprimer des regrets. Ils n'avaient même pas le temps d'aller vers leurs chevaux ; l'ourse les joindrait avant qu'ils aient pu les atteindre et détacher leurs piquets : l'un des trois frères serait certainement victime !

— Aux arbres ! s'écria Lucien. Si c'est une grizzly, elle ne peut y grimper !

En disant ces mots, Lucien ajusta son rifle et fit feu sur l'animal qui s'avançait. Il parut que la balle frappa au flanc, car l'ourse se retourna en grognant et mordit la plaie. Ceci la retint un instant et donna à Lucien le temps de s'élancer sur un arbre. Basile avait jeté son rifle, n'ayant pas le temps de le recharger, et François, lorsqu'il vit l'énorme monstre si près de lui, laissa tomber le sien sans faire feu.

Dans leur précipitation, ils montèrent tous trois sur des arbres différens. Nous avons déjà dit que c'était un petit bois de chênes blancs, et ces arbres, contrairement aux pins, aux magnoliers ou aux cyprès, ont ordinairement de grosses branches qui poussent très bas et qui s'étendent horizontalement. Ces branches égalent souvent en longueur la hauteur de l'arbre lui-même. C'était sur un de ces arbres que chacun des frères était grimpé. Basile était sur celui au-dessous duquel ils avaient dormi et qui était beaucoup plus grand que les autres. L'ourse s'arrêta au pied de ce même arbre. Les peaux et couvertures attirèrent un instant son attention. Elle les remua avec ses grosses pattes, puis les laissa là et marcha tout autour de l'arbre, regardant en haut en faisant entendre de temps en temps des reniflemens sonores imitant le bruit de la vapeur qui s'échappe du tuyau.

Pendant ce temps, Basile avait atteint la troisième ou quatrième branche au-dessus du sol. Il aurait pu monter beaucoup plus haut, mais il croyait, d'après ce qu'avait dit Lucien, que c'était une grizzly.

La couleur de l'animal, qui était d'un brun fauve, le confirmait dans cette croyance, car il savait que les grizzlys présentent de nombreuses variétés de nuances. Il ne craignait donc rien, il se serait même cru en toute sûreté sur la branche la plus basse, et il pensa qu'il n'était pas nécessaire de changer de place. Il voyait parfaitement l'animal au-dessous de lui, et il fut très consterné quand il s'aperçut au premier coup d'œil que ce n'était pas un grizzly, mais un ours d'une autre espèce. A sa forme, à sa physionomie, il reconnut un cinnamon, variété de l'ours noir, et des meilleurs grimpeurs de l'espèce.

Il n'y eut bientôt plus à en douter, quand on vit l'animal entourer le tronc de ses grandes pattes et commencer son ascension. Ce fut un moment terrible. Lucien et François sautèrent à terre, poussant des cris d'avertissement et d'effroi. François ramassa son fusil et, sans hésiter un seul instant, il courut au pied de l'arbre et tira les deux coups dans les hanches de l'ourse. Les petites balles durent à peine traverser son épaisse fourrure. Cela ne servit qu'à l'irriter davantage et la fit gronder avec fureur. Elle resta immobile quelques instans, paraissant se demander si elle descendrait pour punir l'ennemi qui était derrière, ou si elle poursuivrait Basile. Le bruit que fit ce dernier en montant le long des branches au-dessus la décida, et elle grimpa vers lui. Basile se mouvait au milieu des branches d'un arbre presque avec autant d'agilité que qu'un écureuil ou un singe.

Quand il fut arrivé à environ soixante pieds de terre, il s'avança sur une grande branche qui croissait horizontalement. Il choisit celle-là, parce qu'il en vit une autre semblable au-dessus, et qu'il pensait pouvoir atteindre celle-ci aussitôt que l'ourse le suivrait sur la première ; il espérait par ce moyen gagner le tronc avant l'ourse, et descendre à terre. Mais lorsqu'il fut sur cette première branche, il vit qu'elle pliait sous son poids, et s'écartait tellement de celle qui était au-dessus, qu'il ne pouvait même y atteindre du bout de ses doigts. Il se retourna pour aller sur une autre ; mais, horreur ! l'ourse était à l'extrémité opposée, et se préparait à le suivre. Il ne pouvait reculer sans se trouver face à face avec le terrible animal. Il n'y avait aucune branche à sa portée, ni au-dessous, ni au-dessus, et il était à cinquante pieds de terre. La seule alternative qui lui restait pour échapper aux griffes de l'animal, était de sauter, et cette alternative était une mort certaine !

L'ourse s'avança sur la branche. François et Lucien jetaient en bas des cris de terreur, rechargeant leurs fusils aussi vite qu'ils le pouvaient, et craignant d'arriver trop tard.

C'était une situation terrible ; mais c'était dans de telles occasions que Basile savait montrer toute la force de son esprit. Au lieu de s'abandonner au désespoir, il paraissait plein de sang-froid et recueilli ; il examinait attentivement toutes les chances qui s'offraient à lui.

Tout à coup une pensée lui vint, et il cria à ses frères :
— Une corde ! une corde ! Jetez-moi une corde ! vite ! vite ! Pour l'amour de Dieu ! une corde ! ou je suis perdu !

Heureusement il y en avait une au pied de l'arbre. C'était un lasso de cuir dont ils se servaient pour attacher la charge de Jeannette, et qui était près de l'endroit où ils avaient dormi.

Lucien jeta son fusil à moitié chargé, prit le lasso et l'enroula. Il savait le lancer avec presque autant d'adresse que Basile lui-même, c'est-à-dire aussi bien qu'un vaquero mexicain ou un gaucho des Pampas. Il courut au-dessous de la branche, fit pirouetter le lasso au-dessus de sa tête et le lança en l'air.

Pour gagner du temps, Basile, suivi par son redoutable ennemi, s'était avancé sur la branche aussi loin qu'elle pouvait le porter. Cette branche ployait comme un arc sous leur poids ; heureusement c'était un chêne, et elle ne se cassa pas.

Basile était à cheval sur la branche, le visage tourné vers l'arbre et vers l'ourse qui le poursuivait. Le long museau de celle-ci était à moins de trois pieds de la tête de Basile, qui pouvait sentir la chaleur de son haleine à mesure qu'elle s'avançait en étendant ses pattes et ronflant avec fureur.

A ce moment, l'anneau du lasso frappa la branche juste entre eux deux, passant à quelques pieds au-dessus. Avant qu'il pût retomber, Basile l'avait saisi, et, avec autant de promptitude que d'adresse, il l'avait noué double autour de la branche ; un instant après, juste au moment où les grandes pattes de l'ourse s'étendaient pour le saisir, il lâcha la branche et se laissa glisser le long du lasso.

Il s'en fallait au moins de vingt pieds que la corde touchât la terre. Elle était petite, et Basile, en l'attachant à la hâte, en avait employé plus qu'il ne fallait. Lucien et François s'en étaient aperçus avec chagrin lorsqu'elle pendait de la branche, et avaient pris leurs dispositions en conséquence ; de sorte que, lorsque Basile arriva à l'extrémité de la corde, il vit ses frères au-dessous de lui, tenant une grande peau de buffalo étendue entre eux. Il se laissa tomber dedans, et se trouva tout aussitôt à terre, sain et sauf.

Ce fut un moment de triomphe. La grosse branche, que le poids de Basile avait tenue abaissée, étant débarrassée de ce poids, se releva avec une secousse. La violence inattendue de cette secousse était trop forte pour l'ourse. Elle lâcha prise, fut lancée à plusieurs pieds en l'air, et, tombant à terre avec un bruit sourd, elle resta un instant sans mouvement. Elle n'était qu'étourdie, et se serait bientôt relevée pour recommencer l'attaque ; mais avant qu'elle pût se remettre sur ses pattes, Basile avait pris le fusil à moitié chargé de François, et, y versant en toute hâte une poignée de balles, il s'avança et, les lui tirant dans la tête, la tua sur le coup.

XIX

PRÉPARATION DE LA VIANDE D'OURS.

L'ourse et les oursons gisaient maintenant sur le gazon, parfaitement morts. Ils formaient un étrange trio. L'ourse ne pesait pas moins de cinq cents livres. Sa fourrure, à poils longs et raides, était de la couleur des faons, ou cannelle ; tandis que celle des petits était tout à fait noire.

Ceci est très ordinaire, et, ce qui est encore plus singulier, c'est que les petits de l'ourse noire sont le plus souvent d'une couleur rougeâtre, tandis que la mère est elle-même entièrement noire. Il n'y a aucun doute que lorsqu'ils sont parvenus à leur entier développement, les petits prennent la couleur de leur espèce ; mais on trouve aussi des ours de tout âge et de la même famille auxquels la variété des climats, où d'autres circonstances, ont donné des couleurs différentes.

On ne rencontre sur le continent de l'Amérique du Nord, disent les naturalistes, que trois espèces d'ours, savoir : l'ours noir, le polaire et le *grizzly*. Ceci n'est cependant pas certain, car l'ours roux, dont nous avons parlé, est probablement une espèce distincte de l'ours noir. S'il en est ainsi, il y en a sur ce continent quatre espèces, et peut-être même une cinquième, car l'ours brun des marchands de fourrure de la baie d'Hudson, regardé jusqu'ici comme une variété du noir, est plus probablement l'ours de Russie ou ours brun d'Europe. Il peut avoir gagné le continent américain par le Kamtchatka, où son espèce est très commune.

L'ours polaire ne se trouve que dans les régions glacées qui bordent l'océan Arctique ; il ne s'éloigne jamais à plus de cent milles de la mer.

Le grizzly, par sa force, son courage et sa férocité, occupe le premier rang dans la famille des ours, sans en excepter même son cousin, l'ours blanc du nord. Nous aurons quelquefois à parler de lui. Nous ne nous occupons maintenant que de l'ours noir, et comme tout ce que l'on sait de la variété de l'ours roux montre que ses habitudes sont semblables à celles du noir, on peut appliquer aux deux espèces ce que nous allons dire ici de l'une d'elles.

On dit que l'ours noir (*ursus americanus*) ressemble au brun d'Europe. Je ne vois entre eux aucune ressemblance ; ils diffèrent assez certainement pour qu'on puisse en faire des espèces séparées et distinctes. Le premier a une dent mâchelière de plus que l'autre ; ensuite, le profil de l'ours noir n'est pas si courbé ou convexe que celui du brun. Ils diffèrent encore sous bien des rapports ; mais leurs coutumes sont presque semblables.

L'ours noir se trouve sur tout le continent américain ; il peut vivre et, sans aucun doute, jouir de la vie sous tous les climats. Il est également chez lui dans les régions glacées du Canada et dans terres marécageuses de la Louisiane. On le trouve près des rivages de l'Atlantique et de ceux de l'Océan Pacifique. Il habite les forêts épaisses, et erre dans les régions désertes et rocheuses où croît rarement un îlot d'arbres. Il préfère cependant les districts boisés, où on le rencontre le plus souvent.

Avant la colonisation de l'Amérique par les blancs, les ours noirs y étaient très nombreux. Depuis lors, on les chassa pour leurs peaux, et, chaque jour, leur nombre diminue. Depuis un siècle environ, les compagnies de fourreurs ont reçu des chasseurs blancs et indiens plusieurs milliers de leurs fourrures.

On trouve encore des ours dans les parties sauvages et désertes ; on en rencontre même de temps en temps dans les États habités depuis longtemps, et dans les districts éloignés et montagneux.

Vous demanderez pourquoi ils n'ont pas été exterminés, car ils sont tellement gros qu'on les découvre et qu'on les suit facilement à la piste. De plus, il y a entre les *settlers* (1) et les chasseurs amateurs une sorte d'émulation pour les tuer. Ils ne produisent que deux petits par portée, et cela n'arrive qu'une fois par an.

Il est vrai que, pendant l'hiver, quand la neige couvre la terre, on pourrait facilement suivre l'ours et le détruire ; mais il ne se montre pas et reste engourdi dans sa tanière, qui est soit une grotte, soit un arbre creux. Cela n'arrive souvent que dans les régions du nord, où il y a de la neige et où les hivers sont rigoureux. Dans ces pays, il disparaît pendant plusieurs mois, se cachant dans sa sombre tanière, et vivant, comme l'affirment les chasseurs, en suçant ses pattes.

Je n'essaierai pas cependant de corroborer cette assertion. Tout ce que je puis dire, c'est qu'il se retire dans sa cachotte aussi gras que du beurre, et en sort, au commencement du printemps, aussi maigre qu'un clou.

Il y a aussi, touchant les ours, un autre fait curieux qui explique pourquoi ils ne sont pas facilement exterminés ; le voici : On ne tue jamais les vieilles femelles pendant le temps de leur gestation, car on ne les rencontre jamais alors.

On dit qu'on ne pourrait trouver dans toute l'Amérique un chasseur qui se rappelât avoir tué une femelle pleine, soit de l'espèce noire, ou de celle grizzly. Ce n'est pas le cas avec les autres animaux tels que les renards et les loups, que l'on tue souvent avec toute une nichée de petits, exterminant ainsi d'un seul coup plusieurs de leur espèce.

L'ourse met ses petits au monde pendant l'hiver, dans l'endroit le plus retiré de quelque tanière où elle est restée cachée pendant tout le temps de sa gestation. C'est pourquoi elle n'est jamais, ou que très rarement, victime des chasseurs lorsqu'elle est pleine. Quand les petits sont assez grands pour sortir, elle les mène dehors, les soignant avec autant de tendresse qu'une mère ses enfans. Elle mourrait pour eux, n'importe quand, les défendant avec courage quand on les attaque.

On a dit que, de même que la mère des alligators, elle est souvent forcée de les défendre contre leurs féroces pères qui veulent les dévorer.

Je n'ajoute pas foi à cela.

Les ours noirs sont carnivores ; ils mangent du poisson, de la viande, de la volaille et des légumes ; ils aiment toutes les sortes de baies et les fruits doux ; ils se feraient tuer pour avoir du miel, grimpant sur les arbres où sont les abeilles et pillant leurs nids.

Ils creusent la terre pour y prendre des racines, telles que des noix de terre (2) et des navets de prairie ; ils lèchent gloutonnement les larves des insectes, montant sur de grosses souches pour les atteindre. Dans le Sud, ils fouillent le sable pour y trouver des nids de tortues ou d'alligators dont ils dévorent les œufs. Aux environs des établissemens, ils s'introduisent dans les champs et mangent quantité de jeune blé et de pommes de terre, faisant ainsi de grands ravages aux récoltes. Ils dévorent les cochons et autres animaux, qu'ils mangent, on peut dire, tout vivans, ne s'arrêtent par pour les tuer, et les dévorent en les mettant en pièces ; ils peuvent satisfaire leur faim avec des carcasses en putréfaction, ou même avec toute autre chose que les autres animaux refusent de manger.

Malgré la variété dégoûtante de la nourriture de l'ours noir, sa chair est très bonne à manger ; c'est un régal pour les Indiens et pour les chasseurs blancs, particulièrement ses grandes pattes grasses, qu'ils regardent comme morceau de choix. C'est sans doute pour cela qu'ils pensent que l'ours s'en nourrit lui-même, dans sa retraite, en les suçant l'hiver.

(1) Settler, colon fixé, du verbe *To Settler*, s'établir.
(2) Ground nuts.

Il y a plusieurs manières de prendre l'ours ; on le chasse avec des chiens dressés à cela. Quand on l'attaque ainsi, il court droit devant lui pendant une dizaine de milles, si ceux qui le poursuivent ne le serrent pas de trop près. Cependant, lorsqu'il est atteint, il se retourne et fait face aux chiens, et, si l'un d'eux s'approche assez près de lui, il l'étend à terre d'un seul coup de sa patte. Quoiqu'il semble, par la longueur de sa taille, ne remuer que lentement, il fait sur le terrain des détours bien plus rapidement qu'on ne le supposerait.

Il atteint facilement un homme à pied, quoiqu'un chasseur à cheval l'attrape aisément à la course avec ses chiens. Quand il voit qu'il ne peut échapper par la course, il se dirige vers un arbre, et, ayant grimpé très haut, essaie de se cacher au milieu des feuilles. Il n'y réussit pas toujours, car le fin odorat des limiers les guide à l'arbre au pied duquel ils s'arrêtent, aboyant et hurlant jusqu'à ce que les chasseurs arrivent. Ceux-ci, trouvant l'ours, manquent rarement de l'abattre avec leurs rifles ; s'il n'est alors que blessé, il combat avec fureur les chiens et les chasseurs ; ce n'est que dans cette occasion que l'ours noir attaque l'homme. Quand ce dernier le laisse tranquille, il ne lui fait jamais rien ; mais lorsqu'il est blessé ou attaqué, il devient un antagoniste dangereux. Des hommes ont été cruellement mutilés ou déchirés et ont pu à peine sauver leur vie ; d'autres ont été presque étouffés par son étreinte.

On emploie des pièges divers pour prendre l'ours noir, tels que des trappes de bois, des nœuds coulans attachés à de jeunes arbres courbes, des traquenards, des trappes de fer. Ces moyens réussissent beaucoup mieux avec lui qu'avec le lynx, le renard ou le loup.

Il serait facile de remplir un volume d'anecdotes et d'aventures dans lesquelles l'ours noir joue le principal rôle. On raconte bien des histoires sur ses habitudes particulières, dans les établissemens éloignés de l'Amérique ; quelques-unes sont vraies, d'autres sont remplies d'exagération ; mais nous n'avons pas le temps de nous y arrêter, et je vous ai seulement relaté les faits qui sont de nature à vous donner une idée des habitudes de cet animal.

La plupart de ces faits furent communiqués par Lucien à ses frères pendant qu'ils préparaient leur déjeuner, qui, comme ils étaient tous trois fort affamés, fut la première chose dont ils s'occupèrent. Le déjeuner se composait d'un quartier d'ourson qu'ils avaient débarrassé du poil en le flambant, et qu'ils avaient fait rôtir ensuite. Ils savaient que l'on gâte la viande d'ours, de même que celle de porc, en la dépouillant, et ils suivirent, pour la dépouiller la mode indienne. Ils mangèrent d'un bon appétit ; la chair de l'ourson, à la fois tendre et juteuse, avait un fumet qui tenait du jeune porc et du veau.

Marengo eut naturellement sa part du déjeuner, car on avait rejeté assez de morceaux pour emplir un grand panier. Cependant les pattes, qui lui seraient revenues s'il se fût agi d'un daim ou d'un buffalo, ne lui échurent point en partage ; nos jeunes chasseurs avaient déjà mangé des pattes d'ours, et se réservèrent naturellement pour eux-mêmes ces morceaux délicats.

Aussitôt que le repas fut fini et qu'ils eurent mené leurs bêtes à l'eau, les frères se réunirent pour tenir conseil. Il était nécessaire de décider ce qu'on ferait maintenant. Leur situation était bien changée ; Jeannette avait laissé tomber dans sa fuite toutes les provisions de viande sèche, de farine et de café, que les javalis avaient sans doute dévorées ou détruites ; ils ne devaient donc compter que sur leurs fusils pour les remplacer. La perte de leur tente ne les chagrinait guère, car on était au milieu de l'été, et coucher en plein air ne les effrayait pas ; mais être privés de leur café, cet objet de luxe si prisé des voyageurs des prairies, c'était pour eux un grand chagrin. Comme Basile le fit observer, il fallait se résigner à s'en passer. On ne pouvait pas tarder, au surplus, à rencontrer les buffalos, et les chasseurs passent volontiers sur bien des privations lorsqu'ils ont en abondance de délicieuses tranches de bosse.

Tous trois se réjouissaient à l'idée que la région des buffalos n'était plus éloignée, et espéraient qu'en continuant toujours vers l'ouest, ils apercevraient bientôt les grands troupeaux de ces animaux. En conséquence, ils résolurent d'agir prudemment. Ils avaient entendu dire que beaucoup de parties de la prairie étaient presque entièrement dépourvues de gibier. Avec cette perspective, ils n'avaient pas l'intention de laisser derrière eux la quantité de bonne viande que paraissait contenir la carcasse de l'ourse. Il fallait donc la faire sécher et la charger sur Jeannette, en place du fardeau dont elle s'était débarrassée. Basile et François se mirent à la découper, pendant que Lucien ramassait du bois sec pour allumer un grand feu. Ils avaient l'intention de rester là jusqu'au lendemain, la préparation de la viande devant au moins leur prendre un jour entier.

L'ourse fut bientôt dépouillée et coupée en tranches et en petites bandes, car c'est ainsi que l'on s'y prend pour *jerker* la viande, c'est à dire la mettre en état d'être conservée sans sel. On la prépare ordinairement en la suspendant simplement à des perches ou à des cordes exposées à un soleil ardent ; de cette manière, elle sèche suffisamment en trois jours, et ne risque plus de se gâter ; mais nos aventuriers ne voulaient pas être retenus si longtemps, et adoptèrent en conséquence un autre mode de préparation, qui consistait à la suspendre au-dessus du feu. Voici comment on s'y prend : on creuse en terre un trou peu profond, et on place en travers de ce trou des branches vertes parallèles entre elles ; on jette dans ce trou des cendres chaudes et du charbon à demi consumé, de manière à produire une chaleur considérable ; on pose alors sur les branches comme sur un gril des tranches peu épaisses, de manière à ce qu'elles soient séchées et à moitié rôties en même temps. On conserve plusieurs mois de la viande préparée de cette manière, et ce moyen est employé ordinairement par les Indiens et par les chasseurs lorsqu'ils n'ont pas le temps de la faire sécher régulièrement.

Le second ourson fut flambé et coupé sans être dépouillé comme on fait généralement pour le porc. Il fut rôti, afin d'être prêt à être mangé tout de suite, car ils avaient l'intention de le servir à table dans quelques heures.

Pendant que la viande séchait, Basile fit fondre un peu de graisse dans le chaudron, qui était heureusement un des ustensiles qui leur restaient ; il frotta avec cette graisse, qui est de la véritable graisse d'ours, les jambes de la pauvre Jeannette, presque pelées par les dents des javalies : elle en avait souffert depuis ce temps, et l'application de la graisse d'ours parut lui procurer un grand soulagement.

XX

AVENTURE NOCTURNE.

Quand la nuit arriva, les jeunes chasseurs se couchèrent près du feu. Comme l'air avait fraîchi tout à coup, ils s'étaient étendus les pieds tournés vers les branches allumées. C'est ainsi que font ordinairement les chasseurs quand ils dorment auprès du feu.

En général, quand les pieds sont chauds, le reste du corps conserve facilement sa chaleur ; mais quand au contraire les pieds sont froids, il est presque impossible de dormir. Ils n'eurent point à souffrir du froid et s'endormirent bientôt tous trois profondément.

Afin d'entretenir incessamment le foyer de cendre nouvelle, ils avaient conservé toute la journée un grand feu dont le rouge brasier pétillait encore. La viande était restée tout le jour sur les branches où on l'avait mise à sécher.

Ils n'avaient pensé ni l'un ni l'autre à veiller. Quand ils campaient pendant la nuit, dans leurs expéditions de chasse, sur les terres marécageuses de la Louisiane, ils ne s'étaient pas habitués à cela et ne le regardaient pas comme nécessaire. C'est uniquement par crainte des Indiens que les voyageurs des prairies font sentinelle pendant les longues nuits. Mais nos jeunes chasseurs les craignaient beaucoup moins qu'on ne le pourrait supposer. Il n'y avait encore eu, dans cette région, aucune hostilité entre les blancs et les Indiens ; de plus, Basile savait qu'il portait sur lui un signe d'amitié dans le cas où ces derniers les attaqueraient.

A peine étaient-ils endormis depuis une demi-heure, qu'un grognement de Marengo les éveilla. Ils se mirent tous sur leur séant et regardèrent avec anxiété à travers les ténèbres. Autour d'eux, rien d'extraordinaire. Les grands troncs des arbres et la longue mousse argentée brillaient à la lueur du feu qui flambait encore. Partout ailleurs, nuit noire et profonde. On n'entendait absolument rien ; pas un mouvement dans l'air ; les arbres, tranquilles et silencieux, semblaient endormis. Seulement, au milieu de leurs feuilles, sur leurs sommets élevés, résonnait le cri continu des grenouilles d'arbre *(hyloidea)* et des cigales. On distinguait aussi parmi leurs cris variés et nombreux, l'*ik-l-luk* du crapaud d'arbre *(hyla versicolore)*, et, du milieu des plantes aquatiques qui marquaient la ligne du ruisseau tout près de là, sortait le joyeux *tchirreup* du *hylodes gryllus*, ou grillon de la savane. Bien haut, cachée dans le feuillage des chênes, la petite grenouille verte répétait son cri semblable au tintement d'une sonnette et charmant à entendre ; mais tous ces bruits n'étaient que les voix ordinaires de la nuit, les voix des forêts du sud, ils ne faisaient aucune impression sur les chasseurs attentifs. A la vérité, le cri de l'*hyla*, par sa force et son insistance, les avertissait de l'approche d'une tempête, et l'obscurité du ciel au-dessus confirmait ce présage. Mais ce n'étaient pas ces bruits qui avaient provoqué le grognement sauvage de Marengo, et les enfans continuaient à prêter une oreille attentive pour découvrir ce que ce pouvait être.

Des points brillans en mouvement se détachaient sur les flancs sombres de la forêt. Des milliers d'insectes luisans se croisaient dans l'air, et leurs lampes phosphoriques, lumineuses plus que de coutume, annonçaient aussi l'approche d'une tourmente.

Pendant que les jeunes chasseurs regardaient ce spectacle, leur attention fut attirée par d'autres lumières, qui leur firent saisir leurs armes en toute hâte.

Celles-ci différaient beaucoup des premières ; elles étaient tout en bas, près de la surface du sol, rondes, d'un vert étincelant, et paraissaient en mouvement. On les voyait immobiles pendant quelques instans, puis elles disparaissaient pour reparaître immédiatement à une autre place. Elles étaient en grand nombre ; ce n'étaient pas des mouches luisantes.

Nos chasseurs avaient bien reconnu des yeux d'animaux, de bêtes féroces, mais ils n'en savaient pas davantage. Tous trois ignoraient quels animaux ce pouvait être, et cette incertitude les remplissait d'effroi. Ce pouvait être des ours, des wolverènes, des panthères.

Les enfans parlaient tout bas, examinant les amorces de leurs fusils, et se préparant au pire.

Assis qu'ils étaient dans le cercle de lumière du foyer, ils avaient été vus nécessairement par les animaux. Marengo restait à côté d'eux dans l'obscurité, poussant de temps en temps le grognement par lequel il avait l'habitude d'annoncer la présence d'un ennemi. Ces yeux brillans parurent se multiplier. Tout d'un coup, on entendit un chien pousser trois aboiemens distincts. — Était-ce donc un chien ? — Non. Le hurlement long et plaintif qui suivit fit reconnaître que l'animal n'était pas un chien, mais bien un loup, le loup aboyeur (*lupus latrans*).

Quand celui-ci s'arrêta, un autre reprit, puis un autre, jusqu'à ce que les bois retentissent entièrement de leurs affreux hurlemens. Les cris ne semblaient pas partir d'un seul endroit, mais de partout à la fois, et les enfans, en regardant dans les sombres percées, entre les troncs d'arbres, apercevaient autour d'eux un cercle d'yeux étincelans.

— Bah ! s'écria Basile rompant le silence, c'est tout bonnement un troupeau de loups de prairies. Qui donc prend garde à leurs hurlemens ?

Tous trois étaient rassurés ; ils n'avaient point à craindre les loups de prairies, qui, très féroces quand ils attaquent un pauvre daim ou un buffalo blessé, ont peur de l'homme et s'enfuient quand ils lui supposent l'intention de les attaquer. Cela arrive rarement du reste, car le chasseur de la prairie ne se soucie pas de perdre une balle sur un de ces animaux, qui souvent le suivent et viennent se mettre à la portée du rifle, autour de son camp, sans risque pour eux.

Les loups de prairies, beaucoup plus petits que les autres loups d'Amérique, ne sont pas plus grands que les bassets anglais, et sont aussi rusés que le renard. Il est très difficile de les prendre au piège ; mais on les force souvent avec des chevaux et des chiens ; ils sont d'une couleur rougeâtre, terne, mélangée de poils gris et blancs. Telle est leur couleur ordinaire ; mais, comme chez les autres animaux, il y a des variétés. Leur queue touffue, noire au bout, est à peu près longue comme le tiers de leur corps. Ils ressemblent aux chiens qu'on voit dans les prairies des Indiens et qui, en descendent certainement. On les trouve dans les régions situées entre le Mississipi et l'Océan Pacifique, et au sud du Mexique. Ils chassent en troupes comme les chacals et poursuivent les daims, les buffalos ou autres animaux dont ils espèrent se rendre maîtres. Ils n'osent pas attaquer les buffalos en troupes, mais ils les suivent en bandes nombreuses, et attendent qu'un traînard se détache, un jeune veau, par exemple, ou un vieux mâle ; alors ils se jettent sur lui et le mettent en pièces. Ils suivent des groupes de chasseurs ou de voyageurs, prennent possession des camps abandonnés, et dévorent les débris qu'ils trouvent. Ils s'introduisent quelquefois dans le camp pendant la nuit, et s'emparent des morceaux sur lesquels comptaient ces chasseurs pour leur déjeuner du lendemain. Ces vols exaspèrent parfois les chasseurs qui, devenant moins avares de leur poudre et de leur plomb, les poursuivent jusqu'à ce qu'ils en aient couché plusieurs sur le gazon.

Cette espèce de loups est la plus nombreuse de toutes celles de l'Amérique ; c'est pour cela même qu'ayant tant de bouches à remplir et tant d'estomacs à satisfaire, ils souffrent souvent de la faim. Alors, mais seulement alors, ils mangent des fruits, des racines et des légumes, enfin tout ce qui peut les empêcher de mourir d'inanition.

La qualification que l'on donne à ces loups vient de ce qu'on les rencontre principalement dans les grandes prairies de l'Ouest, où l'on trouve aussi d'autres espèces de loups américains. On les appelle quelquefois loups aboyeurs parce que, comme nous l'avons fait remarquer, les deux ou trois premiers sons de leurs hurlemens ressemblent à l'aboiement d'un chien. Ce hurlement se termine toutefois par un cri prolongé et désagréable.

— Je suis bien aise que ce soient des loups de cette espèce, dit Lucien, répondant à la remarque de Basile, nous en sommes quittes à bon marché. Je craignais que nos amis les javalies n'eussent eu l'idée de nous venir rendre visite.

— Ça n'est déjà pas trop amusant, dit Basile ; il faut maintenant rester éveillés et garder la viande, ou ces lâches chacals ne nous en laisseront pas un morceau pour demain.

— C'est vrai, reprit Lucien, mais nous n'avons pas besoin de veiller tous ; allez dormir, toi et François, et je monterai la garde.

— Non, répondit Basile, va, toi et François, c'est moi qui veillerai.

— Frères, dit François, je n'ai pas la moindre envie de dormir ; laissez-moi veiller, je les tiendrai à distance.

— Non ! non ! s'écrièrent Basile et Lucien à la fois. Moi ! moi !

On convint enfin que Basile monterait la garde pendant une couple d'heures environ, jusqu'à ce qu'il fût fatigué ; il devait alors éveiller Lucien, qui, à son tour, éveillerait François. Les choses étant ainsi arrangées, les deux derniers s'enroulèrent dans leurs couvertures et se recouchèrent, tandis que Basile s'assit à part, tantôt regardant le feu, tantôt cherchant à percer l'obscurité.

Lucien et François, malgré l'affirmation de celui-ci, ronflèrent bientôt comme des toupies d'Allemagne. Ils avaient dû se lever de bonne heure la veille pour préparer leur viande d'ours, et, ayant travaillé tout le jour, ils étaient fatigués ; aussi purent-ils dormir au milieu de hurlemens capables de tenir éveillé un fumeur d'opium. Basile était aussi las qu'eux, et il éprouva bientôt combien il est difficile de résister au sommeil quand on meurt d'envie de dormir.

Les yeux des loups continuaient à briller de toutes parts ; mais Basile ne les craignait pas plus qu'il n'eût craint des lièvres. Ils semblaient pourtant fort nombreux. L'odeur de la chair d'ours en avait attiré de plusieurs milles à la ronde, qui étaient venus se joindre à ceux qui avaient suivi nos chasseurs les jours précédens. Tandis que Basile les surveillait, il s'aperçut qu'ils devenaient plus hardis et s'approchaient de plus en plus. A la fin, quelques-uns arrivèrent à la place, assez éloignée du feu, où étaient les os de l'ours ; ils s'en emparèrent, et Basile put voir, malgré l'obscurité, une quantité d'autres loups s'élancer de tous les points pour partager la proie. Il entendit craquer les os sous leurs dents, et vit leur masse mouvante se disputant les lambeaux du squelette. Ce fut bientôt fait ; en un clin d'œil les os furent nettoyés ; les loups les abandonnèrent et s'éparpillèrent comme auparavant.

— Allons, se dit Basile, il faut que je fasse du feu, autrement ils pourraient bien venir sur moi. Il se leva et jeta sur les tisons quelques brassées de bois, dont la flamme se réfléchit dans une douzaine de paires d'yeux jaunes, tout autour de lui. Ceci contribua à le tenir éveillé ; mais il s'assit de nouveau auprès du feu et finit par retomber dans son engourdissement précédent ; bientôt sa tête alla de droite à gauche, et chaque fois qu'il sursautait, il remarquait que les loups s'étaient approchés de plus en plus. Il aurait bien pu en tuer quelques-uns et les écarter ainsi pour quelque temps, mais il ne voulait ni perdre ses munitions, ni éveiller ses compagnons.

Comme il méditait sur la meilleure manière de se tenir éveillé, une idée lui vint, et il se dressa sur ses pieds pour la mettre à exécution.

— J'ai mon affaire, se dit-il à lui-même, plaçant son fusil contre un arbre ; je vais pouvoir faire un bon somme, en dépit de ces maudits hurleurs ! Faut-il n'y pas avoir songé plus tôt !

Il prit un lasso, alla vers la provision de viande séchée, plaça tous les morceaux sur le bout de la corde, ce qui ne lui prit pas grand temps ; puis il en fit un paquet serré, et jeta l'autre bout du lasso par-dessus une haute branche, de manière à ce qu'il retombât de l'autre côté, assez bas pour être facilement atteint. Il tira la corde, élevant ainsi le paquet en l'air, à environ une dizaine de pieds de terre, et attacha l'extrémité à un tronc d'arbre.

— Maintenant, messieurs, murmura-t-il, s'adressant aux loups, vous pouvez rôder et hurler tant qu'il vous plaira ; mais vous ne me priverez pas plus longtemps de mon repos.

Ce disant, il se recoucha et s'enveloppa dans sa couverture.

— Ha! dit-il, voyant quelques-uns de ces animaux s'avancer et regarder en l'air la viande qui pendait; ha! ha! messieurs les loups, comptez-vous l'attraper? ha! ha! ha!... bonne nuit!

Ainsi parlant et riant, il s'étendit auprès de ses frères et, en moins de cinq minutes, il ronfla profondément.

Mais Basile, avec toute sa finesse, n'était pas en cette circonstance aussi rusé qu'il le pensait; il l'était bien moins que les loups qu'il croyait pouvoir narguer. Ces derniers, voyant qu'il était endormi, s'approchèrent de plus en plus hardiment, jusqu'à ce qu'une vingtaine d'entre eux eût atteint l'endroit où pendait la viande. Ils couraient çà et là, se jetant les uns sur les autres, le nez levé mais sans dire mot, de peur d'éveiller les dormeurs. Quelques-uns s'assirent tranquillement, les yeux fixés sur le paquet tentateur, mais ne faisant aucun effort pour l'atteindre, sachant bien qu'il était hors de leur portée. Ceux-là étaient certainement les plus vieux et les plus sages; d'autres sautaient pour éprouver leurs forces; mais les plus lestes parvenaient seulement à approcher leur nez de la viande, qui les tantalisait d'autant plus.

Un d'eux, qui semblait le meilleur sauteur de la troupe, parvint à attraper un petit morceau de viande qui pendait plus bas que le paquet; les autres sautèrent sur lui aussitôt qu'il eût touché terre, le poursuivirent et l'attaquèrent jusqu'à ce qu'il eût lâché le morceau pour se sauver lui-même. Son succès enhardit les autres; ils recommencèrent à sauter, mais sans plus de succès qu'auparavant.

Une idée nouvelle sembla se faire jour dans la cervelle des plus vieux, qui, jusqu'alors, étaient restés assis; quelques-uns coururent vers le tronc où le lasso était attaché, et, saisissant ce dernier avec leurs dents, ils commencèrent à le ronger. Il ne leur fallut pas grand temps pour atteindre leur but; en moins de deux minutes, la masse pesante tomba sur les épaules d'un des leurs, qui se mit à hurler de frayeur.

Marengo, qui avait été témoin de toute la scène, aboya plus fort que jamais, et le bruit éveilla nos trois dormeurs. Basile vit ce qui s'était passé : se levant aussitôt, il saisit son fusil et courut, suivi de François et de Lucien.

Tous trois s'élancèrent au milieu des loups, faisant feu tout en courant et les frappant avec la crosse de leurs fusils. Ces animaux s'enfuirent dans toutes les directions ; mais quelques-uns, dans leur fuite, réussirent à emporter des morceaux de viande. Deux furent tués, et un troisième, que François avait criblé de plomb, fut pris et mis en pièces par Marengo.

On eut bientôt ramassé la viande, et Basile, qui quoique assez mortifié, avait encore foi dans son moyen, enveloppa de nouveau le paquet de viande dans le lasso, et l'éleva en l'air. Cette fois, cependant, il attacha la corde à la plus haute branche de l'arbre, et comme les loups ne savent pas grimper, on se regarda comme certain que, malgré toute leur finesse, ils ne pourraient pas y atteindre.

Après avoir remis du bois au feu, les trois frères reprirent leurs couvertures, pensant que rien ne viendrait plus les troubler jusqu'au matin.

XXI

LE CERCLE DE FEU.

Vaine espérance ! Pauvres garçons ! ils ne savaient pas ce qui les attendait. Une épreuve plus rude que toutes celles passées leur était réservée.

Les loups hurlaient avec fureur tout autour du camp, et leurs yeux brillaient encore dans l'obscurité; mais cela n'aurait pas empêché les enfans de dormir, si la voix d'une créature bien différente n'eût attiré leur attention. Ils la distinguèrent au milieu des hurlemens des loups, et la reconnurent à l'instant, car elle avait un accent tout autre.

On aurait dit le cri d'un chat en colère, mais beaucoup plus fort, plus sauvage et plus terrible. C'était le rugissement du couguar.

Les jeunes chasseurs, ai-je dit, le reconnurent aussitôt. Ils l'avaient entendu auparavant, quand ils chassaient dans les forêts de la Louisiane, bien qu'ils n'eussent jamais été exposés à l'attaque de cet animal. Ils avaient entendu parler de sa force et de sa férocité; ce rugissement les effraya, comme il avait effrayé avant eux des hommes plus éprouvés.

Quand ce cri frappa leurs oreilles pour la première fois, il semblait faible et éloigné, guère plus fort que le miaulement d'un petit chat; l'animal était évidemment loin dans la forêt; mais ils savaient qu'il n'avait pas besoin de beaucoup de temps pour traverser l'espace qui le séparait de leur camp; ils écoutèrent : un second cri se fit entendre, plus rapproché. Ils sautèrent sur leurs pieds, écoutant toujours; le troisième cri leur parut plus éloigné; ceci était le résultat d'une fausse appréciation. Ils oubliaient que leurs oreilles étaient plus éloignées de terre.

Ils restèrent immobiles un moment, se regardant avec terreur.

— Que faire?

— Monterons-nous à cheval pour nous enfuir? demanda Basile.

— Nous ne savons de quel côté aller, répondit Lucien. Nous courons risque d'aller nous jeter dans sa gueule.

C'était assez probable, car c'est un fait singulier que le cri du couguar, de même que le rugissement du lion, semble venir de tous les côtés à la fois. Il est difficile de dire dans quelle direction se trouve l'animal qui l'a poussé. Cette illusion provient-elle de la frayeur de celui qui l'entend? C'est une question qui est encore à résoudre.

— Que faire? demanda Basile. Il est inutile de monter sur un arbre, ces animaux grimpent comme des écureuils. Quel parti prendre?

Lucien gardait le silence ; il semblait réfléchir.

— J'ai lu, dit-il enfin, que le couguar ne traverse pas le feu; il en est ainsi de presque tous les animaux, mais il y a des exceptions. Essayons de ce moyen. Chut! écoutez !

Tous trois firent silence : le cri sauvage du couguar retentit de nouveau, mais encore éloigné.

— Vous entendez, continua Lucien ; il est encore loin, peut-être ne vient-il pas par ici; il vaut mieux cependant nous préparer pendant que nous avons le temps. Essayons du *cercle de feu!*

Basile et François avaient compris. Ils jetèrent tous trois leurs rifles, et se précipitant au milieu des arbres, ramassèrent du bois sec à pleines brassées ; heureusement, il s'en trouvait en abondance près de là. Quelques arbres morts étaient tombés depuis longtemps, et leurs branches, brisées en morceaux par la chute, couvraient la terre de nombreux débris, excellens pour faire du feu. Il n'y avait pas besoin de recourir à l'amadou, le grand foyer brûlant encore ; et, en quelques minutes, un cercle complet de feux, se touchant presque l'un l'autre, dardait ses flammes de toutes parts.

Les enfans n'avaient point perdu de temps, travaillant pour conserver leur vie. Ils purent s'estimer heureux de s'être ainsi dépêchés, car les cris du couguar, qu'ils avaient entendus par intervalles, de plus en plus forts chaque fois, résonnaient maintenant sur la lisière de la forêt, dominant tous les autres bruits. Chose étrange ! les hurlemens des loups avaient cessé tout à coup ; silence absolu de ce côté, mais un autre bruit se faisait entendre : le piétinement précipité et le hennissement des chevaux effrayés. Jusqu'à ce moment, les jeunes chasseurs n'avaient pas pensé à mettre ces pauvres bêtes en sûreté; il était maintenant trop tard pour leur porter secours, le couguar n'était pas à plus de cent yards du camp.

Tous trois, avec Marengo, se placèrent au milieu du cercle de feu ; heureusement il ne faisait pas de vent, pas un souffle, et la fumée, qui s'élevait verticalement, leur faisait de la place pour respirer. Ils se tenaient là, le fusil à la main. Tout autour d'eux les feux flambaient et pétillaient ; le cri sauvage du couguar dominait l'explosion des nœuds du bois et le sifflement des gaz qui s'en échappaient. On pouvait maintenant reconnaître de quel côté venait l'animal ; car, en regardant à travers les flammes et la fumée, les jeunes chasseurs distinguaient son corps jaunâtre, semblable à celui d'un chat, s'agitant au-dessous de la viande qui pendait à l'arbre. On voyait distinctement sa tête ronde, son dos long et cambré, sa peau unie et couleur de tan. Comme pour ajouter au danger de leur situation, les enfans s'aperçurent qu'il y avait non pas un, mais un couple de ces terribles animaux ; ils allaient de ci et de là, se croisant, et les yeux ardemment fixés sur la viande suspendue.

Ils reconnurent alors la faute qu'ils avaient commise en ne coupant pas la courroie qui retenait la viande. Les couguars, trouvant cette proie à terre, l'auraient sans doute dévorée, et, leur appétit satisfait, se seraient ensuite éloignés. Hélas ! il était maintenant trop tard pour y penser.

Pendant quelques instans, les animaux continuèrent à se promener à droite et à gauche, regardant fixement l'objet tentateur qui pendait au-dessus d'eux. Ils s'élancèrent plusieurs fois pour le saisir ; mais, voyant l'inutilité de leurs efforts, ils renoncèrent à ce moyen. Un d'eux monta alors sur l'arbre où était attaché le lasso ; on entendait le grincement de ses griffes s'accrochant à l'écorce pendant qu'il montait. Il grimpa d'abord sur la branche où était suspendue la viande d'ours, et la secoua avec force, regardant en bas pour voir si la proie tombait. Un instant après, il la quitta désappointé, et descendit à l'autre branche, où était attaché le lasso, qu'il saisit avec ses griffes et secoua violemment, mais sans plus de succès.

Il avait bien de plus que les loups la faculté de monter aux arbres, mais il n'avait pas leur finesse, autrement il aurait bientôt fait tomber la viande en coupant la corde avec ses dents. Cette idée exigeait un développement d'esprit dont il n'était pas doué.

Après avoir saisi plusieurs fois le lasso et l'avoir secoué comme auparavant, il revint à terre près de son compagnon, qui, pendant tout ce temps, était resté simple spectateur.

Les efforts pour atteindre la viande employèrent presque une heure. Pendant ce temps, les enfans, placés au milieu du cercle de feu, étaient dans la position la plus pénible, à demi rôtis par la chaleur, qui devenait plus intense à mesure que les branches noires se transformaient en braise rouge. Ils avaient fait leur cercle trop petit, et se trouvaient au milieu d'une fournaise ardente.

La fumée s'était en partie dissipée, et ils pouvaient suivre tous les mouvemens des couguars ; mais la chaleur terrible à laquelle ils étaient exposés devenait plus redoutable pour eux que les bêtes féroces. Peu s'en fallut qu'ils ne s'élançassent pour leur livrer combat. La sueur leur sortait par tous les pores, et leurs fusils les brûlaient comme des barres de fer rouges.

— Je ne peux pas supporter cela plus longtemps, s'écria Basile, faisons feu, élançons-nous, risquons-nous.

— Patience, frère, dit Lucien, attends encore un instant, peut-être vont-ils s'en aller.

Pendant que Lucien disait ces mots, les couguars, qui avaient abandonné la viande d'ours, s'approchaient doucement du feu. Ils avançaient lentement, comme des chats qui guettent une proie.

Des sons étranges sortaient de leur gorge, tantôt semblables à la faible toux d'une poitrinaire, tantôt, chose qui étonna bien plus nos chasseurs, imitant le ron-ron d'un chat que l'on caresse, mais beaucoup plus fort. Au milieu du silence qui régnait alors dans la forêt, on aurait pu l'entendre à une grande distance. Ceux qui étaient tout près ne l'entendaient que trop ; les deux animaux semblaient s'encourager l'un l'autre à approcher ; ils s'avançaient en rampant et en remuant la queue. Quand ils furent arrivés à quelques pieds du feu, ils s'arrêtèrent, se baissèrent et s'étendirent presque de tout leur long, se préparant évidemment à s'élancer. A voir ces terribles créatures ainsi en arrêt, il y avait de quoi frémir. La lumière du grand feu les éclairait tout en plein. On voyait distinctement leurs griffes, leurs dents à moitié découvertes, et même l'iris clair de leurs yeux étincelans. Mais la disposition d'esprit de nos jeunes gens était changée, et ils les considéraient avec moins d'effroi. Leur situation, de plus en plus intolérable, leur faisait envisager tout autre danger comme moins redoutable que celui du feu. Ils aimaient mieux braver les griffes des couguars.

— J'en ai assez, s'écria Basile, nous allons être entièrement rôtis. Vous, frères, chargez-vous de celui-là, moi, je vais viser celui-ci ; allons, à nous. N'ayez pas peur, feu !

Sur ce dernier mot, les trois détonations n'en firent qu'une, et tous trois sautèrent par-dessus le brasier. On ne sut que plus tard ce qu'il était advenu des coups de fusil de Lucien et de François ; mais Basile n'avait pas manqué le sien. Il avait blessé l'animal, qui, au moment où nos jeunes gens sortaient du cercle embrasé, s'y élança furieux et se débattit dans les convulsions de l'agonie. Marengo l'attaqua bravement, mais, tous deux ayant roulé dans le brasier rouge, le chien en eut bientôt assez. Le couguar, abandonné à lui-même, cessa bientôt de s'agiter, et demeura étendu sur la terre, mort, selon toute apparence.

Mais qu'était devenu l'autre ?

Tous trois prêtèrent l'oreille ; les hennissemens et le piétinement précipité de leurs chevaux se firent entendre, dominés pas les cris de détresse de la mule Jeannette. Le bruit dura quelques minutes, puis tout rentra dans le silence.

— Pauvre Jeannette ! pensèrent-ils, l'autre couguar l'a dévorée. Allons, il faut nous résigner à sa perte.

Ils se tinrent éveillés jusqu'au jour, dans la crainte perpétuelle que l'animal ne revint chercher son compagnon. La pluie, qui avait commencé depuis quelque temps, tombait par torrens et avait éteint les feux. Ils ne cherchèrent pas à les allumer, et restèrent enveloppés de leurs couvertures, s'abritant de leur mieux sous les arbres. Quelle ne fut pas leur surprise et leur joie quand, à l'aube du jour, ils virent Jeannette broutant tranquillement au bout de sa corde, et, tout à côté d'elle, le corps du couguar étendu mort à terre. Il avait été atteint par les balles, mais ce n'était pas là, comme ils le reconnurent bientôt, la cause de sa mort, car son corps était écrasé et ses côtes brisées. Tout d'abord ils n'y purent rien comprendre, mais enfin tout s'expliqua pour eux. La situation dans laquelle ils trouvèrent l'animal leur permit d'éclaircir ce mystère : il était étendu au pied d'un grand arbre, contre lequel, sans aucun doute, il avait été écrasé.

Dans sa retraite, il avait dû s'élancer sur Jeannette, et cette dernière, en s'efforçant de lui échapper, s'était jetée violemment contre l'arbre, dans l'obscurité, et le couguar, écrasé, avait été tué sur le coup !

Le féroce animal avait laissé les empreintes de ses griffes sur le dos et le garrot de Jeannette ; une blessure profonde à sa gorge indiquait la place où les dents du couguar s'étaient enfoncées.

Fort heureusement pour la mule, elle avait heurté l'arbre en se débattant, autrement le couguar ne l'aurait pas lâchée qu'il n'eût bu tout le sang de ses veines, car c'est ainsi que ces animaux tuent leur proie.

Le jour était venu ; mais nos jeunes chasseurs, étant

restés éveillés presque toute la nuit, se trouvaient fatigués et auraient eu besoin de repos. Cependant ils ne jugèrent pas prudent de se recoucher. L'endroit de la forêt où ils se trouvaient paraissait rempli d'animaux dangereux, et ils résolurent de lever le camp et de s'éloigner autant que possible de cette place avant la nuit.

Ils étaient en effet sur un cours d'eau bordé de bois, un des affluens de la Trinité, et, comme cette dernière, dans cette saison, était débordée, tous les animaux sauvages, ours, couguars, loups, lynx et javalis avaient été chassés des bas fonds et rôdaient dans les forêts adjacentes plus affamés et plus féroces que jamais.

Après avoir sellé leurs chevaux et mis sur le dos de Jeannette leurs peaux, leurs couvertures et leurs provisions, nos jeunes aventuriers continuèrent leur route à l'ouest.

Après avoir couru quelques milles, ils sortirent des bois et s'élancèrent dans la prairie ouverte.

XXII

LE MONTICULE ISOLÉ.

La route que suivaient nos jeunes chasseurs traversait un de ces charmans paysages que l'on ne rencontre que dans cette partie du sud, *une prairie de fleurs*.

Ils voyageaient au milieu des fleurs; de tous côtés, à perte de vue, des fleurs, toujours des fleurs!

Les plus brillantes corolles couvraient entièrement la prairie; c'étaient les soleils dorés (*hélianthe*), les mauves rouges, les euphorbes et les *lupins pourpres*; c'étaient les fleurs roses de l'althéa sauvage, et l'orangé brillant des pavots de Californie, étincelant au milieu des feuilles vertes comme autant de boules de feu, tandis que plus bas, près de terre, croissaient les humbles violettes, semblables à des turquoises.

Un soleil glorieux éclairait cet admirable tableau. La pluie récente avait lavé les fleurs, et semblait avoir ajouté à leur parfum et à leur éclat. Des milliers de papillons voltigeaient au-dessus ou se reposaient dans le doux lit des calices, non moins brillans que les fleurs elles-mêmes. Quelques-uns de ces papillons, de la plus grande dimension, étalaient leurs ailes veloutées, tachetées ou rayées de nuances magnifiques et variées; d'autres insectes brillant, de mille couleurs, réjouissaient la vue. La mouche-araignée géante volait tout autour, tantôt immobile sur ses ailes bourdonnantes, et tantôt s'élançant comme l'éclair vers quelque autre partie de ce jardin sans bornes. On voyait aussi des abeilles et des oiseaux-mouches, bourdonnant d'une fleur à l'autre, suçant leur doux nectar. De temps en temps, des perdrix et des coqs de bruyère s'envolaient sous le nez des chevaux, et François, ayant réussi à tuer une paire de ces derniers, les plaça derrière sa selle.

Nos voyageurs chevauchaient à travers ces grands lits de fleurs, et plus d'une magnifique corolle périssait écrasée sous le sabot de leurs chevaux, qui, parfois, disparaissaient jusqu'aux épaules au milieu des grandes tiges droites et serrées comme les épis de blé.

De temps en temps, ils traversaient des champs d'hélianthes, dont les larges disques, frottant contre leurs jambes, les couvraient de pollen jaune.

C'était un rare et magnifique paysage; mais la fatigue et le besoin de sommeil empêchaient nos jeunes chasseurs d'en jouir. Le parfum des fleurs sembla d'abord les rafraîchir; mais bientôt, sous leur influence narcotique, ils se sentirent plus accablés et plus engourdis que jamais; ils avaient bien envie de faire halte, mais il n'y avait point d'eau, et, sans eau, point de campement possible.

Il n'y avait pas non plus d'herbe pour leurs bêtes; car, chose étrange, dans ces sortes de prairies, l'herbe est excessivement rare. Les tiges des fleurs s'emparent du sol et ne laissent place à aucune autre végétation. Nos voyageurs furent donc forcés de continuer leur route jusqu'à ce qu'ils eussent atteint un endroit pourvu d'herbe et d'eau, deux choses indispensables pour un campement de nuit.

Quand ils eurent fait environ dix milles, les fleurs commencèrent à devenir plus rares, et le jardin fit peu à peu place à la prairie proprement dite. Deux ou trois milles plus loin, nos jeunes aventuriers atteignirent un cours d'eau qui serpentait à travers la plaine, et dont les bords étaient complétement dépourvus d'arbres, à l'exception de quelques saules.

Ce fut avec une grande joie qu'ils s'arrêtèrent là pour la nuit, et leurs chevaux s'attaquèrent à la pelouse au milieu de laquelle on les avait attachés.

Tous trois étaient fatigués et se seraient endormis volontiers; mais la faim les tourmentait autant que le sommeil, et, comme il convenait de commencer par manger, ils se mirent aussitôt à préparer leur dîner. Les saules verts brûlaient difficilement, mais, à force de persévérance, ils parvinrent à faire du feu.

Les coqs de bruyère de François furent mis dans la marmite, et, grâce à un assaisonnement d'oignons sauvages et de navets de prairies que Lucien avait ramassés le long de la route, ils composèrent un plat qui n'était pas sans mérite. La provision de viande d'ours fut respectée, sauf un petit morceau, qui, avec les têtes et les autres morceaux de rebut des coqs de bruyère, formèrent le dîner de Marengo.

Aussitôt leur repas fini, les chasseurs étendirent sur l'herbe leur peaux de buffalos, et, ramenant sur eux leurs couvertures, ils se laissèrent aller à un profond sommeil.

Cette nuit, rien ne vint les troubler. Ils entendirent avant de s'endormir les hurlemens des loups au loin dans la prairie et près de leur camp; mais ils étaient accoutumés à ces sortes de sérénades et ne s'en inquiétaient pas. Ils dormirent tous trois à poings fermés pendant toute la nuit.

Dès la pointe du jour, ils s'éveillèrent et se sentirent rafraîchis; ils menèrent leurs chevaux à l'eau, et préparèrent leur déjeuner, composé de viande d'ours. En toute circonstance, la viande d'ours forme une nourriture qui n'est pas à dédaigner; mais, pour des appétits comme les leurs, c'était quelque chose de véritablement succulent. En peu d'instans, ils en eurent dévoré près d'une livre chacun. La bonne humeur leur était revenue. Marengo semblait tout joyeux, quoique les griffes des couguars eussent pitoyablement abîmé sa physionomie. Jeannette aussi se trémoussait gaiement, chassant les mouches et broutant; Basile lui avait appliqué aux jambes une nouvelle couche de graisse d'ours, et les blessures que lui avait faites le couguar étaient en voie de se cicatriser.

Ils passèrent toute la journée suivante près du ruisseau, et prirent une seconde nuit de repos. Après quoi ils se remirent en route et atteignirent, en peu de jours, les *cross timbers*, ces célèbres massifs d'arbres qui ont été si longtemps un sujet d'embarras pour les naturalistes.

Nos voyageurs ne s'y arrêtèrent pas longtemps, n'y voyant aucun indice du voisinage des buffalos; ils continuèrent à marcher vers l'ouest, traversant les sources des nombreux cours d'eau qui vont se jeter dans le Brazos.

Environ trois jours après avoir quitté les *cross timbers*, ils établirent leur camp sur le bord d'un de ces cours d'eau, un très petit qui serpentait à travers la prairie, sans aucun arbre sur ses rives; mais nos voyageurs pouvaient se passer de bois, ayant pour faire du feu un combustible dont la vue les avait rendus très joyeux pendant toute la marche de ce jour : c'était le bois de vache ou *copeaux* de buffalos, comme l'appellent les trappeurs, et ils savaient que là où l'on en trouve, les buffalos ne sont pas loin. Ils étaient enfin arrivés dans la région de ces animaux, et pouvaient espérer en rencontrer d'un moment à l'autre.

Aussitôt que le jour parut, le lendemain, nos chasseurs

explorèrent des yeux la prairie; mais il n'y avait encore aucun buffalo en vue.

On ne voyait rien que la plaine, verte et dépourvue d'arbres, s'étendant de tous côtés et limitée seulement par le ciel. Un seul objet rompait la monotonie de l'horizon, s'élevant sur la surface de la prairie, plane comme la mer, c'était une de ces éminences appelées buttes dans le langage des chasseurs.

Elle paraissait à dix milles au moins de distance: on n'en voyait aucune autre; ses flancs escarpés se dressaient, comme des rochers à pic, au-dessus du niveau de la prairie. Elle se trouvait sur le prolongement de la ligne suivie jusque-là par nos jeunes gens.

— Y allons-nous? se demandèrent-ils entre eux.

— Quoi de mieux à faire? dit Basile; nous avons autant de chances de rencontrer les buffalos de ce côté-là que d'un autre. Nous n'avons rien maintenant qui puisse nous guider; il faut donc nous confier à notre bonne fortune. Puisse-t-elle bientôt nous conduire à eux, ou les amener à nous, ce qui, je pense, reviendrait au même.

— Oh! montons à cheval et gagnons la butte, proposa François, nous pouvons y rencontrer des buffalos.

— Mais que ferons-nous si nous ne trouvons pas d'eau? fit observer le prudent Lucien.

— Cela n'est pas probable, répondit François, je parierais qu'il y a de l'eau; on en trouve généralement près des montagnes, je crois, et cette butte là-bas me semble mériter le nom de montagne. Bien sûr, il y a de l'eau.

— Dans le cas contraire, ajouta Basile, nous pourrons revenir ici.

— Mais, frères, dit Lucien, vous ne savez pas à quelle distance est cette butte?

— Dix milles, je pense, dit Basile.

— Certainement, pas plus, ajouta François.

— Elle est à trente milles d'ici, tout au moins, dit tranquillement Lucien.

— Trente! s'écrièrent les autres, trente milles! Tu veux rire, n'est-ce pas! Je pourrais presque la toucher de la main.

— C'est une illusion, répondit le philosophe. Vous calculez les distances comme vous le feriez dans l'atmosphère épaisse de la Louisiane : faites attention que vous êtes à quatre mille pieds au-dessus du niveau de la mer, et entourés de l'atmosphère la plus pure, la plus transparente du monde. La portée de la vue est ici double de ce qu'elle est sur les rives du Mississipi. Cette butte, que vous croyez éloignée de dix milles seulement, me paraît l'être de quinze. Je calcule donc qu'elle est au moins à trente milles de nous.

— C'est impossible, s'écria Basile regardant la butte, je distingue les fentes des rochers sur ses flancs, et je crois même voir les arbres qui croissent sur son sommet.

— Eh bien! continua Lucien, malgré tout cela, tu verras que je ne me trompe pas de beaucoup. Mais allons-y, puisque vous le désirez. Nous rencontrerons de l'eau, je suppose. Faites attention, cependant; il nous faudra voyager tout le jour avant d'y arriver, et nous devrons nous estimer heureux si nous pouvons l'atteindre avant la nuit.

La prudence de Lucien n'était pas exagérée; au contraire, elle péchait par défaut en cette occasion. Cela tenait à ce qu'il n'avait pas l'expérience des prairies. Si lui ou ses frères en avaient eu un peu plus, ils auraient hésité à s'avancer si témérairement, laissant l'eau derrière eux. Ils auraient su qu'entreprendre un long voyage sans la certitude de trouver de l'eau au but, constitue un risque que les vieux chasseurs eux-mêmes se décident rarement à courir. Ceux-ci connaissent par expérience le danger de se trouver sans eau sur la prairie. Pour eux, ce danger est plus redoutable que la rencontre des ours gris, des panthères, des wolverènes ou même des Indiens ennemis. Rien n'est aussi terrible à leurs yeux.

Nos jeunes chasseurs n'éprouvaient cette crainte qu'à un faible degré; ils avaient bien entendu parler des souffrances que le manque d'eau fait endurer au voyageur des prairies; mais les gens qui vivent chez eux en famille, entourés de sources, de puits et de cours d'eau, avec des citernes, des réservoirs, des canaux, des cuves, des bassins, des jets d'eau et des fontaines constamment en jeu autour d'eux, ne savent pas apprécier la mesure de ces souffrances, et même, pourrai-je dire, sont trop portés à n'ajouter que peu de foi à ce qui se passe en dehors de la sphère de leurs propres observations. Ils croiront aisément que leur chat peut ouvrir un loquet de porte, que leur cochon peut apprendre à jouer aux cartes, et que leur chien peut faire des choses merveilleuses, des choses supposant beaucoup plus que de l'instinct; mais ces mêmes gens secoueront la tête avec incrédulité quand je leur raconterai que l'opossum échappe à un ennemi en se tenant suspendu par la queue à une branche d'arbre; que le bighorn franchit un précipice en se laissant tomber sur ses cornes, ou que les singes rouges savent faire un pont au-dessus d'une rivière, en s'attachant les uns aux autres au moyen de leurs queues.

— Oh! c'est une absurdité, s'écrieront-ils; c'est trop extraordinaire pour être vrai; et cependant, si l'on compare ces choses aux tours que peuvent accomplir leurs chats et leurs chiens, ou même le petit serin qui vole dans leur salon, pourront-elles paraître étranges ou invraisemblables ?

On accueille toujours avec étonnement ou incrédulité les choses qui se sont passées au loin, que l'on n'a pu voir, tandis que les faits habituels, bien plus surprenants par eux-mêmes, n'excitent ni la curiosité, ni la surprise. Qui considère maintenant comme étonnant le phénomène du fil électrique?

Et cependant, il y eut un temps, oui! il fut un temps où, pour avoir proclamé cette vérité, on eût encouru les moqueries universelles. Il y eut même un temps où cela aurait pu coûter la vie ou la liberté. Rappelez-vous Galilée!

Je disais donc que les personnes qui ne sortent pas de chez elles ne savent pas ce que c'est que la soif; car le chez-soi est un lieu où il y a toujours de l'eau. Elles ne peuvent comprendre ce que c'est que de se trouver dans le désert sans cet élément nécessaire. Ah! je le sais, moi, et je vous le dis, c'est une redoutable chose!

Nos jeunes chasseurs n'avaient qu'une faible idée de ces souffrances. Jusqu'ici leur route avait traversé des régions bien pourvues d'eau. Ils n'avaient presque jamais parcouru dix ou douze milles sans rencontrer quelques cours d'eau bordé d'îlots d'arbres, qu'ils avaient pu apercevoir de loin, et vers lesquels ils se dirigeaient à coup sûr pour asseoir leur campement. Mais ils connaissaient peu la nature du pays qui s'ouvrait maintenant devant eux; il ne savaient pas qu'ils entraient alors dans les prairies désertes, ces immenses steppes arides qui s'étendent jusqu'au pied des montagnes Rocheuses, les Cordillières des Andes du Nord.

François, téméraire et impétueux, ne pensait jamais au danger; Basile, courageux, le méprisait; Lucien seul avait quelques inquiétudes, parce que ses conversations ou ses lectures l'avaient instruit davantage à ce sujet.

Tous trois cependant désiraient visiter l'étrange éminence qui, semblable à une montagne, s'élevait sur la plaine. C'était tout naturel. Souvent le sauvage ou le trappeur le plus positif se détournent de leur route, poussés par une curiosité semblable.

Nos jeunes aventuriers abreuvèrent et sellèrent leurs chevaux; ils chargèrent Jeannette, emplirent leurs gourdes, et, s'étant mis en selle, se dirigèrent vers la *butte*.

XXIII

CHASSE AU CHEVAL SAUVAGE.

— Il doit y avoir des buffalos dans le voisinage, dit Basile regardant à terre comme ils s'avançaient. Ces copeaux sont tout frais ; il n'y a pas longtemps qu'ils sont ici. Voyez ! voilà une route de buffalos couverte d'empreintes.

En disant ces mots, il montrait un creux en forme de sillon, qui se prolongeait aussi loin que la vue pouvait s'étendre. Ce creux ressemblait au lit desséché d'un cours d'eau ; mais les empreintes de sabots qui en couvraient le fond prouvaient que c'était, comme l'avait dit Basile, une route de buffalos conduisant sans doute à quelque rivière ou abreuvoir. Ce sillon était si profond qu'en le suivant nos voyageurs avaient la tête au niveau de la prairie. Il avait été creusé ainsi par l'eau dans les grandes pluies ; la terre, d'abord détachée du sol par les sabots des buffalos, ayant été entraînée vers la rivière. Les buffalos suivent de temps en temps par milliers ces sortes de routes. Ils voyagent ainsi quand ils émigrent à la recherche de meilleurs pâturages ou de cours d'eau, sachant par expérience que ces routes les y conduisent.

Nos chasseurs ne suivirent pas longtemps ce chemin, n'étant pas certains qu'il les mènerait à l'endroit où étaient alors les buffalos. Ils le traversèrent et se dirigèrent vers la butte.

— Voyez donc ! s'écria François. Qu'est-ce que c'est que ça?... Et il désignait du doigt plusieurs creux circulaires dans la prairie.

— Des bourbiers à buffalos, dit Basile ; il y en a qui sont tout frais aussi.

— Des bourbiers à buffalos ! répéta François ; qu'est-ce que c'est ?

— Quoi ! n'en as-tu jamais entendu parler, Frank ? demanda Basile. Ce sont les places où les buffalos se vautrent et se roulent, comme le font les chevaux et le bétail des fermes.

— Vraiment ! dit François... Mais pourquoi se roulent-ils ainsi ?

— Ma foi ! je n'en sais rien ! Peut-être Luce peut-il nous le dire ?

— Quelques personnes prétendent, répondit Lucien ainsi interrogé, qu'ils le font pour se gratter et se débarrasser des mouches et autres insectes qui les tourmentent. D'autres croient qu'ils ne se livrent à cet exercice que pour s'amuser.

— Ha ! ha ! ha ! éclata François. Quels farceurs que ces buffalos !

— Il y a encore une explication plus curieuse, ajouta Lucien ; la voici : les buffalos font ces creux pour amasser l'eau quand il pleut, dans l'intention d'y revenir boire plus tard.

— Ha ! ha ! ha ! ha ! fit encore François ; je ne puis croire cela, frère.

— Et je ne voudrais pas non plus te le faire croire, dit Lucien. Cette supposition n'est certainement pas fondée, car le buffalo ne possède pas assez d'intelligence pour cela. Je vous la donne seulement comme une hypothèse curieuse. Il est certain, cependant, que l'eau remplit ces trous pendant les pluies, et s'y conserve plusieurs jours, et que les buffalos qui les rencontrent s'y abreuvent. On peut donc dire avec vérité, sous ce rapport, que les buffalos *creusent leurs puits eux-mêmes !* Ces puits sont souvent aussi utiles aux autres animaux qu'à ceux qui les ont faits. Il est même arrivé que des trappeurs perdus et des Indiens ont dû leur salut à ces sortes de réservoirs, sans lesquels ils seraient morts de soif.

— Comme ils sont ronds ! dit François ; ce sont vraiment des cercles parfaits ! Comment les buffalos parviennent-ils à les faire aussi réguliers ?

— En s'étendant de toute leur longueur et en tournant comme le ferait une roue de voiture posée sur son moyeu. Ils tournent avec une grande rapidité, se servant de leurs épaules voûtées comme d'un pivot et de leurs jambes comme de leviers. Ils continuent quelquefois ainsi pendant une demi-heure sans s'arrêter. Ils font cela, sans aucun doute, pour se gratter, car, malgré leur peau épaisse et leurs crins, ils sont très incommodés par les insectes parasites. Ils le font aussi pour leur propre amusement, ou, ce qui est la même chose, pour se procurer un plaisir. Vous avez souvent vu des chevaux se livrant à un exercice du même genre. N'était-il pas évident qu'ils y trouvaient du plaisir ? Ne l'avez-vous pas pensé en les voyant ?

— Oh ! si fait ! s'écria François, je suis sûr que les chevaux sont très contens quand ils so roulent.

— Eh bien ! donc, on doit supposer qu'il en est de même pour les buffalos. C'est très certainement une jouissance pour eux que de se débarrasser des insectes qui les piquent, et de mettre en contact leurs flancs échauffés avec la terre fraîche. Il en résulte qu'ils ne sont pas très-propres, et souvent on les rencontre tellement couverts de boue qu'on ne saurait dire de quelle couleur est leur peau.

— Eh bien ! ajouta François, j'espère que bientôt nous en rencontrerons un avec une peau blanche.

Tout en causant ainsi, nos jeunes chasseurs continuaient leur voyage. Ils avaient déjà franchi six milles environ, quand Basile, dont les yeux, pendant tout ce temps, parcouraient l'horizon, poussa une exclamation et arrêta tout à coup son cheval. Ses frères, le voyant ainsi faire, s'arrêtèrent aussi.

— Que vois-tu donc ? demanda Lucien.

— Je ne sais pas, répondit Basile ; mais il y a là-bas quelque chose, au bout de la prairie, au sud !.., Le vois-tu ?

— Oui, cela ressemble à un îlot de petits arbres.

— Non, dit Basile, ce ne sont pas des arbres. Tout à l'heure j'en ai vu un séparé des autres, et je ne le vois plus maintenant. Je pense que c'est un animal d'une espèce quelconque.

— Des buffalos, j'espère ! s'écria François, s'élevant droit sur ses étriers et s'efforçant de les mieux voir ; mais le poney de François n'était pas assez haut pour cela. François ne put donc émettre une opinion.

— Irons-nous de leur côté, demanda Lucien s'adressant à Basile.

— Je crois qu'ils viennent par ici, répondit ce dernier. Ils paraissent occuper à l'horizon un espace plus grand ; cela tient peut-être de ce qu'ils se rapprochent !... Des buffalos ! Non, sur ma vie ! continua-t-il en élevant la voix, ce sont des cavaliers, peut-être des Indiens à cheval !

— Qui te fait croire cela ? demanda précipitamment Lucien.

— J'en ai vu un entre moi et le ciel. Autant que j'ai pu en juger à cette distance, j'ai reconnu la forme d'un cheval ; je suis sûr que c'en était un. Regarde ! en voilà un autre là-bas !

— C'est bien réellement un cheval, dit Lucien. Mais vois donc ! il n'y a pas de cavalier, personne sur son dos. En voilà un autre aussi sans cavalier. Ha ! je sais maintenant : ce sont des mustangs !

— Des mustangs ! répéta François. A la bonne heure ! cela mérite d'être vu.

On reconnut bientôt que Lucien avait dit vrai. C'était un troupeau de mustangs ou chevaux sauvages. Basile avait eu raison aussi de dire qu'ils venaient de leur côté, car, peu d'instans après, ils n'étaient pas à plus d'un mille, et continuaient à s'avancer au galop.

Ils galopaient serrés les uns contre les autres, comme une troupe de cavalerie ; et on en voyait un à quelque distance en avant, remplissant évidemment le rôle de chef. De temps en temps l'un deux sortait des rangs, courait un instant à part, puis revenait se joindre à ses compagnons. C'était un beau spectacle que de les voir s'avancer ainsi ! La terre résonnait sous leurs sabots ; on aurait dit un escadron s'élançant à la charge.

Quand ils ne furent plus qu'à un demi-mille du petit groupe de nos chasseurs, ils parurent l'apercevoir pour la première fois. Tout à coup le premier s'arrêta, leva la tête en hennissant, et se tint immobile. Les autres, imitant l'exemple de leur chef, s'arrêtèrent aussi. Celui-ci était encore à quelques pas en avant, tandis que les poitrails de ceux qui le suivaient formaient un front compacte comme de la cavalerie en ordre de bataille ! Après être resté ainsi sans bouger pendant quelques secondes, le chef poussa un hennissement aigu, fit un quart de tour à droite, et partit au grand galop. Les autres répondirent à cet appel, et, tournant tout à coup dans la même direction, s'élancèrent à sa suite. Cette manœuvre fut exécutée avec toute la précision qu'on aurait pu attendre d'un régiment.

Nos jeunes chasseurs crurent que les mustangs allaient leur fausser compagnie sans s'approcher davantage. Ils le regrettaient vivement, car ils avaient grande envie de voir de plus près ces nobles animaux.

Pour ne pas les alarmer de leur arrivée, ils avaient tous trois pris la précaution de mettre pied à terre, et se tenaient en partie cachés derrière leurs propres chevaux, qu'ils étaient obligés de maintenir fortement, car ceux-ci étaient effrayés par le bruit, semblable au grondement du tonnerre, que faisaient les chevaux sauvages en galopant.

Au bout d'un instant, les mustangs, arrivés devant les jeunes chasseurs, leur présentèrent le flanc, et ceux-ci s'aperçurent avec joie qu'ils ne s'en allaient pas, mais galopaient en décrivant un cercle dont leur petit groupe formait le centre.

Ce cercle avait à peine un demi-mille de diamètre, et les mustangs paraissaient peu à peu se rapprocher du centre. En effet, ils ne suivaient pas précisément la circonférence d'un cercle, mais une courbe en spirale qui se resserrait vers l'intérieur.

Nos jeunes gens les voyaient en plein alors, et c'était un spectacle magnifique. Il y en avait à peu près deux cents, mais tous de différentes couleurs, à peine deux semblables. On en voyait des noirs, des blancs, des bais, des rouans ; tels étaient bruns, d'autres alezans, d'autres gris de fer ; beaucoup étaient pommelés et tachetés comme des limiers. Leurs crinières flottantes, leurs queues longues ondulant derrière eux pendant qu'ils galopaient, ajoutaient encore à la grâce, à la beauté de leur aspect. C'était ravissant à voir, en vérité, et les cœurs des jeunes gens battaient avec force dans leurs poitrines, pendant qu'ils suivaient des yeux cette troupe mouvante lancée dans sa course circulaire.

Mais leurs regards se concentrèrent bientôt sur un seul, celui de la tête. Jamais rien de plus beau n'avait frappé leurs yeux. Basile, pour qui un beau cheval était préférable à tout être vivant, était rempli d'admiration en regardant cette superbe créature. C'était le plus grand du troupeau, bien qu'il n'atteignît pas la taille d'un cheval anglais. Son poitrail large, plein, ses yeux proéminens, ses flancs arrondis et bien taillés, ses hanches solides, ses jambes fines et rondes, ses sabots petits et bien faits, étaient autant d'indices de sa race. C'était un arabe-andalous, un descendant des nobles coursiers qui avaient porté les conquérans du Mexique. Ses proportions sont exactement celles qu'un connaisseur eût déclaré parfaites, et Basile, qui, en fait, était un connaisseur, avait exprimé tout haut son admiration. Il était le bel animal était entièrement blanc, blanc comme la neige des montagnes. Pendant qu'il galopait, ses narines se montraient ouvertes et rouges, ses yeux saillans restaient fixes, sa crinière flottait d'un côté à l'autre de son cou, s'étendant depuis son encolure jusqu'au garot, et sa longue queue flottait horizontalement derrière lui.

Un irrésistible désir de posséder cette noble créature s'empara de Basile. Son cheval était incontestablement un des plus beaux qui eussent jamais porté la selle ; mais Basile ne pouvait voir un beau cheval sans le convoiter aussitôt, et jamais désir plus ardent ne lui avait été inspiré. En quelques secondes, ce désir atteignit un tel degré d'intensité, que Basile eût donné tout au monde (Black-Hawk excepté peut-être) pour se rendre maître du cheval de la prairie.

Vous penserez que Basile pouvait aisément se satisfaire, monté comme il l'était, et sachant mieux que personne manier un lasso. Mais ce n'était pas chose facile, et Basile le savait bien. Il aurait pu sans peine atteindre un de ceux de la bande et le prendre dans le nœud de son lasso ; mais capturer le chef, c'était une autre affaire ! Jamais coup pareil n'a pu être accompli dans les prairies, même par les Indiens. Souvent Basile l'avait entendu dire. Néanmoins, il était décidé à attaquer ; il avait une grande confiance dans la vitesse et le fond de Black-Hawk.

Il communiqua son dessein à ses frères, en leur parlant tout bas, de peur d'effrayer les mustangs, qui maintenant tournaient très près d'eux. Lucien essaya de le dissuader, lui donnant pour raison que cela les éloignerait de leur route, et que c'était risquer une séparation.

— Non, dit Basile. Toi et François, allez vers la butte. Je vous y rejoindrai ; peut-être y arriverai-je avant vous. N'essaie pas de m'en détourner, frère, ce n'est pas la peine. Il faut que j'aie ce cheval, et je l'aurai, dussé-je galoper pendant cinquante milles !

En disant ces mots, Basile s'approcha de son étrier gauche, prit le lasso qui pendait enroulé autour du pommeau de la selle et se tint prêt à monter. Lucien vit que tous les efforts pour le détourner de son dessein seraient inutiles. François aurait bien voulu se joindre à Basile dans cette chasse ; mais la petite taille de son poney rendait cette idée trop absurde pour qu'elle fût sérieuse.

Les chevaux sauvages n'avaient point discontinué leurs évolutions. De temps en temps, ils s'arrêtaient à un signal de leur chef, tournaient sur eux-mêmes, faisaient face au petit groupe et restaient dans cette position pendant quelques secondes, la tête levée, regardant avec étonnement les étrangers usurpateurs de leurs domaines. Quelques-uns frappaient du pied la terre et soufflaient par les naseaux, comme pour exprimer la colère ; puis celui de la tête poussait son hennissement perçant, et tous reprenaient leur course en décrivant des cercles comme auparavant.

Ils étaient arrivés à moins de deux cents yards de l'endroit où se tenaient les chasseurs ; mais évidemment ils n'avaient pas l'intention du se rapprocher davantage ; ils se montraient au contraire disposés à s'enfuir. Après chaque halte, ils tournaient la tête du côté de la prairie, puis reprenaient leur course circulaire, comme si leur curiosité n'eût pas été entièrement satisfaite.

Pendant leur grande halte, ou du moins celle qu'il crut devoir être la dernière, Basile recommanda de nouveau à ses frères de se diriger vers la butte, et, mettant tranquillement le pied dans l'étrier, sauta en selle. Ce mouvement fit tressaillir les mustangs ; mais, avant qu'ils eussent eu faite volte-face, le jeune chasseur avait donné de l'éperon à son cheval et avait fait plusieurs bonds sur la prairie. Il ne regardait pas le troupeau ; il ne s'inquiétait pas de la direction qu'il pouvait prendre ; ses yeux ne voyaient que le chef blanc sur lequel il courait au grand galop.

Celui-ci, quand il vit ce mouvement subit, demeura un instant immobile, comme frappé de surprise ; puis, poussant un hennissement bien différent de tous ceux qu'il avait fait entendre jusque-là, fit demi-tour à gauche et partit au galop, tous les autres suivant de toute leur vitesse.

Quand les derniers passèrent à leur tour, Basile n'en était pas séparé par plus d'une douzaine de yards En quelques bonds il était arrivé si près qu'il aurait pu lancer facilement le lasso sur un d'entre eux. Mais, en tournant pour les suivre, il perdit du terrain. Toutefois il eut bientôt regagné la distance, et donna de l'éperon en obliquant légèrement vers un des flancs du troupeau. Il ne voulait pas aller au milieu : cela pouvait être dangereux, ou tout au moins ne pouvait qu'entraver son élan. Son but était de gagner la tête du troupeau, et, par un moyen quelconque, de séparer le chef des autres. Il fallait commencer par là, et toute son énergie fut employée à atteindre ce résultat.

En avant fuyaient les chevaux sauvages, galopant de toute leur vitesse. Derrière suivait le hardi chasseur, lancé à tout hasard, en apparence sans but fixe, mais dirigeant habilement la course de son cheval. Son lasso pendait au pommeau de sa selle ; il n'y avait pas encore touché ; le moment n'était pas venu.

En avant, disons-nous, fuyaient les chevaux sauvages, et, de plus près en plus près, suivait l'intrépide chasseur. Déjà plusieurs milles le séparaient du point de départ ; quelques minutes lui avaient suffi pour disparaître aux yeux de ceux qu'il avait laissés en arrière.

Mais les petits chevaux andalous n'étaient pas de force contre l'arabe Godolphin. La bande s'était disloquée. Les mustangs ne couraient plus en troupe ; ils formaient un long cordon, chacun prenant sa place suivant la vitesse de sa course, et, bien loin en avant de tous, fuyait comme un météore le chef, blanc comme la neige.

Les derniers furent bientôt dépassés, et chaque mustang se détournait de la route aussitôt qu'il voyait devant lui le grand cheval noir qui portait sur son dos l'objet étrange et redouté. Tous, l'un après l'autre, furent distancés par Black-Hawk, et Basile n'eut plus alors devant lui que le cheval blanc, la prairie verte et le ciel bleu.

Il ne regarda pas en arrière. S'il eût tourné la tête, il aurait vu les mustangs éparpillés de tous côtés sur la prairie. Mais l'objet unique de ses préoccupations était devant lui ; il appuya l'éperon pour accélérer encore le galop de son cheval.

Et l'éperon n'était pas nécessaire : Black-Hawk semblait comprendre que son honneur était en jeu, et le fidèle animal y mettait toute son énergie.

Le cheval sauvage, de son côté, comprenait que sa vie, ou tout au moins sa liberté, était menacée, et l'instinct de la conservation lui donnait des ailes.

Tous les deux, poursuivant et poursuivi, couraient comme le vent.

Au moment où ils se trouvèrent tous deux séparés du troupeau, ils étaient à moins de trois cents yards l'un de l'autre. Plusieurs milles furent franchis avant que cette distance fût sensiblement diminuée. La direction qu'ils suivaient était aussi droite qu'un trait de flèche ; il était évident, d'après cela, que le mustang avait l'habitude de se fier à la vitesse de ses jambes pour échapper à ses ennemis.

Dans une course de ce genre, toutefois, le poursuivant a l'avantage sur le poursuivi ; ce dernier, toujours inquiet, est entraîné à regarder derrière lui, et par cela seul il est moins sûr du terrain qui est devant lui ; il perd l'attitude favorable à la vitesse, et court le risque de butter. Le cheval sauvage était dans ce cas. Il ne bronchait pas, ses pieds étaient trop sûrs pour cela ; mais, de temps en temps, il tournait la tête de côté jusqu'à ce que son grand œil noir pût découvrir son ennemi derrière lui. Cela naturellement le retardait jusqu'à un certain point. C'était alors seulement que Basile pouvait gagner sur lui, et les preuves que le rapide coursier donnait ainsi de ses qualités supérieures ne faisaient que rendre le jeune chasseur plus ardent à le poursuivre.

Après une longue chasse, la distance qui les séparait était encore de deux cents pas. Basile, cédant à un mouvement d'impatience, appuya l'éperon pour tenter un nouvel effort ; le mustang sembla fuir plus rapidement que jamais.

Tout à coup, Basile remarqua avec surprise qu'au lieu de courir droit devant lui, le cheval blanc paraissait aller de côté et d'autre, suivant une ligne brisée. Il regarda à terre pour découvrir la raison de cette manœuvre. Il s'aperçut alors que le sol était inégal, parsemé de petites éminences aussi loin que la vue pouvait s'étendre. Le mustang galopait tout au travers : c'était évidemment cela qui lui avait fait prendre des allures si étranges. Basile avait à peine eu le temps de faire cette remarque, que son cheval, s'affaissant tout à coup sous lui, tomba la tête la première sur la prairie ! Le cavalier fut lancé hors de la selle, mais il ne se fit pas beaucoup de mal ; il fut aussitôt relevé. Black-Hawk se remit sur pied en même temps, et resta immobile, ses flancs baignés de sueur, se gonflant et se creusant alternativement sous l'action de la respiration pantelante.

Il n'était plus en état de galoper davantage ; mais eût-il été encore tout frais, Basile comprit que la chasse était terminée. Les petits monticules qu'il venait d'observer couvraient la prairie à perte de vue, et le cheval sauvage, sans en paraître gêné, s'enfuyait aussi rapidement qu'auparavant. Quand le chasseur se retrouva sur ses pieds, le mustang était au moins à un quart de mille en avant. Il fit entendre alors un hennissement éclatant, comme un cri de triomphe du succès de sa fuite, car il était bien définitivement à l'abri.

Basile en fut vivement contrarié. Il comprit qu'une plus longue poursuite serait non-seulement inutile, mais dangereuse, car bien qu'il n'eût pas encore vu de ces petites éminences jusqu'alors, il les connaissait parfaitement. Il n'ignorait pas le danger d'une course rapide à cheval sur un tel terrain. La leçon ne s'était pas fait attendre, car il venait d'y entrer quand son cheval s'abattit, pour se relever heureusement sans fracture ni foulure. Il savait qu'un second accident du même genre pourrait lui être plus fatal, et il n'avait aucune envie de courir la chance d'une autre chute. Il ne voulait pas risquer de perdre son favori Black-Hawk pour courir après le cheval blanc, même avec la certitude de l'atteindre. Or, il n'y avait rien de moins probable que cette capture. Au contraire, il pouvait très bien arriver, s'il continuait la chasse, qu'il perdît son propre cheval au lieu d'en gagner un second, perte qui le mettrait dans une situation terrible. Il se résigna donc d'assez bonne grâce à abandonner la poursuite, et laissa le mustang s'enfuir tout son soûl.

Pendant quelques minutes il le suivit des yeux, jusqu'à ce qu'au loin, bien au loin, le brillant animal se perdit comme un nuage blanc dans le bleu pâle de l'horizon. Le jeune chasseur pensa alors à retourner vers ses compagnons. Quelle direction devait-il prendre ? Il chercha des yeux la butte, lieu du rendez-vous. Elle était là, et, à son grand étonnement, juste devant lui, beaucoup plus près que quand il l'avait vue auparavant. Il avait galopé tout le temps vers ce point sans s'en apercevoir.

—Lucien et François doivent être derrière moi, pensa-t-il, et ils arriveront bientôt.

Il n'avait donc rien de mieux à faire que de les attendre, et, dans cette intention, il s'assit sur une des petites éminences, laissant son cheval errer en liberté.

XXIV

UNE VILLE DE CHIENS.

Black-Hawk s'éloigna à quelque distance, cherchant de

l'herbe; il y en avait très peu à cette place, et ce peu qu'il y avait avait été rongé jusqu'au ras de terre, comme si un million de lapins avait passé par là.

Basile n'empêcha pas son cheval de s'éloigner; il le savait trop bien dressé pour prendre la fuite, et il était sûr de le faire revenir en sifflant, quand cela lui plairait. Il resta donc tranquillement assis, essayant de tuer le temps en examinant ces petites éminences étranges situées du côté opposé. Il y en avait des milliers. Aussi loin que le regard pouvait s'étendre, elles couvraient la terre au nord, au sud et à l'ouest. Elles avaient la forme de cônes tronqués, mesurant environ trois pieds de diamètre à la base et pas plus de deux en hauteur. Près du sommet de chacune on voyait l'entrée, un simple trou comme ceux que font les rats. Il n'y avait pas d'herbe immédiatement autour du trou, quoique les côtés et le sommet de ces éminences fussent recouverts d'un gazon vert et uni qui leur donnait l'apparence d'avoir été construites depuis longtemps.

Les habitants de ces singulières demeures commencèrent bientôt à se montrer; ils avaient été effrayés par le bruit du galop des chevaux, et s'étaient cachés à leur approche. Tout étant rentré dans le silence, ils s'aventurèrent à sortir : on vit d'abord un petit museau paraître à une ouverture, puis un autre, puis encore un autre, jusqu'à ce que, de chaque trou, sortît une tête et une paire d'yeux brillants regardant au dehors.

Bientôt les propriétaires de ces têtes devinrent plus courageux et quittèrent le pas de leurs portes; alors on vit par centaines ces étranges créatures; leur robe était brune, un peu rougeâtre, hormis la poitrine et le ventre qui étaient d'un blanc sale. Ils avaient à peu près la taille de l'écureuil gris ordinaire; l'ensemble de leur aspect tenait à la fois de l'écureuil, de la belette et du rat. Ils avaient certains rapports avec chacuns de ces trois animaux sans ressembler particulièrement à aucun d'eux. Ils appartenaient en effet à une autre espèce distincte, celle des *marmottes*, connue sous la dénomination familière de *chiens de prairie (arctomys ludoviciana)*. Leur queue courte et non touffue les distinguait des écureuils, et leur corps ne présentait pas d'ailleurs la gracieuse symétrie qui caractérise ces derniers. En peu d'instans, le sommet de chaque monticule se trouva garni de deux ou trois de ces animaux, car chaque maison comptait plusieurs de ces habitans. Quelques-uns reposaient sur leurs quatre pattes, tandis que d'autres se dressaient sur leurs pattes de derrière et se tenaient debout, comme de petits ours ou de petits singes, remuant la queue, ou poussant leurs jappemens semblables au cri particulier des petits chiens de carton.

C'est à ce cri qu'ils doivent le nom de *chiens de prairie*, car c'est le seul point de ressemblance qu'ils aient avec l'espèce canine.

De même que toutes les marmottes, et il y en a de plusieurs espèces, ce sont d'innocentes petites créatures, qui se nourrissent d'herbe, de graines et de racines. Ils mangent très peu, et le phénomène de leur alimentation est un sujet d'étonnement pour les naturalistes.

Leurs grandes *villes*, près des montagnes Rocheuses, sont généralement situées dans des plaines stériles où l'herbe est très rare, et cependant on n'en rencontre jamais les habitans à plus d'un mille de leurs demeures.

Comment donc des milliers de ces animaux peuvent-ils subsister avec la petite quantité d'herbe qui peut pousser dans des pâturages si peu étendus? La chose est encore à expliquer; on ne sait pas non plus pourquoi ils choisissent, pour s'y fixer, ces endroits stériles, de préférence aux prairies plus fertiles. Ces questions attendent, pour être résolues, l'étude et l'observation de l'historien de la nature.

Basile remarqua, non sans surprise, que les marmottes n'étaient pas les seules occupantes de leur ville. D'autres créatures, d'une espèce toute différente, se trouvaient là et semblaient aussi parfaitement chez elles : c'étaient des hiboux blancs, ayant environ la taille de pigeons, et d'une espèce qu'il n'avait pas encore vue. C'étaient des hiboux à terriers (*strix cunicularia*) différant essentiellement de leurs cousins de nuit, qui habitent les bois sombres et les vieilles ruines.

Il vit ces petits hiboux s'avançant silencieusement en s'aidant de leurs ailes, ou restant debout sur le faîte des maisons; de loin, on pouvait les prendre pour des marmottes.

Indépendamment des marmottes et des hiboux, il y avait encore d'autres créatures vivantes; de petits lézards courant de tous côtés, et l'on voyait ramper entre les monticules une bête hideuse, de l'espèce des lézards aussi, la grenouille à cornes (*agama cornuta*). Ces animaux étaient nouveaux pour Basile, et leurs corps affreux couleur de terre; leur forme moitié crapaud, moitié lézard, les protubérances, semblables à des épines, qui couvraient leurs dos, leurs épaules et leurs têtes, lui inspiraient un profond dégoût.

Il voyait aussi la petite tortue de terre (*testudo*), se traînant sur le sol et regardant avec précaution hors de son écaille, en forme de boîte. Mais la plus effrayante de toutes les créatures réunies à cette place, c'était le serpent à sonnettes des champs, que l'on voyait enroulé sur lui-même, et prenant un bain de soleil, ou glissant parmi de petits monticules comme guettant une proie. Basile remarqua que cette espèce différait par la forme, par les marques, de tous les serpens à sonnettes qu'il avait déjà vus; mais elle avait le même aspect repoussant et les mêmes allures : c'était le *crotalus tergeminus*, que l'on rencontre seulement sur les terrains stériles tels que ceux qu'habitent les marmottes des prairies.

Basile ne put s'empêcher de faire toute une série de réflexions relativement à cette communauté de créatures si variées. Était-ce une réunion d'amis? ou formaient-ils une chaîne de destruction, faisant leur proie les uns des autres?

Ils ne pouvaient pas être tous amis. Les marmottes se nourrissaient d'herbe et les lézards d'insectes et de grillons de prairies, qui foisonnaient aux alentours. Cela suffisait aussi pour les tortues; mais de quoi se nourrissaient les hiboux et les serpens?

Ces questions embarrassaient Basile; il ne pouvait trouver une explication satisfaisante, et cela le fit penser à Lucien, qui connaissait mieux que lui les habitudes de ces divers animaux. Il commença alors à se préoccuper de Lucien et de François; car deux heures s'étaient déjà écoulées que ceux-ci ne paraissaient pas encore.

L'inquiétude allait s'emparer de lui, quand il aperçut, du côté de l'est, un petit groupe qu'il reconnut bien vite. Une demi-heure après, les deux jeunes gens saluaient leur frère de leurs cris joyeux. Ils avaient voyagé en toute hâte depuis le matin, en suivant les traces de Basile. On peut s'imaginer par quelle étendue de terrain celui-ci avait parcourue dans son galop effréné. Ils virent d'un coup d'œil que le cheval sauvage avait échappé, et Basile leur raconta en peu de mots sa chasse et la manière dont elle s'était terminée.

Le soleil déclinait déjà vers le couchant, et la butte paraissait encore éloignée. Ils ne firent qu'une courte halte, juste assez longue pour manger un morceau de viande et boire à leurs gourdes, qui, en raison de l'intensité de la chaleur, étaient alors plus qu'à demi vidées. Leurs bêtes souffraient déjà de la soif, aussi nos jeunes chasseurs se remirent en selle sans délai, dans l'intention de continuer leur voyage.

— A travers la ville des chiens? demanda François, qui était le premier remonté sur son cheval; la traverserons-nous ou en ferons-nous le tour?

C'était en effet une difficulté. La ville des chiens était justement située entre eux et la butte. Pour suivre droit leur chemin, il fallait la traverser. Cela devait les retarder beaucoup, car il fallait marcher doucement et en zigzags, pour éviter les accidens. D'un autre côté, faire le tour, c'était se détourner de plusieurs milles, peut-être beaucoup plus même, car les villages des marmottes s'étendent ordinairement sur un très grand espace.

— Allons un peu au sud, dit Lucien, peut-être en trouverons-nous la fin de ce côté.

Ils tournèrent leurs chevaux vers le sud et s'avancèrent dans cette direction.

Après avoir suivi pendant deux milles au moins la lisière du village, ils n'en voyaient pas encore le bout.

— Nous avons pris le mauvais côté, dit Lucien ; nous aurions mieux fait de tourner au nord ; il faut traverser maintenant. Qu'en dites-vous, frères ?

Tous y consentirent, car rien n'est plus désagréable que de faire des détours quand on voit devant soi le but de son voyage. Aussi tournèrent-ils de nouveau leurs chevaux vers la butte, et ils se remirent en marche. Ils s'avançaient lentement et avec prudence. En les voyant approcher, les petits chiens se sauvaient dans leurs buttes, aboyaient aux usurpateurs de leur domaine, secouaient leurs courtes queues et disparaissaient dans leurs trous.

Lorsque la petite troupe s'était éloignée d'environ une centaine de yards, les marmottes reparaissaient et poussaient leurs petits cris ressemblant à un accès de toux ; de sorte que, lorsque nos voyageurs furent en plein dans *la ville*, ils se trouvèrent constamment au centre d'un cercle d'aboiements.

Les hiboux s'envolaient devant eux et allaient se poser un peu plus loin ; puis, partant de nouveau, allaient plus loin encore, parfois à une assez grande distance pour être hors de vue.

Quelques-uns se cachaient dans les terriers comme les marmottes. Les serpens à sonnettes aussi entraient dans les trous, de même que les lézards et les *agamas*. Ce qu'il y avait de plus étrange, c'était de voir tous ces animaux, marmottes, hiboux, serpens, lézards et agamas fuir ensemble et se réfugier souvent dans le même trou.

Nos voyageurs purent constater la chose plusieurs fois *de visu*.

Tout naturellement, la conversation roula sur tous ces incidens, et Lucien ajouta quelques faits à ceux que Basile avait déjà observés.

— Si nous avions le temps de déblayer ces trous, dit-il, nous verrions qu'ils descendent perpendiculairement jusqu'à deux ou trois pieds. Ils prennent alors une direction oblique et aboutissent, quelques pieds plus loin, à une petite chambre qui constitue la vraie demeure de la marmotte. Je dis la vraie demeure, parce que ces monticules coniques ne forment que l'entrée ; ils sont formés au moyen de la terre retirée du fond. Vous le voyez, cette terre n'est pas restée en tas irrégulier comme on le voit aux abords des terriers des rats et des lapins ; loin de là, les marmottes en ont fait une construction très soignée, dont la surface extérieure a été battue à coups de pattes, jusqu'à devenir, comme vous le voyez, ferme et unie ; et on a laissé l'herbe y pousser, afin de former un revêtement protecteur contre la pluie.

Il est évident que ces animaux font tout cela avec connaissance de cause, de même que les castors lorsqu'ils bâtissent leurs maisons.

Les marmottes aiment à jouer et à se chauffer au soleil sur le sommet de ces monticules, et il est probable, en outre, qu'elles trouvent cette position élevée plus avantageuse pour observer les ennemis, les apercevoir de plus loin, et avoir ainsi le temps de se mettre en sûreté.

— Mais, parmi ces monticules, il y en a qui paraissent entièrement ruinés, fit observer François. Voyez là-bas, il y en a plusieurs creusés et ravinés par la pluie : je me demande pourquoi ?

— Ce sont ceux où demeurent les hiboux, répondit Lucien. Voyez, en voici un dans lequel entre un hibou, juste à présent ! On suppose que les hiboux en ont chassé les marmottes et les ont adoptés pour leurs propres demeures, et, comme vous le voyez, ils ne les tiennent pas en très bon état. Ils n'ont pas besoin d'autre chose que d'un trou pour y trouver un abri, et ils laissent les ouvrages extérieurs abandonnés à eux-mêmes. Il est certain que notre arrivée subite a seule pu les pousser à chercher un refuge avec les chiens dans les mêmes trous, car ils ne vivent pas ainsi ; les marmottes ont leurs domiciles et les hiboux les leurs, et ces derniers habitent les trous ruinés que vous avez remarqués.

— Mais les hiboux ne mangent-ils pas les marmottes ? demanda Basile. Les hiboux des bois mangent des animaux aussi gros que ceux-là ; j'en ai vu tuer des lapins à la nuit tombante.

— Ceux-ci ne font pas de même, répondit le jeune naturaliste, du moins on le suppose ; on n'a trouvé dans l'estomac de plusieurs de ces hiboux que l'on a tués, que des insectes et des cerfs-volans, tels que ceux que nous voyons sur la prairie. A mon sens, il est probable que les hiboux font de temps en temps un repas aux dépens des grenouilles à cornes et des lézards, bien que je n'aie de cela aucune preuve, sinon le fait reconnu que les oiseaux de cette espèce se nourrissent ordinairement de ces reptiles.

— Mais comment vivent les serpens à sonnettes, demanda François ; de quoi se nourrissent-ils ?

— Ah ! reprit Lucien, c'est là l'embarras des naturalistes. Quelques-uns disent qu'ils sont les tyrans de la communauté et dévorent les vieilles marmottes ; ceci est peu vraisemblable, car, à mon avis, ces serpens ne sont pas assez gros pour les avaler. Il est cependant certain qu'ils mangent de temps en temps les plus jeunes, puisqu'on a trouvé de jeunes marmottes dans l'estomac de plusieurs.

— Mais alors, dit François, il me semble que les serpens peuvent en prendre tout à leur aise. S'ils mangent les jeunes marmottes, qui les empêche d'en tuer autant qu'il leur plaît ? Ils peuvent entrer dans les trous aussi facilement que les marmottes elles-mêmes !

— C'est vrai, reprit Lucien ; mais pas à beaucoup près aussi agilement, et peut-être ces dernières peuvent-elles leur échapper par l'intérieur. Le serpent à sonnettes rampe très lentement, et, de plus, ne frappe sa proie que quand il s'est enroulé autour d'elle. Peut-être est-il plus difficile pour lui de s'en emparer dans ces galeries souterraines, et les vieilles marmottes peuvent, après tout, avoir quelque moyen de défense pour elles-mêmes et pour leurs petits, contre ses attaques venimeuses. Jusqu'à présent, on ne sait que très peu de choses sur les marmottes ; l'éloignement des pays où on les rencontre les place en dehors de l'observation du naturaliste, et ceux qui ont visité leurs villes n'ont pas eu le temps de les examiner avec tout le soin nécessaire.

Ces animaux sont très timides et se laissent difficilement approcher à portée de fusil ; c'est pourquoi on les tue rarement. De plus, il est très difficile de les prendre en creusant leurs demeures, à cause de la profondeur de leurs terriers ; leurs peaux ne sont guère estimées ; et, comme leur chair est peu succulente, elles ne sont pas souvent inquiétées par les chasseurs.

— Mais sont-elles mangeables ? demanda François.

— Oui, répondit Lucien ; les Indiens en aiment beaucoup la chair et la mangent toutes les fois qu'ils peuvent s'en procurer sans trop de peine ; mais il faut dire aussi qu'ils font de même pour toute créature vivante.

— De quoi se nourrissent les marmottes en hiver, quand il n'y a plus d'herbe ? demanda François.

— Elles dorment, alors. Elles ont des nids très curieux dans leurs chambres souterraines ; ces nids, construits avec des herbes et des racines, sont ronds comme une boule, et si solidement entrelacés qu'on pourrait en faire rouler un comme un ballon. Ils ont une petite ouverture, juste assez large pour y passer le doigt, et la marmotte, après y être entrée, a grand soin de la refermer, ne laissant que l'espace nécessaire au passage de l'air dont elle a besoin. Ces animaux restent endormis dans leurs nids pendant toute la durée de l'hiver, et on les voit bien rarement hors de leurs terriers dans cette saison.

XXV

UNE NUIT DANS LE DÉSERT.

Tout en causant ainsi, les jeunes chasseurs continuaient leur marche, se tenant autant que possible à distance des monticules, de peur que les pieds de leurs chevaux n'enfonçassent dans le terrain miné.

Ils avaient déjà parcouru cinq bons milles. Le village des marmottes s'étendait toujours devant eux.

Ils les entendaient pousser de tous côtés leur *tchoou, tchoou;* les hiboux s'envolaient silencieusement devant eux, et les serpens à sonnettes traversaient en rampant le sentier sinueux.

Le soleil était près de se coucher quand ils sortirent de la ville et pénétrèrent dans la plaine stérile et rocailleuse. Leur conversation prit alors un tour plus triste, car leurs pensées s'étaient assombries.

Ils avaient bu toute leur eau, car la chaleur et la poussière les avaient beaucoup altérés, et celle que contenaient leurs gourdes, échauffée par le soleil, les avait à peine soulagés: ils commençaient à sentir les tourmens de la soif.

La butte paraissait encore à une grande distance, à dix milles au moins.

Qu'adviendrait-il, si, en l'atteignant, on n'y trouvait pas d'eau? Cette idée, jointe aux tortures qu'ils enduraient déjà, excitait leurs appréhensions et les remplissait de terreur.

Basile comprit alors l'imprudence qu'il avait commise en n'écoutant pas les avis de Lucien; mais il était trop tard pour s'abandonner aux regrets, comme le font trop souvent ceux qui agissent sans réflexion.

Il s'agissait pour eux d'atteindre la butte aussi promptement que possible, car la journée touchait à sa fin, et, pour peu que la nuit se trouvât être sombre, ils allaient manquer du point de repère qui leur servait de guide, courir le risque de perdre leur direction, et errer toute la nuit. Sous l'influence de cette crainte, ils poussèrent en avant aussi vite qu'ils le purent, mais leurs bêtes, fatiguées d'une longue course et souffrant de la soif, ne pouvaient prendre une allure bien vive.

Ils avaient dépassé d'environ trois milles le village des chiens, quand, à leur grande consternation, un nouvel obstacle se présenta. La prairie s'ouvrait devant eux, formant une de ces larges crevasses que l'on rencontre souvent sur les plateaux élevés d'Amérique. C'était une barranca ayant à peu près mille pieds de profondeur et tout au plus la même largeur, mais dont les bords étaient taillés à pic. Cette barranca traversait juste le chemin que suivaient nos voyageurs, et s'étendait à plusieurs milles à gauche et à droite, tantôt en ligne directe, tantôt en courbes ou en zigzag.

Un coup d'œil leur suffit pour reconnaître qu'il était impossible de la traverser; de deux côtés elle formait précipice, de sombres rochers en garnissaient les flancs et en surplombaient l'abîme. Pas une goutte d'eau pour égayer ce site affreux! Y en eût-il eu, du reste, ils n'auraient pu l'atteindre. Le fond complétement sec était rempli de roches qui s'étaient détachées des bords.

C'était un obstacle auquel nos voyageurs ne s'étaient pas attendus: ils échangèrent des regards consternés, incertains de ce qu'ils devaient faire; ils tinrent quelques instans conseil. Suivraient-ils le bord de la barranca pour tâcher de trouver un passage? Ne feraient-ils pas mieux de retourner sur leurs pas et de chercher à atteindre le cours d'eau qu'ils avaient quitté le matin? Ce dernier parti présentait des chances terribles; il y avait danger réel, ou tout au moins perte de temps considérable à traverser le village des marmottes pendant la nuit; et puis rien n'est plus décourageant en voyage que de revenir sur ses pas, surtout quand on a marché si longtemps dans la même direction. Pensant toujours qu'ils trouveraient de l'eau près de la butte, ils se résolurent enfin à chercher un passage.

Dans cette intention, ils se remirent en route, et suivirent le bord de la barranca. Ils prirent le côté qui leur parut conduire en amont, espérant ainsi atteindre plus tôt un endroit où l'ouverture serait moins profonde. Au bout de plusieurs milles, l'abîme s'ouvrait toujours devant eux avec ses rochers escarpés, et sans aucun indice de passage. Le soleil avait disparu, et la nuit s'était faite noire et profonde. Ils firent halte, n'osant avancer plus loin, ni même retourner sur leurs pas, car ils auraient risqué de rencontrer un angle saillant de l'abîme, et de s'y précipiter la tête la première. Ils mirent pied à terre et se laissèrent tomber sur la prairie, envahis par le désespoir.

Nous n'essaierons pas de décrire leurs souffrances pendant toute cette longue nuit; ils ne fermèrent pas l'œil un seul instant. Les angoisses de la soif et l'incertitude de ce qui les attendait le lendemain matin les tenaient éveillés. Ils n'attachèrent même pas leurs chevaux, car il n'y avait pas un brin d'herbe aux environs. Ils restèrent assis toute la nuit, les tenant par la bride. Ces pauvres bêtes souffraient comme eux de la faim et de la soif, et la mule Jeannette poussait de temps en temps un hennissement sauvage qui faisait peine à entendre.

Aussitôt que le jour parut, ils se remirent en selle et continuèrent à suivre le bord de la barranca; celle-ci les forçait à toutes sortes de détours, et, pour ajouter à leur terreur, ils s'aperçurent qu'il leur serait impossible de reconnaître la direction de leur point de départ sans remonter pas à pas leur propres traces. Le soleil était obscurci par les nuages, et nos chasseurs n'auraient pas été capables de se diriger vers le ruisseau qu'ils avaient quitté la veille, eussent-ils eu la force d'y retourner.

Ils se demandaient, tout en marchant, s'ils tenteraient l'aventure, quand ils tombèrent sur une route profonde de buffalos qui traversait leur chemin. Elle était couverte de traces qui paraissaient toutes fraîches; ils la saluèrent de joyeuses acclamations, pensant qu'elle les conduirait à un passage. Ils n'hésitèrent pas un instant à y entrer et à la descendre d'un pas déterminé; comme ils l'avaient prévu, elle menait, en tournant, au fond de la barranca et remontait sur la prairie, de l'autre côté, où ils arrivèrent bientôt sains et saufs.

Toutefois, cela ne terminait pas leurs souffrances, plus intolérables que jamais. L'atmosphère était comme celle d'un four, et la poussière soulevée par les sabots de leurs chevaux les enveloppait d'un nuage suffocant, de telle sorte que parfois ils perdaient de vue la butte vers laquelle ils se dirigeaient.

Toute halte nouvelle était non-seulement inutile, mais ne pouvait qu'entraîner à une mort certaine.

Ils continuèrent donc leur route, désespérés, à peine capables de se tenir en selle ou de se parler: la soif leur avait presque ôté l'usage de la parole.

Le soleil était près de se coucher quand nos voyageurs, épuisés, suffoqués, haletans, courbés sur leurs selles, sentant leurs chevaux ployer sous eux, prêts à s'abattre, atteignirent le pied de l'éminence.

Ils regardèrent devant eux avec anxiété, l'âme étrangement partagée entre l'espoir et le désespoir.

La masse grise, rocheuse, qui était devant eux présentait un aspect d'une sécheresse menaçante.

A mesure qu'on s'en approchait, elle semblait plus repoussante et plus inhospitalière!

— O frères! s'il n'y avait pas d'eau!

Cette exclamation était à peine articulée que la mule

Jeannette, qui jusque-là s'était traînée à l'arrière, s'élança au galop, hennissant de toutes ses forces.

Jeannette, nous l'avons dit, était une vieille voyageuse des prairies, et flairait l'eau d'aussi loin qu'un loup aurait pu sentir une charogne. Les autres animaux, la voyant ainsi faire, s'élancèrent après elle; un moment après, la petite cavalcade tournait une pointe de rocher, et les regards se reposaient avec bonheur sur une verte pelouse. Au milieu de l'herbe et des saules, on voyait courir l'eau claire d'un ruisseau cristallin. Quelques secondes après, chevaux et cavaliers étanchaient leur soif dans le courant limpide.

XXVI

LES ANTILOPES.

La *butte* était une de ces singulières formations que l'on rencontre dans le grand désert américain. Ce n'était ni une montagne ni une colline; elle différait de l'une comme de l'autre par sa configuration. C'était comme une grosse masse de terre entremêlée de roches, aux flancs verticaux, terminée au sommet par une surface plane et unie. Les Espagnols-Américains ont baptisé ces sortes de monts du nom de *mesas* ou tables. Elles sont le plus souvent argileuses. On les trouve en grand nombre dans le haut Missouri, et les vastes régions désertes situées à l'ouest du Del-Norte en sont parsemées. Parfois, on en rencontre plusieurs qui sont côte à côte. On pourrait croire que leurs sommets, situés au même niveau, ont appartenu autrefois à une même surface, et que les eaux du ciel, ou d'autres causes, ont désagrégé, entraîné les terres, creusant ainsi les intervalles qui les séparent.

Pour toute personne qui n'a vu que des collines arrondies ou des montagnes terminées par des pics aigus, ces *mesas* élevées paraissent très singulières, et constituent pour le géologue un sujet d'études intéressantes.

Le sommet de celle au pied de laquelle nos jeunes aventuriers avaient fait halte présentait une superficie plane d'environ vingt à trente acres, et ses flancs verticaux s'élevait à près de deux cents pieds au-dessus du niveau de la plaine environnante. Quelques pins clair-semés s'y montraient; des pinons et des cèdres rabougris sortaient des fissures des rochers. On voyait aussi sur les flancs, des agaves, des palmiers yuccas et des cactus, qui donnaient à l'ensemble un aspect des plus pittoresques.

Dès qu'ils eurent satisfait leur soif, nos voyageurs s'installèrent à cette montagne pour réparer leurs forces et celles de leurs animaux. Ils voyaient autour d'eux les trois choses nécessaires à un campement : l'eau, le bois et l'herbe. Ils commencèrent par abattre quelques-uns des pinons qui étaient au pied des rochers, pour allumer un grand feu.

Ils avaient encore de la viande d'ours séchée pour plusieurs jours. Que leur fallait-il de plus? Cependant ils découvrirent que, même dans ces régions arides, la nature a placé des arbres et des végétaux pouvant servir à la nourriture de l'homme. Les pinons fournissaient leurs cônes farineux; l'agave offrait ses racines succulentes, et le navet de prairie croissait sur les bords du ruisseau. Ils virent une petite plante dont les fleurs blanches ressemblaient au lis : c'était le *sego* des Indiens (*calochortus luteus*); et ils savaient que ces racines portent des tubercules gros comme des avelines, excellens à manger quand ils sont cuits. Lucien reconnaissait toutes ces plantes, et promit à ses frères un dîner de choix pour le lendemain.

À cette époque, ils étaient tous trois trop fatigués et trop accablés de sommeil pour se préoccuper beaucoup du choix de leur nourriture. La viande d'ours était assez succulente pour que des voyageurs altérés et affamés comme ils l'étaient, s'en régalassent même sans aucun assaisonnement.

Après s'être lavés pour se débarrasser de la poussière, ils mangèrent leur frugal repas. On pourrait supposer qu'après une marche si pénible ils durent encore se sentir quelque peu fatigués au réveil; mais, chose étonnante, il n'en fut pas ainsi, et le matin les trouva entièrement dispos. Lucien attribuait cela à la bienfaisante influence de l'atmosphère à la fois légère et sèche; et Lucien avait raison, car bien qu'entourés d'un sol aride, ils étaient dans un des climats les plus sains du monde. Plus d'une personne attaquée de la poitrine, entrée dans les prairies les pommettes rouges et en proie à de fréquens accès de toux sèche, est revenue vivant témoignage de l'influence réparatrice dont je viens de parler.

Nos trois jeunes étaient donc aussi vifs que des abeilles. Ils procédèrent immédiatement aux apprêts de leur déjeuner. Ils ramassèrent une pleine casquette de noix de pinon, dont Lucien entendait parfaitement la préparation. Ces noix, ajoutées à la viande d'ours, constituaient un bon repas de chasseur. En prévision de leur dîner, ils déterrèrent une bonne quantité de segos et de navets de prairies. Ils trouvèrent aussi une espèce de mauve (*malva involucrata*), dont les longues racines coniques ont à peu près le goût du panais comme elles en ont la forme. Tout cela fut mis dans la marmite avec la viande d'ours; de telle sorte que le dîner se composait, on pourrait dire, de jambon, de navets, de panais et d'yams, car la racine du sego, ainsi apprêtée, se rapproche assez de l'yam ou patate douce (*convolvulus batatas*).

Naturellement, les jeunes aventuriers ne dînèrent pas immédiatement après le déjeuner. Un long intervalle s'écoula entre leur repas. Ils employèrent ce temps à laver, nettoyer, mettre en ordre leurs hardes et leurs fournimens, car tout avait bien souffert de la précipitation des jours précédens. Tout en s'occupant ainsi, ils jetaient de temps en temps un coup d'œil sur la prairie, mais on n'y voyait rien qui ressemblât à des buffalos. En fait, ils ne se souciaient pas trop, pour le moment, d'en découvrir, car ils avaient pris la résolution de rester là un jour ou deux, jusqu'à ce que leurs montures fussent bien reposées et en état de reprendre leurs rudes travaux. Ces intéressantes bêtes jouissaient de la halte tout autant que leurs maîtres. Il y avait là une grande quantité d'herbes graminées, qui croissaient sur les bords du ruisseau, et il ne leur fallait que de l'herbe et de l'eau pour être pleinement satisfaites. Jeannette paraissait heureuse de ne plus être au milieu des bois sombres, où elle avait presque été mise en pièces par les panthères et les javelins.

Avant la tombée du soir, les jeunes gens avaient terminé tous leurs menus travaux. Leurs selles, leurs brides et leurs lassos étaient complètement réparés et étalés sur les rochers secs. Leurs fusils étaient essuyés et nettoyés dans toutes leurs pièces : chien, platine, canon. Les chevaux aussi avaient été lavés au ruisseau, et les chevilles de Jeannette avaient reçu une nouvelle application de la graisse d'ours; et si jamais cette célèbre pommade a eu la vertu de faire pousser des poils sur quelque chose, cet effet devait inévitablement se produire sur la mule.

Je disais donc que nos jeunes chasseurs, après avoir mis toutes leurs affaires en ordre, étaient assis sur trois grosses pierres près du cours d'eau, causant de leurs aventures passées et de leurs espérances futures. Naturellement le buffalo, but de leur expédition, était l'objet principal de leur entretien. Leurs pensées se reportèrent aussi sur leur bon vieux père; ils se félicitaient d'avance du plaisir qu'il aurait à entendre leurs aventures. Hugot eut aussi une part dans leur souvenir, et François rit de bon cœur en se rappelant les tours qu'il avait joués de temps en temps au petit caporal.

Pendant qu'ils s'amusaient ainsi, leurs regards furent attirés par quelques objets sur la prairie.

— Oh! s'écria François, quelle bande de loups!

Rien de plus commun que de voir des loups dans ces contrées, et, à ce moment, on en voyait plusieurs assis au milieu de la prairie, à moins de deux cents yards du camp. C'étaient ceux qui, depuis plusieurs jours, suivaient la petite caravane dans sa marche.

— Les animaux que nous voyons là-bas ne sont pas des loups, s'écria joyeusement Basile. C'est mieux que cela, je crois : ce sont des daims !

— Non, frère, répondit Lucien, ce sont des antilopes.

A ces mots, Basile et François se levèrent et coururent à leurs fusils. Basile désirait particulièrement abattre une antilope, car il n'en avait jamais tué. Il est vrai qu'il n'en avait jamais vu, attendu qu'on ne rencontre pas ces animaux dans le voisinage du Mississipi. Chose étrange, ils habitent de préférence les déserts arides qui s'étendent au pied des montagnes Rocheuses, région où l'herbe est rare et l'eau encore plus. Dans certaines parties, c'est le seul ruminant d'une taille raisonnable que l'on puisse rencontrer. On le trouve quelquefois si loin de l'eau, que des naturalistes ont assuré qu'il pouvait vivre sans cet élément indispensable. Ces naturalistes oublient que ce qui serait pour eux *loin de l'eau* n'est pour l'antilope qu'un parcours de quelques minutes, je serais tenté de dire un temps de vol, car sa course bondissante ressemble plus au vol d'un oiseau qu'au galop d'un quadrupède.

L'antilope diffère peu du daim. Le daim n'a pas la vésicule du fiel qu'ont toutes les antilopes. Il y a aussi une différence dans les cornes : celles du daim sont formées d'une substance solide et osseuse qui diffère de la vraie corne ; les cornes de l'antilope tiennent plutôt de celles du bouc. Tels sont les principaux points de dissemblance entre l'antilope et le daim. Ils se ressemblent sous presque tous les autres rapports. Les naturalistes prétendent qu'il n'y a qu'une seule espèce d'antilopes dans l'Amérique du Nord (*antilope americana*). Quand la faune du Mexique aura pu être soigneusement étudiée, je crois qu'on en trouvera une autre.

C'est seulement sur les grandes prairies du *far west* (1) que l'on rencontre l'antilope à cornes fourchues. C'est la plus farouche et la plus timide des créatures, et le chasseur ne peut l'approcher que par ruse, par stratagème.]

Quelquefois les Indiens entourent un troupeau ou le poussent vers un marais. Mais dans ces circonstances même, les antilopes trouvent dans leur légèreté, leur rapidité, le moyen d'échapper, et il en coûte aux chasseurs de telles fatigues qu'ils s'y exposent rarement, à moins que le pays n'offre pas d'autre gibier. Le procédé le plus facile pour s'emparer de l'antilope est de l'amener à traverser une rivière. Ses membres grêles, ses petits sabots délicats en font un triste nageur. Les Indiens détruisent quelquefois des troupeaux entiers pendant qu'ils sont en train de passer à la nage les grands cours d'eau des prairies.

Quoique timide, l'antilope est aussi curieuse que le fut jamais notre mère Ève. Elle approchera souvent ses plus dangereux ennemis pour satisfaire sa curiosité.

Notre petite troupe devait assister à une singulière démonstration de cette particularité.

Basile et François avaient saisi leurs fusils, mais ils ne bougeaient pas de place. Cela n'eût pu leur servir à rien, car il n'y avait pas un bouquet d'herbe pour se faire un abri dans la direction d'où venaient les antilopes.

Ils demeurèrent donc immobiles, espérant que les animaux se dirigeraient vers la source et viendraient se livrer eux-mêmes. C'est ce qui arriva : le troupeau, qui se composait d'environ vingt antilopes, s'avança sur la prairie, se dirigeant droit vers la butte ; elles marchaient sur une seule file, derrière leur chef, comme des Indiens sur le sentier de la guerre.

Elles furent bientôt assez près pour que les chasseurs distinguassent chaque partie de leurs corps ; leurs dos roux, leurs flancs et leurs ventres blancs, leurs crinières courtes et droites, leurs jambes fines, leurs museaux longs et pointus ; ils voyaient jusqu'aux petites taches noires placées en arrière des joues, et qui émettent cette odeur désagréable particulière au bouc. C'est à cause de cette

(1) Ouest, loin.

odeur que les trappeurs ont donné, dans leur langage peu romanesque, le nom de boucs à ces animaux si gracieux.

Nos jeunes chasseurs observaient toutes ces particularités pendant que le troupeau s'approchait ; ils s'étaient placés derrière quelques buissons de saules, afin de n'être pas vus. Ils remarquèrent aussi qu'un seul de ces animaux avait des cornes et que celui-là était en tête, comme un guide ; tous les autres étaient ou des femelles ou des jeunes.

Les antilopes, en approchant, ne parurent faire aucune attention aux chevaux qui broutaient sur la place et qui n'étaient pas directement sur leur route ; elles les prenaient sans doute pour des mustangs, qui ne leur sont en aucune manière hostiles et ne leur inspirent conséquemment nulle crainte ; elles arrivèrent enfin auprès du ruisseau, à l'endroit où il débouchait sur la prairie ; elles n'allèrent pas y boire, elles se dirigeaient évidemment vers la source, dans l'intention de se procurer une eau plus pure et plus rafraîchissante.

Les jeunes chasseurs restaient cachés au milieu des saules, tenant leurs fusils en main, et bien déterminés à faire feu aussitôt que les créatures sans défiance seraient arrivées à bonne portée ; celles-ci n'étaient plus qu'à deux cents yards environ, quand, tout à coup, on vit le chef tourner soudainement à droite et marcher en s'éloignant de l'eau. Pourquoi ce mouvement ?

En regardant dans la nouvelle direction, on apercevait à terre plusieurs objets velus, d'un brun rougeâtre et d'un assez vilain aspect. On aurait pu les prendre pour des renards endormis ; mais ce n'étaient pas des renards, c'étaient des loups, des loups de prairie, espèce d'animaux plus rusés encore que les renards. Ils n'étaient pas endormis non plus, bien qu'ils fissent semblant de l'être ; ils étaient parfaitement éveillés, et se tenaient sur le gazon la tête si complètement cachée par leur queue touffue, qu'il eût été impossible de déterminer à quelle classe d'êtres ils appartenaient. Mais nos jeunes gens ne pouvaient pas s'y tromper ; c'étaient ces mêmes loups qu'ils avaient remarqués un moment auparavant. Il y en avait environ une douzaine couchés en file, mais si rapprochés les uns des autres, que leurs corps se touchaient et paraissaient, à première vue, former un seul tout, ou, du moins, une rangée d'objets réunis. Ils gardaient la plus parfaite immobilité ; le chef du troupeau d'antilopes se dirigeait droit sur ce groupe.

Curieux de voir le dénoûment, nos chasseurs se tinrent coi dans leur embuscade, au milieu des saules.

Les antilopes, emboîtant le pas, suivaient leur chef dans la nouvelle direction, comme des soldats marchant sur une seule ligne. Elles s'avançaient doucement, le cou tendu et les yeux saillans, regardant fixement les objets étranges qui étaient devant elles. Quand elles ne furent plus qu'à environ deux cents yards des loups, le chef s'arrêta et renifla l'air ; les autres imitèrent tous ses mouvemens. Les loups, se trouvant placés sous le vent, les antilopes ne pouvaient tirer aucun parti de la finesse excessive de leur odorat ; elles s'avancèrent encore de quelques pas, s'arrêtèrent de nouveau, reniflèrent comme auparavant et se remirent en marche ; cette manœuvre fut répétée plusieurs fois en quelques minutes ; il était évident que la crainte et la curiosité se livraient un combat dans le sein de ces animaux ; parfois la crainte avait le dessus, car on les voyait trembler et tressaillir, comme au moment de prendre la fuite ; puis la curiosité l'emportait à son tour et provoquait un nouveau mouvement en avant.

Elles s'avancèrent ainsi jusqu'à ce que le chef arrivât à quelques pas seulement des loups, qui, pendant tout ce temps, conservaient l'immobilité de chats guettant des souris. On ne voyait remuer aucune partie de leurs corps, excepté les longs poils de leurs queues, que la brise agitait doucement ; mais ce mouvement ne faisait qu'exciter à un plus haut degré la curiosité des antilopes.

Tout à coup, le chef du troupeau parut être saisi d'un

accès d'audace; c'était un vieux bouc vigoureux. Qu'avait-il à craindre? Que pouvait-il redouter de créatures pareilles, de créatures auxquelles on ne voyait ni tête, ni dents, ni griffes, et qui paraissaient incapables de se mouvoir?

C'étaient bien sûr des objets inanimés! Il allait bientôt décider la question en s'avançant un peu plus, et en posant son nez sur l'un d'eux.

Il obéissait aussi à un certain sentiment d'orgueil ou de vanité; éprouvait le besoin de montrer son courage à celles qui le suivaient, et qui, pour la plupart étaient des femelles, plusieurs même ses propres épouses, car les vieux mâles d'antilopes sont d'affreux polygames. Il ne pouvait pas se montrer poltron aux yeux de ces belles daines, et il était déterminé à faire une rodomontade. Sous cette impulsion, il s'avança courageusement jusqu'à ce que son museau pointu touchât la robe d'un des loups.

Celui-ci n'avait pas cessé de l'observer sous le voile de sa queue, et n'attendait que cette occasion; il fut aussitôt sur ses pattes et s'élança à la gorge de l'antilope. Ses camarades, se déroulant au même instant, suivirent son exemple. Un moment après, le pauvre mâle, terrassé, était déchiré à belles dents par toute la bande.

Le troupeau, épouvanté, fit volte-face et prit la fuite dans toutes les directions. Quelques unes vinrent du côté des chasseurs, mais elles passèrent en bondissant avec une telle rapidité que pas un coup ne porta. Quelques instans après, toutes avaient disparu : le chef seul avait payé pour tous, et il expirait sous la dent des loups.

— Eh bien! celui-là est à nous, en tous cas, dit Basile. Chargez vos fusils, frères; laissez aux loups le temps de le tuer tout à fait, nous aurons bientôt fait de les disperser ensuite.

— C'est très bien à eux, ajouta François, de nous procurer une pièce de venaison toute fraîche pour notre souper; nous ne l'aurions peut-être pas eue sans le secours de leur ruse. Nous leur avons rendu quelques services dans le cours de notre voyage; ils peuvent bien une fois nous rendre la pareille.

— En ce cas, nous ferons bien de nous hâter, dit Lucien, chargeant en même temps de son côté; les loups paraissent aller bon train; ils sont capables de mettre notre venaison en pièces. Voyez comme ils y vont!

Aux paroles de Lucien, tous les yeux se portèrent sur les loups; ceux-ci se précipitaient sur le corps de l'antilope, tantôt en foule, tantôt les uns après les autres, s'acharnant sur le pauvre animal expirant. Leurs mâchoires étaient déjà teintes de sang, et leurs queues touffues s'agitaient en tous sens dans un mouvement perpétuel.

Les chasseurs se dépêchèrent de recharger leurs armes, craignant fort que les loups ne gâtassent leur gibier, comme l'avait dit Lucien.

En moins d'une minute les balles étaient dans les canons et les capsules sur les cheminées; cela fait, ils s'élancèrent à la course, Marengo en tête, le cou tendu, la gueule béante, et prêt à livrer bataille à toute la bande. Ils n'avaient pas plus de trois cents yards à parcourir pour atteindre les loups; quand ils furent à portée de fusil, ils s'arrêtèrent tous trois, mirent en joue et firent feu.

La décharge eut son plein effet; deux loups roulaient en se débattant sur l'herbe, et les autres, lâchant leur proie, s'enfuyaient sur la prairie. Les jeunes gens s'approchèrent; Marengo sauta sur un des loups blessés; l'autre fut achevé à coups de crosse. Mais où était l'antilope? On ne voyait plus rien qui lui ressemblât à la place où elle était tombée.

Une demi-douzaine de lambeaux de peau déchiquetée, une tête cornue, des sabots, des côtes, des ossemens à moitié rongés, c'était tout ce qui restait du daim à cornes fourchues, tout ce qui restait du gracieux animal qui, peu d'instans auparavant, bondissait sur la prairie, fier de sa santé, de sa vigueur et de sa légèreté!

Les jeunes gens contemplaient ces restes avec un profond désappointement et un vif chagrin, car, quoiqu'il leur restât encore une bonne provision de viande d'ours, ils avaient compté sur la venaison fraîche pour leur souper; mais il ne restait ni gigot, ni tranche, rien que des morceaux déchirés et impossibles; aussi, après avoir voué les loups à tous les diables, ils laissèrent Marengo aux prises avec les débris, et revinrent lentement au camp reprendre place sur leurs pierres.

XXVII

L'ANTILOPE LEURRÉE.

Ils n'étaient pas assis depuis cinq minutes, quand leur attention fut attirée de nouveau vers la prairie. Un autre troupeau d'antilopes! Tout étrange que cela pût paraître, cela était cependant, et, de même que les premières, celles-ci se dirigeaient droit vers la source. Il était facile de reconnaître que ce n'étaient pas les mêmes : ce second troupeau était beaucoup plus nombreux; il comptait plusieurs mâles, reconnaissables à leurs cornes fourchues.

Les fusils furent rechargés, et on rappela Marengo, qui aurait pu effrayer ces animaux. Comme les autres, ils marchaient sur une seule file, sous la conduite d'un bouc de grande taille.

Le troupeau paraissait se composer de trente antilopes au moins. Elles avaient sans doute pâturé tout le jour sur quelque plaine éloignée, et se dirigeaient maintenant vers l'eau, dans l'intention de se désaltérer avant de prendre leur repos de nuit.

A quatre ou cinq cents yards de la source, les antilopes obliquèrent légèrement à gauche, entrèrent dans le lit du ruisseau, regagnèrent le bord après avoir bu, et se mirent à brouter; il était évident qu'elles n'avaient pas l'intention de s'approcher davantage soit de la butte, soit du bosquet de saules où étaient postés nos chasseurs. Ceux-ci se trouvaient désappointés; ils avaient compté de nouveau sur un souper de viande d'antilope, et les chances devenaient de plus en plus faibles.

Au lieu de s'approcher, les animaux s'éloignaient d'eux en broutant. Aucun abri ne permettait de risquer l'approche : il fallait donc se résigner à les laisser aller comme ils étaient venus; mais Basile se rappela un expédient dont il avait entendu parler par de vieux chasseurs, et que le curieux épisode du premier troupeau, à l'égard des loups, lui avait remis en mémoire. Il résolut donc d'user de ce moyen pour attraper au moins une antilope, si cela était possible.

Faisant signe à ses frères de ne pas bouger, il prit une des couvertures rouges étendues près de là. Il avait commencé par couper un jeune arbre long et fourchu, et l'avait aiguisé en pointe à l'un de ses bouts. Il étendit alors la couverture et la tint devant lui, son rifle d'une main et la branche de l'autre; il quitta les saules et s'avança sur le terrain découvert, ayant soin de placer toujours la couverture entre lui et les animaux, de manière à ce que son corps fût complètement caché à leurs yeux. Il fit quelques pas de cette manière, marchant le corps plié en deux jusqu'à ce qu'il eût attiré l'attention des antilopes; alors il ficha solidement la branche en terre, étendit la couverture sur la fourche et s'agenouilla derrière.

Un objet aussi extraordinaire par la forme et par la couleur ne pouvait manquer d'exciter immédiatement la curiosité du troupeau; les antilopes cessèrent de brouter et commencèrent à s'approcher, s'arrêtant de minute en minute, puis reprenant leur marche en avant. Elles n'avançaient plus sur une seule file, comme avait fait le premier troupeau : l'un des mâles prit d'abord la tête, puis un autre le dépassa; chacun désirait faire montre de son courage. Bientôt un des plus gros fut à portée de fusil; Basile, qui s'était étendu sur l'herbe, visa en pleine poitrine et fit feu.

Le bouc sauta sur le coup ; mais, au grand désappointement du chasseur, il se retourna, de bout en bout et s'enfuit avec le reste du troupeau qui avait bondi au loin en entendant la détonation du rifle.

Basile était quelque peu surpris ; il avait visé avec soin, et rarement, dans de telles circonstances, son rifle lui avait fait défaut : il crut bien avoir manqué cette fois, cependant, lorsqu'il vit l'antilope s'enfuir avec toute la légèreté d'un animal sain et sauf ; il n'attribua cette mésaventure qu'à la précipitation avec laquelle il avait chargé son arme. Il ramassa la couverture et revint d'un air tout mortifié vers ses compagnons.

— Voyez là-bas, s'écria François, qui n'avait pas quitté des yeux les antilopes en fuite, regardez les loups, ils courent après.

— Ah ! s'écria Lucien, tu as blessé le bouc, frère, autrement les loups ne les poursuivraient pas ; vois, ils sont lancés sur sa piste comme des limiers.

Lucien avait raison : l'animal avait été atteint, autrement les loups n'auraient jamais eu l'idée de perdre leur temps à poursuivre une antilope ; car, chose remarquable, ces créatures rusées savent mieux que le chasseur reconnaître si le gibier a été blessé, et très souvent réussissent à l'atteindre quand ce dernier croit avoir manqué son coup. Il était donc évident que Basile avait blessé l'animal, mais la balle n'avait sans doute atteint que les chairs, et les loups le suivaient, comptant sur le prompt épuisement qui résulterait de la blessure.

Basile se demanda aussitôt s'il ne pourrait pas arriver pour l'*hallali,* dans cette intention, il courut à son cheval, le détacha, et, l'enfourchant à poil, le lança au galop à la suite des loups, qu'il tenait en vue.

L'antilope sur laquelle il avait tiré était toujours devant les loups, mais bien loin derrière le troupeau ; sa course était évidemment lourde et pénible.

Il en coûta au jeune chasseur un temps de galop de cinq milles, au bout desquels, se trouvant encore à un demi-mille en arrière, il vit des loups atteindre l'antilope et l'abattre sur la prairie. Il poussa Black-Hawk à toute vitesse. Au bout de quelques minutes, il arrivait sur le terrain, écartait les loups en galopant au milieu d'eux, mais encore trop tard ! Le corps de l'antilope était en pièces et plus d'à moitié dévoré. Pour tout dédommagement de sa longue course, Basile n'avait que des lambeaux de peau et des os à demi dépouillés de leur chair !

Il ne put retenir une exclamation qui ressemblait beaucoup à un juron français, puis, désappointé, revint lentement sur ses pas, donnant les loups à tous les diables.

François fit chorus avec lui ; car François, qui en avait assez de la viande d'ours, était furieux de voir encore une fois son souper de viande fraîche lui échapper. Lucien, toutefois, leur affirma que, d'après ce qu'il avait entendu dire, la chair de l'antilope ne constituait pas un régal merveilleux, et cela diminua quelque peu leurs regrets.

Avec une bonne étuvée de viande d'ours et de panais, un peu de pain de pinon, que Lucien avait préparé à la manière indienne, tous trois firent un souper qui n'était pas à dédaigner, quelles que fussent les circonstances. Quand ils l'eurent fini, ils rapprochèrent leurs chevaux du camp, afin de les avoir sous la main au besoin, et, s'étant roulés dans leurs couvertures, ils se livrèrent à un sommeil rafraîchissant.

XXVIII

LES CIMMARONS MIS EN DÉROUTE.

Cette nuit-là, il ne leur fut pas donné de dormir sans interruption. Deux ou trois fois, leurs chevaux, effrayés par quelque bête féroce, bondirent à l'extrémité de leur corde. Ils crurent d'abord que ce pouvaient être des loups ; mais le chien Marengo, qui ne s'inquiétait nullement des loups, montrait des symptômes de terreur, et poussait de temps en temps des grognemens sauvages, sans toutefois s'écarter du camp.

La mule Jeannette aussi se rapprochait du feu, autant que sa longe le lui permettait, et nos jeunes aventuriers la voyaient trembler comme à l'approche d'un ennemi bien connu. Parfois, ils distinguaient, au milieu des hurlemens des loups, un son étrange et tout à fait différent.

C'était une sorte de ronflement continu, faible et plaintif. Toutes les fois que ce bruit se faisait entendre, Jeannette tressaillait, et Marengo se rapprochait en rampant. Serait-ce le cri du couguar, ou, chose plus effrayante, le grognement de l'ours gris ? Cette dernière conjecture n'était pas impossible. Ils se trouvaient alors dans une région où l'on rencontre ces terribles animaux, et précisément à une place susceptible d'être choisie pour demeure par l'un d'eux, ou même par plusieurs. Il y avait bien de quoi frémir, et la certitude d'avoir pour voisins des hôtes aussi terribles que les grizzlys, était suffisante pour ôter à nos jeunes chasseurs toute envie de dormir. Bien qu'ils n'en fussent pas tout à fait certains, ils résolurent de ne pas dormir tous ensemble, et de monter la garde chacun à son tour. Ils remirent du bois sur le feu, afin que la flamme leur permît de surveiller les alentours à bonne distance ; deux d'entre eux se rendormirent, pendant que le troisième veillait assis, et tenait son arme prête contre toute attaque imprévue. Chacun eut deux heures de quart à faire, jusqu'à ce que le jour vînt mettre fin à leur inquiétude en leur montrant qu'il n'y avait aucun ennemi visible dans leur voisinage.

Ils se levèrent alors, laissèrent leurs chevaux libres sur l'herbe, se lavèrent dans l'eau cristalline de la source, et apprêtèrent leur déjeuner. La provision de viande sèche qui leur restait alors était tout au plus suffisante pour un jour ou deux, car les loups en avaient enlevé une portion considérable à leur dernier campement. Ils n'étaient pas exempts de crainte au sujet de leur subsistance future, car cette partie du pays semblait tout à fait dépourvue de gibier, à l'exception des antilopes, et l'expérience leur avait montré combien peu de chance ils avaient de pouvoir se procurer des antilopes. La rencontre des buffalos pouvait seule les préserver du risque de mourir de faim.

Ils pensaient à cela tout en préparant et en mangeant leur déjeuner ; le résultat de leurs réflexions fut de se réduire à la demi-ration de viande d'ours, afin d'économiser le peu qui leur en restait.

Après le déjeuner, ils tinrent conseil sur la route qu'ils devaient suivre. Allaient-ils se diriger au nord, au sud, à l'est ou à l'ouest de la butte ? Les avis étaient partagés ; à la fin, cependant, ils convinrent que tous qu'avant de prendre une détermination, il convenait de monter au sommet de la butte et d'examiner de là le pays environnant ; cet examen pouvait les éclairer sur la meilleure direction à prendre. Peut-être, de ce point élevé, qui commandait une grande étendue de pays, pourraient-ils découvrir les buffalos.

Ils mirent leurs fusils sur l'épaule, laissèrent leurs couvertures et leurs ustensiles près de la source, et partirent à pied pour chercher un endroit praticable à l'escalade. Ils se dirigèrent d'abord vers le flanc ouest ; leur camp était situé au nord-est de la butte. A mesure qu'ils avançaient, la crainte les prenait de ne trouver à la montagne aucun point accessible. De tous côtés elle apparaissait escarpée, s'élevant verticalement au-dessus de la plaine. Çà et là des fragmens de rochers gisaient près de sa base comme s'ils fussent tombés du sommet, et des arbres, accrochés par leurs racines aux fissures du rocher, croissaient sur ses flancs. Des pins clair-semés, bordant la crête la plus élevée, étendaient leurs branches au-dessus de la plaine ; les aloès, les yuccas et les cactus ajoutaient à l'apparence pittoresque et sauvage de cette singulière éminence.

Au moment où ils atteignaient l'extrémité occidentale de la butte, quelque chose de nouveau frappa leurs yeux : à une grande distance, vers l'est, ils découvraient comme une rangée de rochers semblables à ceux de la butte. Ils avaient devant eux l'escarpement oriental du fameux *Llano Estacado*, ou plaines barrées.

Les jeunes gens avaient souvent entendu parler de cette région des *tables*, et en reconnurent la conformation d'un coup d'œil. La butte dont ils faisaient le tour était tout simplement une *mesa* isolée de cette singulière formation des prairies.

Après avoir examiné un moment ces buttes lointaines, nos jeunes chasseurs continuèrent leur inspection, contournant la partie sud de l'éminence : les rochers s'élevaient toujours perpendiculairement et n'offraient aucune échancrure à l'aide de laquelle on pût tenter l'escalade; elle paraissait même plus élevée de ce côté, et de plus, en quelques endroits, des rochers noirs en saillie surplombaient la plaine, et de gros arbres s'en élançaient horizontalement.

Les jeunes gens s'étaient arrêtés à un endroit et regardaient en haut, quand plusieurs créatures étranges se montrèrent tout à coup sur le bord des rochers au-dessus d'eux. C'étaient des animaux, mais tels qu'ils n'en avaient jamais vu de semblables ; chacun d'eux était aussi gros qu'un daim ordinaire et à peu près de la même couleur ; le dos et les flancs rougeâtres, la gorge, les hanches et le ventre d'un blanc pâle. Ils différaient très peu des daims par la forme, bien que leurs proportions fussent plus fortes, et leur ressemblaient bien plus encore sous beaucoup d'autres rapports. Par la tête et la physionomie, ils se rapprochaient davantage de la brebis que de tout autre animal ; mais ce qu'il y avait de plus extraordinaire chez eux, c'était les cornes, à la conformation desquelles nos chasseurs reconnurent au premier coup d'œil les *cimmarons* ou moutons sauvages des montagnes Rocheuses.

Ces cornes, du reste, n'avaient pas, à beaucoup près, la même forme chez tous, et, au premier aspect, semblaient former deux espèces distinctes. Quelques-unes les avaient courtes, six pouces tout au plus, partant du frontal et se recourbant légèrement en arrière, sans s'écarter beaucoup sur le sommet : c'étaient les femelles du troupeau ; les cornes des mâles, au contraire, présentaient d'énormes dimensions ; elles prenaient naissance juste au-dessus des yeux, se recourbaient d'abord en arrière, puis revenaient en avant jusqu'à toucher presque les mâchoires : chez quelques-unes, elles avaient plus d'un yard de développement, et presque autant de circonférence à la base, où elles présentaient des anneaux circulaires très saillans, séparés par des rainures profondes, comme on en voit sur celles des béliers ordinaires.

Ces énormes appendices donnaient un aspect étrange, imposant à leur silhouette, qui se découpait au bord du rocher sur le fond bleu du ciel. Il y en avait à peu près une douzaine, tant mâles que femelles ; mais on distinguait mieux les mâles qui, plus avancés sur le rocher, regardaient en bas en reniflant l'air.

A peine remis de la surprise que leur avait causée la vue de ces animaux, les jeunes chasseurs mirent en joue, et ils allaient faire feu quand les cimmarons, comme s'ils eussent deviné leur dessein, firent volte-face et disparurent en un clin d'œil.

Les jeunes gens restèrent plus d'un quart d'heure à la même place, dans l'espoir que les animaux se montreraient de nouveau sur le bord du rocher; mais ces derniers ne revinrent pas. Leur curiosité était satisfaite, ou, plus sages que les antilopes, ils ne la poussaient pas jusqu'au point de risquer leur vie pour la satisfaire.

Nos chasseurs durent se résigner à quitter la place et à continuer la recherche d'un passage pour arriver en haut.

Plus que jamais ils désiraient atteindre le sommet de la butte, comptant renouveler les provisions de leur garde manger aux dépens du troupeau de moutons sauvages. Tout en marchant, ils examinaient soigneusement toutes les crevasses ou ravines qui paraissaient conduire vers le haut ; mais sur tout le côté sud ils ne purent découvrir aucun chemin praticable.

— Il doit pourtant y avoir un chemin qui mène là-haut, dit François, autrement comment les moutons auraient-ils pu y aller ?

— Peut-être, dit Basile, sont-ils nés là et ne sont-ils jamais descendus dans la plaine.

— Non, cela n'est pas vraisemblable, dit Lucien. Je ne pense pas qu'il y ait d'eau sur ce plateau, et ces animaux ne peuvent pas plus se passer de boire que les autres; ils doivent donc descendre de temps en temps pour aller à la source.

— En ce cas il y a un chemin, reprit François.

— Sans aucun doute il y en a un pour eux, repartit Lucien ; mais ce n'est pas une raison pour qu'il y en ait un pour nous. Quoiqu'ils aient des sabots comme les moutons, ils escaladent les rochers comme des chats ou en descendent comme des écureuils ; c'est pour cela qu'ils échappent aux loups, aux panthères et aux autres animaux qui les dévoreraient.

— J'ai entendu dire, ajouta Basile, qu'ils peuvent s'élancer de plus de cent pieds de haut, et retomber sur leurs cornes sans se faire le moindre mal ; est-ce vrai, Luce ?

— Les Indiens et les trappeurs l'affirment, et des voyageurs intelligens y ont ajouté foi. Les naturalistes n'ont pas encore résolu la question de savoir si cela est vrai ou faux. Il est certain qu'ils peuvent sauter de très haut, qu'ils montent sans glisser le long des crêtes les plus étroites d'un précipice; qu'ils traversent d'un bond des abîmes effrayans, et courent avec rapidité sur des rebords où ni chien, ni loup, n'oseraient s'aventurer. Ils paraissent vraiment se complaire au milieu de ces périls, comme s'ils prenaient plaisir à braver le danger, tout comme un écolier aime à se livrer à de périlleux exercices d'agilité.

— Ne sont-ce pas les mêmes que les chasseurs appellent big-horns (1), demanda François ?

— Ce sont les mêmes, répondit Lucien : *cimmaron* est le nom qui leur a été donné par les Espagnols qui, les premiers, ont exploré ces contrées. Les naturalistes les ont appelés *argalis* à cause de leur ressemblance avec l'àrgali (*ovis ammon*) ou mouton sauvage d'Europe; ils ne sont pas de la même espèce cependant : à mon avis, ce ne sont nullement des moutons sauvages, mais de vraies antilopes, tout aussi bien que le chamois des Alpes ou le daim à cornes fourchues de la prairie (2). Il me paraît en effet très absurde de prétendre que notre mouton ordinaire descend de l'argali ; ces deux sortes d'animaux se ressemblent fort peu, si ce n'est par la tête et par les cornes des mâles, et je ne vois pas, pour ma part, quelles sont les causes qui auraient pu créer entre eux une ressemblance aussi grande sous tous les autres rapports. Je pense donc que les *big-horns* sont, non pas des moutons, mais des antilopes : des antilopes de montagne, si vous voulez, pour les distinguer de leurs cousins à cornes fourchues, qui préfèrent parcourir les plaines, tandis que les big-horns passent la plus grande partie de leur vie au milieu des roches escarpées.

Une exclamation de Basile, qui marchait à quelques pas en avant, attira en ce moment l'attention de ses frères, et mit un terme à cette conversation.

Ils étaient arrivés à l'extrémité orientale de la butte qui, de ce côté, présentait un aspect différent. On voyait un ravin profond, creusé dans la roche, et, au fond de cette crevasse, un sentier en pente qui semblait mener au sommet. Cette gorge, entourée de buissons, de cactus et d'acacias, était remplie de fragments de rochers, et la pente

(1) Grosses cornes.
(2) Prongs-horns.

en paraissait assez douce pour être gravie par un piéton. Près du fond du ravin, on voyait des excavations profondes, et un cours d'eau, plus abondant que celui sur les bords duquel les jeunes chasseurs avaient campé, sortait de ces excavations et se dirigeait vers le sud-est, au milieu d'une double bordure d'herbe et de saules.

Lorsque les enfans arrivèrent à la source principale du ruisseau, leur attention fut attirée par quelques empreintes marquées sur la terre molle. Ces empreintes étaient d'une forme oblongue et plus larges que celles qu'aurait pu faire le pied d'un homme; les trous profonds, creusés par cinq grandes griffes, à l'extrémité de chacune d'elles, indiquaient l'animal qui les avait faites : c'étaient des empreintes d'ours gris. Il ne pouvait y avoir le moindre doute à cela, car on voyait distinctement marquée l'empreinte des pieds longs et plantigrades, les tubercules des doigts et les trous où les griffes recourbées s'étaient enfoncées de plusieurs pouces dans la terre. Aucun autre animal n'avait pu faire de telles empreintes, pas même l'ours noir ou l'ours brun, dont les griffes sont petites, en comparaison de celles du monstrueux grizzly des montagnes.

Nos chasseurs, très alarmés, hésitèrent quelques instans; mais comme l'animal qui avait fait les traces n'était pas en vue, leurs craintes diminuèrent sur le meilleur parti à prendre. Fallait-il gravir le long du ravin pour essayer d'atteindre le sommet? C'était leur première intention, et ils auraient ainsi fait sans hésitation s'ils n'avaient découvert des traces d'ours; mais cette découverte changeait l'aspect des choses. S'il y avait des grizzly dans le voisinage, et cela paraissait certain, le ravin était, selon toute apparence, la place où l'on avait le plus de chance de les rencontrer. Ses fourrés épais et les crevasses nombreuses qui se montraient, semblables à des cavernes, au milieu des rochers, constituaient autant de places comme les grizzly les aiment.

Leur caverne pouvait se trouver dans le ravin même, et c'était une dangereuse affaire que de les rencontrer dans une ascension; mais nos jeunes gens étaient pleins de courage : ils avaient un grand désir de monter sur la butte, tant par curiosité que pour tirer sur les big-horns, et ce désir l'emporta sur la prudence. Ils résolurent de mener à fin ce qu'ils avaient entrepris, et commencèrent à monter, Basile prenant la tête.

C'était une rude ascension : ils étaient obligés par momens de s'aider des branches et des racines; ils remarquèrent un sentier tracé qui se dirigeait vers le haut, et ils le suivirent. Sans doute les big-horns ou quelques autres animaux avaient pratiqué ce chemin en montant et en descendant, quoiqu'on ne pût guère le reconnaître qu'à une légère décoloration des rochers et par quelques places où la terre semblait plus compacte, ayant été foulée par des sabots ou des pieds.

Lorsqu'ils furent parvenus à un peu plus de moitié du chemin, ils remarquèrent, d'un côté du ravin, et tout près de la route, une fissure ressemblant à l'entrée d'une grotte.

La couleur terreuse des rochers, l'absence d'herbe et l'aspect labouré du sol tout autour, leur fit penser qu'un animal en avait fait son repaire.

Ils passèrent devant en silence, montant aussi vite que la nature du chemin le leur permettait, et jetant en arrière des regards effrayés.

En quelques instans, ils eurent atteint le rebord de la butte, et, s'y accrochant avec les mains, ils regardèrent avec précaution et embrassèrent du regard tout le sommet, plat comme une table, de la montagne.

Ce plateau était, comme ils l'avaient pensé, parfaitement de niveau, présentant une surface d'environ vingt à trente acres. Quelques clair-semés de pins se montraient çà et là, plus un buisson ou deux de l'espèce d'acacia connue sous le nom de *mezquite*.

Il y avait de l'herbe en abondance entre les arbres, et de grosses touffes de grandes herbes, mêlées de cactus et d'aloès, formaient des sortes de fourrés. Ces fourrés n'existaient qu'à deux ou trois endroits : la plus grande partie de la surface étant découverte et pouvant être embrassée d'un coup d'œil, les chasseurs avaient à peine passé la tête au-dessus du rocher qu'ils aperçurent le troupeau de big-horns.

Ces derniers étaient en ce moment près de l'extrémité ouest du plateau, et, à l'étonnement de tous, paraissaient sauter et bondir comme atteints de vertige. Ils ne cherchaient pas à s'échapper, car ils n'avaient pas encore remarqué les jeunes gens qui, en prenant pied sur le faîte, avaient eu soin de se cacher prudemment derrière quelques buissons; au contraire, ces animaux couraient dans dans différentes directions, bondissant à une grande hauteur.

Au bout de quelques instans, les jeunes gens remarquèrent que les porteurs de grandes cornes prenaient seuls part à cet exercice, tandis que les autres broutaient tranquillement à côté d'eux.

Il fut bientôt évident pour eux que les mâles étaient engagés dans un combat terrible : leurs ronflemens furieux, le bruit de leurs cornes se heurtant les unes contre les autres, étaient autant de témoignages de l'entrain qu'ils y mettaient. Tantôt ils s'éloignaient l'un de l'autre, comme le font ordinairement les béliers, puis s'élançaient tête contre tête, et le choc retentissait comme si leurs crânes avaient été brisés.

Quelquefois, deux mâles se livraient un combat singulier; puis trois ou quatre s'attaquaient confusément, semblant s'inquiéter fort peu du choix de leur antagoniste.

Ils paraissaient tous être également ennemis les uns des autres; chose étrange, les femelles ne prenaient, en apparence, aucun souci de cette bataille : la plupart broutaient tranquillement, et si, parfois, elles jetaient un regard sur leurs maîtres et seigneurs engagés dans le combat, c'était avec un air de nonchalance et d'indifférence, qui montrait le peu d'intérêt qu'elles pouvaient porter au résultat.

Nos chasseurs se croyaient sûrs de tenir tout le troupeau comme dans une trappe; ils n'avaient qu'à garder le passage par lequel ils étaient montés, puis chasser tout à leur aise les big-horns sur le plateau. Il fut donc convenu que Lucien resterait là avec Marengo, tandis que Basile et François s'avanceraient pour tirer les premiers coups; ils mirent sans délai le plan à exécution; l'attention des animaux était complétement absorbée par le combat. Profitant de cette circonstance, Basile et François s'avancèrent lentement, se tenant cachés autant que possible, jusqu'à ce qu'ils fussent à portée de fusil. Ils arrivèrent ensemble derrière un bosquet d'acacias et, à un signal de Basile, ils se levèrent en même temps et mirent en joue. Au même moment ils virent un des mâles, qui reculait pour prendre de l'élan, disparaître tout à coup derrière le bord du rocher; ils pensèrent qu'il était tombé, ses jambes étant la dernière partie de son corps qu'ils eussent vue; mais ce n'était pas le moment de réfléchir sur ce sujet, et tous les deux tirèrent la détente à cet instant. Deux des animaux tombèrent; les autres s'enfuirent en bondissant, coururent vers un point du plateau et firent halte.

Basile et François s'élancèrent en avant, criant à Lucien d'être sur ses gardes : mais, à leur grande surprise, les cimmarons, voyant de nouveau par leurs cris et le vent leur retraite coupée, s'élancèrent par-dessus le bord et eurent disparu en un instant!

— Ils doivent être tous tués, pensèrent Basile et François, et, criant à Lucien de venir, ils coururent tous trois à la place d'où ces animaux s'étaient précipités; ils regardèrent en bas et virent toute la plaine au-dessous d'eux, mais pas un bighorn.

Qu'étaient donc devenus ces animaux?

— Là-bas! s'écria François, ils s'en vont là-bas! et il indiquait un point éloigné sur la prairie où l'on voyait plusieurs objets rougeâtres fuyant comme le vent vers les monticules éloignés du *Llano Estacado*. Lucien fit alors remarquer à ses frères plusieurs rebords de rochers qui formaient des marches, et dont, sans aucun doute, les animaux s'étaient servis pour effectuer leur descente, et parvenir sains et saufs jusqu'en bas.

Aussitôt que les cimmarons furent hors de vue, les chasseurs retournèrent vers ceux qu'ils avaient abattus, et qui tous deux, un mâle et une femelle, étaient étendus morts sur le gazon.

Ils se préparaient à les dépouiller, quand Basile et François se rappelèrent l'incident qui avait précédé leurs coups de feu, et, désirant vérifier si le big-horn était tombé du rocher par accident ou s'il avait sauté avec intention, ils se dirigèrent vers la place où ils l'avaient vu disparaître.

En regardant par-dessus le bord, ils virent au-dessous d'eux un arbre violemment agité, et, au milieu des branches, un gros corps rouge; c'était le cimmaron, et, à leur grand étonnement, ils s'aperçurent qu'il était suspendu par une de ses immenses cornes, tandis que son corps et ses jambes s'agitaient et, se débattant, pendaient de toute leur longueur dans le vide. Il était clair que la chute avait eu lieu par accident, et que le hasard seul l'avait fait tomber au milieu des branches du pin. C'était pitié de voir les efforts de la pauvre bête; mais il n'y avait pas moyen de la dégager de sa position, car elle était hors de toute portée, et Basile, ayant chargé son rifle, lui envoya une balle au cœur pour mettre fin à son agonie. Le coup ne changea rien à sa position, et la corne demeura engagée dans la branche; mais l'animal cessa de se débattre, et resta suspendu, mort.

Il resta là, sans doute, jusqu'à ce que des vautours affamés, l'apercevant de loin, vinssent déchirer son cadavre.

XXIX.

ASSIÉGÉS PAR LES OURS GRIS.

Les jeunes chasseurs mirent alors leurs fusils de côté, tirèrent leurs couteaux et dépouillèrent les cimmarons avec l'adresse de bouchers consommés. Ils les coupèrent en morceaux facilement transportables à leur camp. Ils ne tenaient pas à conserver les peaux, qu'ils abandonnèrent à la place où ils les avaient jetées.

Aussitôt que le *mouton* fut mis en quartiers, chacun en prit une pièce et la porta vers le ravin, avec l'intention de revenir une ou deux fois pour emporter le reste. En atteignant l'endroit où le ravin débouchait sur le plateau, ils reconnurent qu'il leur serait difficile de descendre avec leurs fardeaux, car un escarpement est toujours plus facile à gravir qu'à descendre.

Une autre idée leur vint, c'était de jeter les morceaux entiers au fond du ravin. Ils pouvaient faire cela sans inconvénient : la viande, destinée à être coupée en petites parties pour être séchée au soleil, ne risquait pas d'être endommagée; rien ne serait plus facile que d'en enlever la boue et le sable en la lavant au ruisseau lorsqu'ils auraient réussi à la conduire sur le bord.

Ce plan fut immédiatement adopté, et, morceau par morceau, ils lancèrent tout dans l'abîme, au fond duquel ils les virent tomber parmi les rochers. Ils retournèrent alors prendre de nouvelles charges, qu'ils apportèrent près du ravin.

Au moment où ils s'avançaient pour les lancer, ils aperçurent quelque chose qui leur fit tomber les morceaux des mains. En bas, presque au fond du ravin, se promenait, au milieu des morceaux de viande, une masse hideuse, un animal monstrueux et difforme. Sa grande taille, ses longs poils bruns, mouchetés de gris, mais par-dessus tout son aspect féroce, ne laissaient aucun doute sur l'espèce à laquelle il appartenait. Nos jeunes chasseurs ne pouvaient s'y méprendre : c'était le monstre redouté des montagnes, l'ours gris.

Il avait environ deux fois la taille de l'ours ordinaire, dont il différait encore sous d'autres rapports : ses yeux, couleur de terre de Sienne brûlée, paraissaient plus brillans et plus féroces; sa tête et son museau, plus gros, lui donnaient une apparence de force et de courage bien supérieurs. Du haut du rocher on voyait ses longues griffes en forme de croissant, sortant de l'extrémité de ses pieds tout hérissés de poils. Il venait de déchirer en plus petits morceaux un des quartiers de mouton et les dévorait avec avidité au moment où les jeunes gens arrivaient au-dessus de lui. Il était tellement absorbé dans cette opération qu'il ne les aperçut pas.

Comme nous l'avons dit, tous trois avaient laissé tomber à terre leurs fardeaux.

Après avoir regardé en bas quelques instans, ils retournèrent en toute hâte chercher leurs fusils, dont ils examinèrent avec soin les chiens et les amorces.

Ils avaient rechargé avant de dépouiller les cimmarons.

Ils revinrent alors prudemment au ravin, et regardèrent par-dessus le bord.

A leur grande consternation, ils aperçurent, non pas un ours, mais trois de ces horribles animaux occupés à manger leur viande.

L'un était plus petit que les autres, et différait d'eux aussi par la couleur. Il était extrêmement noir, et aurait pu passer pour un ours de l'espèce noire arrivé à son plein développement. Ce n'en était pas un cependant, mais bien un gros ourson, dont les deux autres étaient le père et la mère.

Tous trois déchiraient la viande fraîche, évidemment en grande liesse, ne s'inquiétant nullement de l'origine de cette bonne fortune, mais se bornant à en jouir. Ils poussaient de temps en temps de puissans grognemens comme pour exprimer leur satisfaction. Parfois aussi le vieux mâle se fâchait contre l'ourson quand celui-ci voulait toucher à ses morceaux. La femelle, au contraire, quand elle déchirait un quartier, prenait soin de placer les parties les plus délicates devant le museau de son noir rejeton, et de temps à autre l'excitait à manger par de gentils petits coups de patte. Quelquefois ils mangeaient debout et en tenant la viande entre leurs pattes de devant. A d'autres moments, ils plaçaient le morceau sur un rocher et le dévoraient à leur aise. Leurs mâchoires et leurs griffes étaient rouges du sang qui était resté dans la viande découpée à la hâte, et cela rehaussait encore l'aspect féroce du trio.

Nos jeunes aventuriers regardaient cette scène avec un sentiment de profonde terreur, et il y avait de quoi ! On leur avait raconté sur les grizzly des histoires capables d'effrayer des cœurs plus aguerris que les leurs. Ils savaient que pas un chasseur, lorsqu'il est à pied, n'ose attaquer cet animal. Même à cheval et armé de son rifle fidèle, il ne s'aventure à le faire que sur un terrain ouvert qui lui permette de se fier à la vitesse de sa monture. Ils savaient que des chasseurs, même en troupe nombreuse, sont souvent poursuivis par un seul ours gris, après avoir l'un après l'autre déchargé leurs armes sur lui, car on peut loger une vingtaine de balles dans le corps du grizzly sans l'abattre. Tous ces faits se présentèrent à l'esprit de nos jeunes chasseurs. On ne doit pas s'étonner qu'ils eussent peur.

Ils se trouvaient dans la position la plus périlleuse. Les ours occupaient le ravin. Il n'y avait pas d'autre chemin par lequel ils pussent descendre et rejoindre leurs chevaux. Dans leurs recherches du matin, ils avaient fait presque entièrement le tour de la butte, et avaient reconnu qu'elle était verticale sur tout leur parcours. Ils avaient pu constater depuis, que, dans l'espace compris entre le ravin et leur point de départ, la montagne était également taillée à pic. Comment donc retourner au camp? Il n'y avait qu'un seul moyen : c'était de scendre le ravin. Or, ils ne pouvaient le tenter qu'avec la certitude d'être attaqués par les ours.

Les jeunes gens échangeaient des regards terrifiés et ne parlaient qu'à voix basse. Tous trois comprenaient bien le danger de leur position. Y avait-il espoir que les ours, après avoir satisfait leur faim, laissassent le ravin libre? Non! la caverne qu'ils avaient remarquée était sans doute leur demeure. Dans le cas même où ils rentreraient, les chasseurs étaient-ils certains de pouvoir passer devant sans provoquer une sortie? Comment, en ce cas, leur échapper au milieu des rochers et des buissons? L'un d'eux au moins, sinon tous, serait perdu! Les ours ne pouvaient-ils pas s'en aller sur la plaine. Il était possible qu'ils allassent jusqu'au ruisseau, soit pour se désaltérer, soit pour une autre cause. Mais, dans ce cas-là même, ils pourraient voir les chasseurs descendre et les atteindre facilement avant que ces derniers eussent pu gagner leur camp ou leurs chevaux. Les chevaux avaient été lâchés et se trouvaient alors à une grande distance de la prairie. Il n'y avait rien de consolant dans tout cela, et la pensée qui leur vint ensuite était encore moins rassurante : ces bêtes féroces pouvaient bien ne pas trouver suffisante la quantité de viande qu'elles auraient mangée, et avoir l'idée de monter au sommet pour en chercher davantage. Cette perspective était la plus effrayante de toutes, car le plateau ne leur offrait aucune issue où ils pussent rester longtemps cachés, et, une fois découverts et poursuivis, il leur devenait complètement impossible de gagner la plaine.

La tête bourrelée de ces pensées terribles, ils se mirent à quatre pattes, regardant avec prudence à travers les feuilles des aloès, et se communiquant tout bas les plans de fuite qui se présentaient à leur esprit. Mais tous ces plans basés sur le vain espoir que les ours quitteraient un instant le ravin, et leur laisseraient ainsi une chance d'échapper. Ils ne trouvaient aucun autre moyen de se tirer d'affaire.

De temps en temps, Basile se demandait s'il ne ferait pas bien d'envoyer une balle bien ajustée à l'un des monstrueux animaux. François applaudissait à cette idée; mais Lucien s'y opposait fortement. Cela ne pouvait, disait-il, qu'irriter les ours et provoquer leur ascension immédiate; il n'y avait pas chance d'en tuer un avec une seule balle, à moins de traverser la cervelle ou le cœur, et c'était chose très problématique, en visant, comme ils étaient obligés de le faire, par-dessus un rocher. Dans le cas même où l'un tomberait, les autres seraient là pour venger leur camarade. Or, une seule décharge ne pourrait pas les tuer tous trois.

Les argumens de Lucien prévalurent, et ses frères, rappelés à la prudence, abandonnèrent l'idée de faire feu; ils s'en tinrent à observer silencieusement, comme auparavant, ce qui se passait en bas.

Ils restèrent ainsi environ une demi-heure. Les ours avaient terminé leur repas et n'avaient pas laissé le plus petit morceau. Etaient-ils rassasiés? Non! une épaule de mouton ne fait qu'une bouchée pour la voracité d'un ours gris, et cette bouchée semblait n'avoir fait qu'aiguiser leur appétit. Ils devinèrent que cette pitance avait dû leur venir d'en haut, et ils conclurent que c'était en haut qu'ils devaient aller à la recherche de leur dîner. Ils levèrent le nez. Les jeunes gens retirèrent aussitôt leurs têtes et se cachèrent derrière les feuilles. Il était trop tard, les ours les avaient vus, et, sans plus de retard, gravissaient le ravin au galop!

Le premier mouvement de nos chasseurs fut de fuir, et, dans cette intention, ils se mirent aussitôt sur pied. Mais Basile, dans un accès de colère, voulut à tout prix essayer si une balle de rifle ne pourrait pas suffire à arrêter l'ennemi. Il abaissa son arme et fit feu. Ses frères, le voyant agir ainsi suivirent son exemple. François tira ses deux coups chargés de balles à daims. Un des ours, le petit, roula au fond du ravin. Mais, après la décharge, on vit le plus gros monter en grognant avec fureur. Les chasseurs n'ayant pas le temps de recharger leurs armes, s'enfuirent sur le plateau, sachant à peine quelle direction prendre.

Lorsqu'ils furent arrivés au centre, ils s'arrêtèrent tous trois et regardèrent derrière eux. La tête de l'ours se montrait au-dessus du rocher, et, un instant après, il galopait à leur poursuite. Ils avaient eu l'espoir que les morceaux de viande pourraient attirer son attention et le retenir; mais il n'en fut rien. La viande ne se trouvait pas sur son chemin, et de plus l'animal paraissait furieux. Il avait été blessé et tenait à se venger.

Ce fut un moment terrible. Le monstre exaspéré n'était pas à trois cents yards. En quelques secondes, il devait les atteindre, et l'un des trois allait tomber victime.

C'est dans des crises pareilles que les âmes fortes sont les plus aptes à trouver des expédients. Il en était ainsi de Basile. Dans d'autres occasions il était emporté, souvent imprudent; mais au moment du danger il devenait froid, réfléchi, plus encore peut-être que son frère le philosophe Lucien. Une idée qui jusqu'alors avait échappé à ses frères et à lui-même se présenta à son esprit à l'heure du péril. Il se rappela que l'ours gris est incapable de grimper aux arbres, et jeta ce cri : Aux arbres! Aux arbres! En même temps il embrassait un des pins et grimpait aussi vite que possible. Lucien et François suivirent son exemple et montèrent chacun à l'arbre le plus voisin. L'ours était à moins de vingt pas derrière eux, et ils n'avaient pas le temps de choisir. Toutefois, avant que l'animal fût arrivé, tous trois étaient perchés sur les pins, aussi haut que le permettait la force des branches.

L'ours arrivait au galop, et, voyant où ses ennemis s'étaient réfugiés, il se mit à courir d'un arbre à l'autre, en poussant des grognemens de rage et de désappointement. Il se dressa sur ses pattes de derrière, essayant d'atteindre les branches inférieures avec ses pattes de devant, comme s'il eût eu l'intention de se hisser ou d'abattre l'arbre. Il s'attaqua aux pins l'un après l'autre, les secouant avec violence et enlevant de larges plaques d'écorce avec ses griffes. Un des pins, celui sur lequel François s'était réfugié, était un petit arbre; il fut mis dans une telle vibration, sous les efforts puissans du grizzly, que l'enfant eut besoin d'employer toutes ses forces pour ne pas être jeté à terre.

Mais la frayeur doublait l'énergie de François, et, encouragé par les cris de Basile et de Lucien, il se tint ferme. L'ours, au bout d'un moment, voyant qu'il ne pouvait réussir à le faire tomber, abandonna l'arbre, et tourna ses efforts contre ceux où étaient montés les autres. Le résultat fut le même, si ce n'est que l'ours enleva toute l'écorce aussi haut qu'il put atteindre, et fit de telles entailles aux troncs avec ses dents et ses griffes, que les jeunes gens craignirent un instant qu'il lui prît fantaisie d'abattre les arbres en les coupant. Il aurait pu facilement en venir à bout; mais, circonstance heureuse pour eux, l'ours gris n'a pas une grande dose d'intelligence; autrement c'en était fait d'eux à coup sûr.

Enfin, lorsque l'animal vit qu'il ne pouvait ni abattre les arbres, ni faire tomber les enfans en les secouant, il abandonna l'entreprise, et se mit à marcher d'un arbre à l'autre, comme une sentinelle, reniflant et grognant avec fureur. Enfin, il allongea son corps monstrueux sur la terre, et parut s'endormir.

Qu'étaient devenus la femelle et l'ourson? Étaient-ils tombés tous les deux sous la décharge? Ni l'une ni l'autre n'avaient encore paru au sommet, car les jeunes gens, du poste élevé qu'ils occupaient, découvraient tout le plateau. La femelle et son petit étaient donc encore dans le ravin; mais y étaient-ils morts ou en vie? Le chien Marengo, par un sage instinct, n'avait pas attaqué les ours, mais s'était enfui à une extrémité du plateau, où il demeurait tapi et tremblant de peur, ayant grand soin de ne pas se montrer.

La situation devenait de plus en plus périlleuse pour nos jeunes gens. Ils n'osaient s'aventurer à descendre des arbres, certains qu'ils étaient de tomber dans la gueule du monstre, leur posture à califourchon sur les branches minces des pins était aussi douloureuse qu'incommode. En outre, la soif les tourmentait cruellement. Ils ne s'étaient pas munis d'eau le matin; le soleil était brûlant, et même déjà, pendant qu'ils dépouillaient les big-horns, ils s'étaient plaints du manque d'eau. Le besoin de boire les faisait souffrir plus que toute autre chose. Qu'allaient-ils devenir si l'ours demeurait encore là quelque temps ? Il leur faudrait ou sauter en bas pour être à l'instant mis en pièces, ou mourir lentement à leur place. Terrible alternative !

Aucun changement probable dans leur situation ne se laissait entrevoir. Leurs fusils étaient restés à terre, à l'endroit où ils les avaient jetés dans leur mouvement précipité vers les arbres. Impossible de descendre pour aller les chercher. Dépourvus de tout secours, ils ne pouvaient qu'attendre les événemens. Comme si c'eût été une raillerie du destin, ils aperçurent pour la première fois les animaux, objet de leur lointaine expédition, et qu'ils désiraient depuis si longtemps rencontrer : *les buffalos!* Loin, bien loin au sud-ouest, on voyait sur la plaine une multitude de corps sombres, apparaissant comme une foule d'hommes en habits noirs. Ils allaient de côté et d'autres, tantôt s'assemblant en masses, tantôt se séparant comme les escadrons d'une armée irrégulière. Des milles entiers de la verte prairie étaient tachetés par leurs énormes silhouettes noires ; en quelques endroits même, le sol disparaissait entièrement à la vue. Ils semblaient se diriger vers le nord, le long des prairies plates qui s'étendaient entre la butte et le *Llano Estacado*. Quelques minutes après, le chef de la bande piquait droit sur la butte, et nos jeunes gens distinguèrent bientôt les corps velus, quasi léonins, des buffles qui formaient l'avant-garde du troupeau.

Dans d'autres circonstances, cette vue les aurait remplis de joie ; mais alors elle ne faisait qu'ajouter aux angoisses de leur situation. Les buffalos étaient en marche vers le nord. Nos chasseurs, dussent-ils échapper bientôt, ne seraient plus à temps de les atteindre. Quoiqu'ils ne pussent pas distinguer si, dans le nombre, il y en avait un blanc, le gros du troupeau étant très éloigné, une aussi grande masse ne pouvait manquer, leur semblait-il, d'en renfermer au moins un, sinon plusieurs.

Tous trois demeuraient les yeux fixés sur ces multitudes noires qui passaient et se succédaient, quand une exclamation, ou plutôt un cri de joie, échappa à Basile. Celui-ci, monté sur un arbre isolé des autres, pouvait voir toute la partie ouest de la plaine.

— Voyez! là-bas! là-bas! s'écria-t-il. Regardez! au milieu du troupeau! voyez, frères! il brille au soleil! Blanc! blanc! Hourra! hourra !

Basile, dans son émotion, ne pouvait articuler que des paroles incohérentes. Ainsi fut-il de ses frères lorsqu'ils aperçurent l'objet signalé à leur attention. Ils avaient donc devant les yeux le but même de leur longue et périlleuse chasse : un *buffalo blanc*. Tous trois poussèrent de vigoureux hourras, oubliant pour un moment le péril de leur situation. Leurs cris éveillèrent le monstre gris, qui, se levant paresseusement, se remit à grogner et à se promener d'un arbre à l'autre. En le voyant, nos chasseurs furent aussitôt rappelés au sentiment des terribles réalités qui les entouraient.

XXX

ÉCHAPPÉS AUX GRIFFES DE L'OURS.

Pendant plusieurs heures, ils demeurèrent ainsi douloureusement perchés, tantôt observant le féroce geôlier qui veillait, infatigable, au-dessous, tantôt regardant la plaine où les sombres troupeaux continuaient encore à s'écouler. Pendant plusieurs heures ils virent les buffalos passer, se dirigeant vers le nord, jusqu'à ce que les rayons du soleil couchant vinssent obliquement se réfléchir en rouge sur leurs corps bruns. Une fois ou deux encore les jeunes gens crurent en voir des blancs dans le troupeau ; mais leurs yeux étaient devenus troubles à force de regarder attentivement, et leurs souffrances, de plus en plus intolérables, les rendaient indifférens à toute autre chose qu'à leur propre misère. L'espérance avait fait place au désespoir, la soif les étranglait, et la mort était devant leurs yeux.

Après s'être promené pendant longtemps, l'ours se coucha de nouveau, et, plaçant ses pattes de devant sur son museau, parut se replonger dans le sommeil. Basile ne put y tenir davantage, et résolut de tenter un effort suprême pour échapper. En tout cas, il provoquerait un changement dans leur pénible situation.

Il fit signe à ses frères de ne pas bouger, glissa en bas de son arbre, et s'avança en rampant vers les fusils sans faire plus de bruit qu'un chat. Il leut bientôt saisi, et, retournant à son arbre, il y regrimpa. Le bruit des branches qui s'agitaient éveilla l'ours, qui fut aussitôt sur pieds et s'élança vers l'arbre. Un moment plus tôt Basile était perdu, car le museau de l'animal toucha presque les pied du jeune homme lorsqu'il se dressa contre le tronc. Mais qu'il s'en faille d'un pouce ou bien d'un mille, le but n'en est pas moins manqué, et Basile échappa. Un instant après, il était assis au milieu des branches et chargeait tranquillement son rifle.

Chose étrange! l'ours parut comprendre cette manœuvre, et comme s'il eût eu conscience du danger, il s'éloigna des arbres. Pendant qu'il s'en allait, il rencontra pour la première fois les restes des bighorns. Il se mit à les déchirer et à les dévorer. Il était bien encore à portée du rifle, mais on pouvait le manquer. Toutefois Basile, ayant de quoi charger plusieurs fois son arme, était déterminé à le mettre en fuite ou à l'amener à portée. Dans cette intention il visa et fit feu. La balle frappa l'ours à l'épaule, car on le vit tourner la tête et mordre la place, grondant de rage et de souffrance. Malgré cela il ne voulut pas encore interrompre son repas.

Basile rechargea et fit feu de nouveau. Cette fois, l'animal reçut la balle dans la tête, ce qui provoqua chez lui de nouveaux symptômes de colère. Il lâcha sa proie sans revint au galop au milieu des arbres, les secouant l'un après l'autre et faisant des efforts réitérés pour les abattre. Il arriva enfin à l'arbre de Basile, et l'étreignit avec force. C'était justement ce que le jeune chasseur voulait. Il avait rechargé son arme à la hâte, et, comme l'ours se tenait debout au-dessous des branches, il se pencha jusqu'à ce que la gueule de son rifle touchât presque le museau de l'animal. Le coup partit, le jet de feu frappa la face même de l'ours, et la détonation suivit. Quand la fumée fut dissipée, on vit le corps monstrueux se débattant sur l'herbe. Le messager de plomb avait accompli son œuvre. La balle lui avait traversé la cervelle, et, quelques secondes après, le monstre velu gisait sans mouvement sur le sol.

Les jeunes gens descendirent alors des arbres. François et Lucien coururent chercher leurs fusils, et tous trois ayant chargé avec soin s'avancèrent vers le ravin. Ils ne s'arrêtèrent pas à examiner l'ennemi qu'ils avaient tué, la soif les pressait, et ils ne pensaient qu'à gagner la source au-dessous. Ils regardaient comme à peu près certain que la femelle et son ourson avaient été tués par leur première décharge, et qu'ils trouveraient la route libre. Quel fut leur désappointement lorsque, en regardant au bas du ravin, ils aperçurent au fond l'ourson gisant recourbé sur lui-même, et la mère le gardant ! L'ourson était mort, c'était tant pis, car la mère, évidemment, ne devait pas le quitter un instant, et les deux se trouvaient juste au milieu du chemin. Cette dernière se promenait sur le bord d'un rocher, s'approchait de temps en temps de l'ourson, remuait le corps inanimé du bout de son museau, et poussait un gémissement sourd qui faisait mal à entendre !

Les chasseurs reconnurent à l'instant que leur situation

était aussi mauvaise que jamais. La retraite leur était coupée par la mère furieuse, qui pouvait rester là pendant un temps infini. Fallait-il tirer sur elle et courir encore la chance de s'échapper au moyen des arbres ? C'était une terrible épreuve à recommencer. L'expérience si pénible qu'ils venaient de faire les décida contre ce parti. Que faire donc ? Rester jusqu'à la nuit et essayer de passer à la faveur de l'obscurité ? Peut-être l'ourse se retirerait-elle dans sa caverne, et leur fournirait ainsi l'occasion d'échapper. Mais, en attendant, ils mouraient de soif !

Une idée heureuse vint alors à Lucien. Il aperçut les cactus qui croissaient près de là, et les grosses boules de l'échinocactus. Il se rappela avoir lu que ces plantes ont souvent étanché la soif des voyageurs dans le désert.

Les trois chasseurs coururent aux plantes et les ouvrirent avec leurs couteaux. Les fibres fraîches, chargées d'eau, appliquées à leurs lèvres, eurent pour effet immédiat un tel soulagement, que leurs souffrances furent presque oubliées. L'ourse occupait toujours le ravin ; tant qu'elle y restait, il y avait impossibilité pour eux de regagner leur camp. Ils n'avaient donc, en réalité, rien de mieux à faire que d'attendre la nuit, dans l'espoir que l'obscurité amènerait quelque changement favorable dans leur position.

La nuit vint bientôt, mai non l'obscurité ; la lune brillait aux cieux, et sa clarté rendait la descente aussi périlleuse qu'en plein jour. Ils entendaient au-dessous les grondemens et les grognemens du monstre, qui gardait toujours le défilé.

S'ils tentaient de descendre, ils ne pouvaient manquer d'être aperçus longtemps avant d'arriver en bas. Infailliblement, l'ourse devrait les entendre marcher au milieu des rochers et des buissons. Tout l'avantage de la position serait de son côté, car elle pourrait les attaquer à l'improviste. En outre, le chemin eût-il été libre, c'était encore chose périlleuse que de descendre pendant la nuit un ravin escarpé. Après avoir longtemps délibéré, ils résolurent donc d'attendre le jour.

Toute cette longue nuit se passa pour eux sans sommeil.

Ils entendaient hennir leurs chevaux, qui se demandaient, les pauvres bêtes, ce que leurs maîtres étaient devenus.

Le hennissement de Jeannette était répercuté par les roches, et les hurlemens des loups de prairie lui répondaient.

Ces bruits, ajoutés aux grondemens plus menaçans de l'ourse, chassaient le sommeil de leurs paupières.

Ils n'osaient pas s'endormir, à moins d'aller chercher un refuge sur les arbres, ne sachant trop s'il ne prendrait pas fantaisie à l'ourse de monter sur le plateau.

Or, dormir sur la branche mince d'un pin de montagne est chose plus pénible qu'agréable, et tous les trois préférèrent se passer de sommeil.

Le jour parut enfin. Les premières lueurs trouvèrent encore la sentinelle velue à son poste. Elle n'avait pas bougé de place : évidemment elle gardait le cadavre de son fils. Les jeunes chasseurs, mais particulièrement Basile, commençaient à perdre patience. Ils avaient faim ; il restait à la vérité quelques morceaux de mouton sauvage qu'ils auraient pu manger ; mais ils étaient très altérés. Le jus des cactus avait calmé mais non étanché leur soif, et ils soupiraient après l'eau fraîche de la source d'en bas. Il y avait encore des buffalos partis vers le nord, et qu'ils ne pourraient jamais atteindre. Jamais une si belle occasion ne se présenterait pour se procurer l'objet en vue duquel ils avaient enduré tant de souffrances.

Ces pensées les agitaient tous trois, mais Basile plus particulièrement ; il fallait tenter quelque chose pour atteindre la plaine et s'échapper de la prison élevée.

Basile proposa de provoquer l'ourse à coups de fusil.

— Elle nous poursuivra, disait-il, comme l'a fait l'autre, et nous nous en débarrasserons de la même manière. Cela aurait pu réussir sans doute, mais c'était une expérience dangereuse. Lucien proposa que deux d'entre eux feraient le tour du précipice et l'examineraient soigneusement, tandis que le troisième veillerait l'ourse.

— Peut-être trouverait-on quelque chemin pour descendre dans la plaine, observa Lucien. Cela n'offrait qu'un bien faible espoir ; cependant, comme il suffisait de quelques minutes pour cette vérification, la proposition de Lucien fut acceptée.

— Si nous avions seulement une corde, dit François, nous pourrions nous affaler du haut du rocher, et la vieille grizzly pourrait rester là pendant l'éternité, si cela lui faisait plaisir.

— Ha ! s'écria Basile, comme sous l'influence d'une idée subite, faut-il que nous soyons stupides ! n'avoir pas pensé plus tôt à cela ! Venez, frères, venez ! je vais vous faire descendre en un clin d'œil, allons !

En disant ces mots, Basile se dirigea vers l'endroit où on avait dépouillé les big-horns ; il tira son couteau de chasse, et, ayant étendu une des peaux, il se mit à la couper en bandes.

Lucien devina aussitôt sa pensée et l'aida dans son opération ; François fut renvoyé à l'entrée du ravin pour surveiller l'ourse.

En quelques minutes, les aînés avaient découpé les deux peaux : la terre était couverte de longues courroies qu'ils attachèrent solidement les unes aux autres, mettant dans les nœuds des traverses faites avec des branches de sapin, ils obtinrent une corde de cuir cru de plus de cent pieds de long.

Ils allèrent alors vers un point favorable du plateau, à une place où il y avait tout près du bord un arbre, au tronc duquel ils attachèrent une des extrémités de la corde qu'ils venaient de faire. A l'autre bout, ils lièrent Marengo, les trois fusils, car François était revenu auprès d'eux, plus une grosse pierre pour bien s'assurer de la force de la corde avant de s'y aventurer ; ils laissèrent alors couler jusqu'à ce qu'ils vissent le tout reposant sur la prairie en bas.

Ils tendirent alors la corde, le poids de la pierre, trop lourde pour que Marengo pût la remuer, fixant le bout in férieur ; François se laissa glisser le premier le long de la corde ; cela ne lui fut pas difficile, les morceaux de bois formant des arrêts, des échelons qui l'empêchaient de glisser trop vite. Lucien suivit, puis Basile, de sorte qu'en moins d'une demi-heure le plan avait été conçu, exécuté, et que tous trois se trouvaient sains et saufs sur la plaine.

Une fois là, ils ne perdirent pas de temps : Marengo fut détaché, et toute la troupe se précipita vers les chevaux. Ceux-ci furent bientôt atteints, saisis et sellés ; puis nos jeunes chasseurs, certains de pouvoir les monter quand il leur plairait, se sentirent en sûreté.

Ils résolurent cependant de ne pas rester plus longtemps près de la butte, et de partir aussitôt qu'ils auraient mangé un morceau.

On alluma un petit feu, et une tranche de viande d'ours, cuite à la hâte, apaisa leur faim. Basile voulait retourner à cheval pour attaquer la vieille ourse dans le ravin, mais Lucien, plus prudent, l'en dissuada. Ils achevèrent de préparer leurs chevaux, empaquetèrent leurs ustensiles sur le dos de Jeannette, et se remirent en route.

XXXI

LES VAUTOURS ET LEUR ROI.

Ils avaient tourné la tête de leurs chevaux vers l'ouest. Leur intention était de marcher dans cette direction, jusqu'à ce qu'ils eussent rencontré les traces des buffalos puis de tourner au nord, de suivre la piste de ces animaux, et de faire tous leurs efforts pour atteindre le grand troupeau. C'était évidemment le meilleur parti qu'ils eussent à prendre.

Au moment où ils doublaient l'extrémité ouest de la butte, une troupe de gros oiseaux attira leur attention. C'étaient des vautours. Les jeunes gens se rappelèrent alors le cimmaron qui était tombé du haut du rocher, et, en levant les yeux, ils aperçurent le cadavre se balançant encore au-dessous de l'arbre. C'était ce cadavre qui avait attiré les vautours. Ils arrivaient en très grand nombre : on en voyait plus de cent. Les uns fendaient l'air de leurs ailes puissantes ; d'autres s'étaient abattus sur le sommet du rocher, ou s'étaient perchés sur les branches des pins; un petit nombre voletaient autour du corps, se posaient de temps en temps sur ses membres raidis et cherchaient à pénétrer la peau à coups de becs. Ils avaient déjà arraché les yeux de l'animal, mais la peau épaisse résistait encore à leurs attaques.

Ces oiseaux, plus gros que des corbeaux, étaient de couleur sombre, presque noire. Vus de loin, ils paraissaient entièrement noirs; mais en y regardant de plus près, on remarquait dans leur plumage un mélange de brun plus prononcé chez les uns que les autres. Un observateur plus inattentif les aurait tous classés dans la même espèce, bien qu'il y eût là deux espèces tout à fait distinctes : le dindon-busard (*cathartes aura*) et le vautour noir (*cathartes atratus*). Nos jeunes gens les connaissaient très bien, car les uns et les autres sont communs dans la Louisiane et dans toute la partie sud des Etats-Unis.

J'ai dit qu'un observateur inattentif eût confondu les deux espèces. Ces individus sont presque de la même taille et de la même couleur, quoique le vautour soit d'un noir plus foncé que le busard. Mais il y a entre eux d'autres points de dissemblance qui frapperaient à l'instant l'œil d'un naturaliste.

Le busard est un oiseau bien mieux conformé et bien plus gracieux, soit quand il marche, soit quand il vole; ses ailes sont plus longues et offrent une disposition plus élégante des plumes ; sa queue est plus en pointe; sa tête, son cou et sa patte, dépourvus de plumes, sont recouverts d'une peau rougeâtre, tandis que, chez le vautour noir, ces mêmes parties présentent un mélange de noir et de gris, une peau grise, en partie recouverte d'un duvet rare, mais très noir.

On les distingue facilement en l'air. Le vautour noir vole lourdement, battant des ailes à coups précipités, puis les tenant immobiles et horizontales pendant une centaine de yards environ, tandis que sa queue, courte et disproportionnée, est étendue comme un éventail. Le busard, au contraire, tient ses ailes en repos, non pas dans une position horizontale, mais très relevées. Il parcourt de cette manière un quart de mille sans un seul battement d'ailes, non pas en descendant, comme on pourrait le croire, mais en droite ligne, et souvent en décrivant une courbe ascendante. On ne s'explique pas comment il peut monter de cette manière.

Quelques personnes supposent qu'il possède la faculté de se gonfler d'air chaud, ce qui lui permet de s'élever sans faire usage de ses ailes. Cette théorie n'est pas très claire et a besoin d'être démontrée avant qu'on l'accepte comme vraie. D'autres disent qu'il est emporté par l'élan qu'il a pris en descendant d'une hauteur égale ou plus grande. Cela n'est pas exact non plus, car on voit souvent le busard s'élever ainsi après un long parcours en ligne horizontale. Il est possible que le principe par lequel les sauvages de la Nouvelle-Hollande dirigent leurs *boumerangs*, ou en vertu duquel des pierres plates, lancées horizontalement, se relèvent dans leur course, fait connu de tous les enfans ; je dis qu'il est possible que ce principe, jusqu'ici peu compris, trouve son application dans le vol particulier du busard.

Quoi qu'il en soit, c'est un spectacle intéressant que d'observer un de ces oiseaux, dont les larges ailes se découpent sur le fond bleu du ciel, tantôt nageant en cercles, tantôt s'élançant comme un trait horizontal, puis s'essorant vers le ciel en traçant les courbes ondulées de l'ogive. C'est, je le répète, un magnifique et attachant spectacle.

Le dindon-busard est, à tout prendre, un oiseau plus noble que le vautour noir. Il tient davantage de l'aigle. Tous les deux, il est vrai, mangent les charognes, comme tous les vautours; mais le busard se nourrit en outre de serpens, de lézards et de petits quadrupèdes. Il attaque les jeunes agneaux ou les petits cochons quand l'occasion favorable se présente. Le vautour noir le fait aussi, mais pas aussi souvent. Ni l'un ni l'autre, du reste, ne sont très à craindre sous ce rapport. C'est par exception seulement qu'ils font leur proie de ces animaux. Il faut pour cela que la faim les pousse.

Les deux espèces vivent par groupes, bien qu'ils ne se montrent pas toujours en grandes troupes. On voit souvent, par exemple, les busards chasser isolés, ou par deux, ou par trois ; mais leur habitude est de se rassembler en grand nombre. Ils se réunissent souvent, busards et vautours noirs, par centaines à la fois autour d'une même charogne. Les busards n'y sont pas cependant en aussi grande quantité que les vautours noirs. Ceux-ci entrent toujours pour plus des trois quarts dans ces rassemblemens. Les busards sont les plus farouches et les moins disposés à s'agglomérer. On a même été jusqu'à dire qu'ils ne vivaient pas en troupes, parce qu'on en avait souvent vu d'isolés dans les régions élevées de l'air. Mais il est certain que non-seulement un grand nombre d'entre eux perchent ensemble pour la nuit, mais encore qu'ils se joignent aux vautours noirs à la chute du jour.

Dans beaucoup de pays, le vautour est un oiseau privilégié. On le regarde comme un fonctionnaire économique et très utile, débarrassant la contrée des cadavres des animaux morts qui, autrement, empoisonneraient l'atmosphère. C'est une chose de la plus grande importance dans les pays chauds, et c'est seulement là que l'on rencontre ordinairement les vautours. Quel magnifique exemple de la prévoyance de la nature ! A mesure que vous vous avancez dans les hautes latitudes, dans les régions plus froides, où l'air n'est pas facilement infecté par les substances putréfiées, l'urgence d'enlever les immondices n'existe plus, et on ne rencontre plus le vautour que rarement. Il est alors remplacé par le corbeau croassant et la petite corneille à charogne (*carrion-crow*).

J'ai dit que les vautours sont des oiseaux privilégiés. Dans beaucoup de pays, ils sont protégés par la loi. Il en est ainsi dans l'Amérique espagnole et dans l'Amérique anglaise, où il est défendu de les tuer sous peine d'amende. Il en résulte qu'on les inquiète rarement. Ils deviennent familiers au point de se laisser approcher à la distance de quelques pieds. Dans les villes et villages des Etats du Sud, ils descendent dans les rues et perchent, pour dormir, sur le sommet des maisons. Ils font de même dans les villes du Mexique et de l'Amérique du Sud, où l'on rencontre les deux espèces.

Quand nos jeunes chasseurs furent arrivés en face de l'endroit où étaient les vautours, ils arrêtèrent leurs chevaux dans l'intention d'observer un peu les manœuvres de ces oiseaux. Ils étaient curieux de voir comment ces derniers allaient s'y prendre vis-à-vis d'une proie aussi singulièrement située que l'était le cadavre du cimmaron. Ils se placèrent, sans descendre de cheval, à une centaine de yards environ du rocher. Les vautours ne firent aucune attention à eux et continuèrent à descendre, les uns sur l'escarpement supérieur, les autres sur les rochers tombés au pied de la butte, tout comme si personne n'eût été là.

— Comme les busards ressemblent aux poules d'Inde! fit remarquer François.

— Oui, répondit Lucien ; c'est pour cela qu'on les appelle dindons-busards.

La remarque de François était très naturelle. Il n'y a pas

deux oiseaux qui, sans être de la même espèce, se ressemblent autant qu'un dindon-busard et une poule d'Inde de petite taille, c'est-à-dire un dindon domestique ordinaire, de la variété noire, qui, comme le busard, est généralement de couleur brunâtre. Ils se ressemblent tellement, qu'à la distance de cent yards, il m'est souvent arrivé de prendre l'un pour l'autre. Cette ressemblance, toutefois, ne va pas au delà de l'aspect général de la forme et de la couleur. Ils diffèrent essentiellement, comme vous pouvez l'imaginer, sous beaucoup d'autres rapports.

— A propos des *dindons-busards*, continua Lucien, je me souviens d'une anecdote qui se rapporte à un de ces animaux.

— Oh ! dis-nous-la, frère, s'écria François.

— Avec plaisir, répondit Lucien. Elle tend à montrer la supériorité de l'homme blanc sur l'Indien sous le rapport de la ruse, et fournit un bel exemple de l'*honnêteté* et de la *justice* qui ont trop souvent présidé aux transactions commerciales entre les deux races.

La voici :

Un blanc et un Indien partirent ensemble pour une chasse d'une journée. Ils convinrent que le gibier serait également partagé le soir sans égard au nombre de pièces abattues par l'un ou par l'autre. L'Indien tua un dindon, et le chasseur blanc un dindon-busard. Ils ne rencontrèrent que ces deux oiseaux. Chacun apporta son gibier à la masse. Alors se présenta la difficulté de faire un partage égal. Chacun d'eux connaissait parfaitement le prix d'un bon dindon bien en chair ; chacun d'eux savait aussi que le busard valait moins que rien ; car il exhale une odeur fétide et repoussante. Évidemment la seule manière de faire un partage équitable était de couper le dindon en deux parties égales et d'en prendre chacun la moitié. Le blanc cependant n'y voulut point consentir et proposa d'adjuger le dindon à l'un et le busard à l'autre.

— Ce serait dommage, alléguait-il, de gâter ces oiseaux. Il vaut bien mieux que nous en prenions chacun un.

— Très bien, dit l'Indien. Tirons au sort à qui choisira.

— Oh ! non, répliqua l'autre, ce n'est pas la peine. Je vais vous faire la partie belle. Je prendrai le dindon et je vous laisserai le busard, ou, si vous aimez mieux, vous prendrez le busard et vous me laisserez le dindon.

L'Indien voyait bien que, dans l'un et l'autre cas, le busard lui tombait en partage ; mais la proposition de l'homme blanc paraissait juste, et comme il n'en put saisir le défaut, il fut contraint d'accepter, quoique avec répugnance. Le chasseur blanc chargea le dindon sur ses épaules et s'en alla chez lui, laissant le pauvre Indien sans souper au milieu des bois.

— Ha ! ha ! ha ! éclata François, quel imbécile que ton Indien, pour se laisser attraper de cette façon.

— Ah ! dit Lucien, ce n'est pas le seul de sa race qui ait été trompé ainsi par les blancs. Bien des dollars d'étain ont été passés à ces simples fils des forêts, en échange de leurs fourrures et de leurs pelleteries. J'ai de fortes raisons de penser qu'un très riche marchand de fourrures, maintenant mort, posa de cette manière les bases de son immense fortune. Mais comme je n'ai pas de preuves positives, je n'affirmerai pas le fait. Peut-être quelque historien attaquera-t-il un jour le caractère du bon Penn lui-même, qui, dit-on, après avoir acheté des Indiens un territoire de trois milles carrés, eut soin de se faire mesurer un carré de trois milles de côté. J'espère que l'histoire est inventée.

— Mais, dit François, c'est à peu près le même tour que joua Didon pour la peau du taureau.

— Oui, répondit son frère. Vous voyez que la mauvaise foi n'appartient exclusivement ni à aucun siècle, ni à aucune nation. Elle a existé dans le passé et continuera à exister jusqu'au moment où les hommes, de plus en plus éclairés, puiseront leurs inspirations dans une ambition plus noble que le simple appât du lucre. Je crois que ce temps est encore bien éloigné.

La conversation se porta de nouveau sur les vautours. Ceux-ci formaient maintenant une troupe de deux cents au moins, et il en arrivait encore. Les derniers venus tournaient quelques instans en l'air, puis descendaient et se perchaient sur les arbres et les rochers. Quelques-uns restaient les ailes pendantes et la tête renfoncée, de telle sorte que leurs longs cous nus disparaissaient entièrement cachés sous leurs colliers, semblables à des fraises. D'autres se tenaient droit, les ailes à moitié déployées et se rapprochant par les pointes, comme font souvent les aigles et comme on les représente souvent aussi sur les médailles et sur les étendards. On suppose que les vautours et les aigles étendent ainsi leurs ailes pour se rafraîchir quand ils ont trop chaud, et pour se réchauffer quand ils ont trop froid, car ils le font indifféremment par le froid et par le chaud. Dans cette attitude, ils présentent un aspect à la fois élégant et singulier.

Quelques-uns des vautours arrivaient des plus hautes régions de l'air. On les voyait d'abord se détacher sur le bleu du ciel comme des points noirs grossissant de plus en plus, jusqu'à ce que l'ombre mouvante de leurs larges ailes vînt se projeter sur la pelouse illuminée par le soleil pendant qu'ils descendaient en spirales. D'autres semblaient venir de l'horizon, et ne paraissaient pas plus gros que des pierrots lorsqu'on commençait à les apercevoir tout au loin.

— Quelle distance ont dû parcourir quelques-uns de ces vautours ! s'écria François. Par quoi sont-ils guidés pour venir ? Il n'y en avait pas un seul en vue, quand nous avons tué ces big-horns !

— Ils sont guidés par l'odorat, répondit Basile ; ce sens est très développé chez eux.

— Mon frère, interrompit Lucien, c'est là une des erreurs de vos naturalistes de cabinet, de vos Buffon, de vos Cuvier, erreurs mises en avant par eux, et devenues ensuite proverbiales. Cela n'en est pas moins entièrement faux. On a démontré que l'organe olfactif est bien moins développé chez le vautour que chez la plupart des autres animaux. Les chiens et les loups l'emportent de beaucoup sur lui sous ce rapport.

— Comment donc alors ont-ils découvert ce cadavre, par exemple ?

— Par le moyen de leur vue. Ce sens est poussé chez eux à un degré très élevé de perfection.

— Mais comment cela peut-il être, Luce ? répliqua Basile. Vois, en voilà là-bas qui viennent de l'Est. Or, comme la butte est entre eux et le big-horn, comment se peut-il qu'ils l'aient vu ?

— Je ne dis pas qu'ils l'ont vu ; mais ils ont vu de leurs congénères qui en ont vu d'autres, qui, à leur tour, en ont aussi vu d'autres, qui, ces derniers, ont vu le cadavre.

— Oh ! je comprends, tu veux dire que l'un d'eux ou plusieurs l'ont d'abord aperçu, et qu'ils ont été vus se dirigeant vers lui par d'autres plus éloignés qui les ont suivis, ont été suivis eux-mêmes par d'autres plus éloignés encore, et ainsi de suite.

— Précisément, et cela explique les histoires fabuleuses de vautours sentant une charogne à plusieurs milles, lesquelles histoires se sont de vrais contes propagés par des hommes qui n'ont peut-être jamais vu de vautours en l'air, mais qui, pour donner de l'intérêt à leurs livres, ont adopté les fables ridicules de tous les Munchausen qu'ils ont pu rencontrer.

— Ta théorie est certainement la plus probable.

— C'est la seule vraie. Elle a été démontrée par de nombreuses expériences faites sur les vautours eux-mêmes, et qui toutes ont prouvé que ces oiseaux n'ont l'odorat rien moins que subtil. Bien au contraire, ce sens est chez eux très faible, et, à mon avis, ils en sont fort heureux, si l'on considère le genre de leur nourriture habituelle.

— Cette bande a dû venir de tous les côtés, fit remarquer François. Nous les voyons arriver de tous les points de l'horizon. Il y en a, je parie, qui ont fait cinquante milles.

— Tout aussi bien cent, répondit Lucien. Un pareil voyage n'est pour eux qu'une simple bagatelle. Maintenant, si je savais le moment précis où la charogne a été aperçue par le premier, je pourrais dire de quelle distance chacun des autres vient, c'est-à-dire chacun de ceux que nous voyons arriver à présent.

— Comment cela, frère? demandèrent Basile et François étonnés. Je t'en prie, dis-nous comment.

— Je calculerais ainsi : d'abord ils sont tous partis au même instant.

— Au même instant! interrompit Basile. Comment cela peut-il être, si quelques-uns étaient éloignés de cent milles?

— La distance n'y fait rien, répondit Lucien. Ils ont tous commencé à se diriger ici, non pas *exactement*, mais à bien peu de chose près au même moment. N'est-ce pas clair? Lorsqu'ils cherchent leur nourriture, les oiseaux décrivent de grands cercles dans l'air; chacun de ces cercles embrasse une grande surface au-dessous; leurs circonférences s'approchent l'une de l'autre ou *s'intersectent*; de sorte qu'en fait, tout le pays est sous le réseau de leurs cercles. Or, aussitôt qu'un des vautours volant ainsi découvre de ses yeux perçants une charogne quelque part, il se hâte de quitter son orbite élevé et descend vers la proie. Celui qui décrit le cercle le plus rapproché l'aperçoit, et, sachant bien ce que signifie ce changement de direction de son voisin, abandonne aussi son propre orbite et suit; il est suivi par un autre, et ainsi en continuant jusqu'à l'extrémité de la chaîne.

— Mais comment l'un d'eux peut-il savoir que l'autre va s'abattre sur une proie? demanda François interrompant l'explication de son frère.

— Supposons que tu voies Basile à une grande distance sur la prairie, ne pourrais-tu pas reconnaître à ses gestes qu'il a fait lever un gibier et le poursuit?

— Oh! si fait! bien facilement.

— Eh bien! donc, les vautours, qui ont une vue beaucoup plus perçante que la tienne, comprennent parfaitement les *gestes* les uns des autres; ils comprennent jusqu'au mouvement d'une plume; de sorte qu'ils peuvent aisément reconnaître que l'un d'eux a un bon dîner en vue.

Je pense avoir démontré, continua Lucien, qu'ils partent tous, à quelques secondes près, au même moment; et comme ils volent presque en droite ligne vers le but auquel ils tendent, si nous connaissions leur vitesse, nous n'aurions qu'à marquer le moment de leur arrivée pour pouvoir dire de quelle distance ils viennent. Nous supposons naturellement que nous aurions déjà marqué le moment où le premier est arrivé.

Si nous admettons, dit encore Lucien en montrant les vautours, que le premier de ces oiseaux est descendu il y a deux heures; si d'autre part nous évaluons leur vitesse à trente milles par heure, nous pouvons conclure en toute certitude qu'un certain nombre de ceux qui arrivent maintenant ont fait ce matin un voyage de soixante milles. Que pensez-vous de ma théorie?

— C'est tout au moins une théorie très curieuse, frère, dit Basile.

— Mais qu'attendent-ils maintenant? demanda François. Pourquoi ne s'abattent-ils pas immédiatement sur leur proie pour la dévorer?

La question de François était très naturelle. La plupart des vautours, nous l'avons déjà dit, au lieu d'attaquer le cadavre, restaient perchés sur les rochers et sur les arbres, quelques-uns dans des attitudes nonchalantes, comme s'ils n'eussent eu ni faim ni souci de manger.

Basile essaya une explication.

— Sans doute, dit-il, ils attendent que la chair se putréfie: on dit qu'ils la préfèrent dans cet état.

— Voilà encore, observa Lucien, une assertion dénuée de tout fondement. *Ils ne la préfèrent pas* dans cet état; il est, au contraire, certain que les vautours aiment mieux la chair fraîche, et qu'ils la mangent ainsi quand ils ont la chance d'en trouver.

— Eh bien! quel motif les arrête alors? demanda François.

— C'est la résistance de la peau qui les arrête. Ces oiseaux n'ont pas serres aussi puissantes que les aigles; autrement, vous verriez bientôt le big-horn réduit à l'état de squelette. Ils attendent que la peau s'amollisse par suite de la décomposition, afin de pouvoir la déchirer. Voilà ce qu'ils attendent.

C'était évidemment l'explication vraie, car chacun des nouveaux arrivants allait tout d'abord s'attaquer au cadavre; puis, après avoir reconnu qu'il y perdait ses peines, se retirait et allait se poser tranquillement sur les rochers ou sur les arbres.

Cependant, quelques-uns, plus persévérans que les autres, étaient parvenus à pratiquer une incision à l'endroit où la balle de Basile avait pénétré dans le corps de l'animal, et ils élargissaient rapidement cette ouverture. Les autres s'en aperçurent et volèrent à la curée.

En moins de cinq minutes l'arbre était noir de ces oiseaux immondes, qui se pressaient les uns contre les autres sur toutes les branches. Plusieurs s'étaient perchés sur les membres et sur les cornes de l'animal, et l'on n'aurait pu trouver place pour un de plus à ce poste envié. Mais leur poids, réuni à celui du cadavre, excédait la force de résistance des racines. On entendit un fort craquement suivi d'un cri aigu, semblable à celui du rat, que jetèrent les vautours s'envolant épouvantés, et, par suite de l'inclinaison de l'arbre, le corps du big-horn, précipité à terre, tomba sur les rochers au-dessous.

Il se fit un grand mouvement parmi les oiseaux assemblés, et on aurait pu entendre, de plusieurs milles de distance, le bruit de leurs larges ailes battant l'air avec précipitation; mais leur frayeur fut bientôt calmée, et ils descendirent tous auprès du cadavre.

L'accident leur était plutôt favorable que nuisible. Le corps, qui se décomposait déjà, se disloqua en tombant de cette hauteur sur les rochers aigus, et la peau fut déchirée. Les oiseaux voraces s'en aperçurent aussitôt; l'un après l'autre ils volèrent dessus et commencèrent leur horrible repas. Au bout de peu d'instans, ils se pressaient en foule sur le cadavre, sifflant comme des oies, se battant à coups d'ailes, de bec et de serres. C'était une scène de gloutonnerie dégoûtante et d'ignobles chamaillis, que la plume serait impuissante à décrire. Ils parvinrent bientôt aux entrailles, qu'ils tirèrent dehors. Quelquefois deux d'entre eux saisissaient un long boyau, et, chacun avalant par un bout, ils se rencontraient bec à bec au milieu. On voyait alors (hideux spectacle!) ces oiseaux tirer chacun à soi, s'efforçant chacun de faire rendre à l'autre ce qu'il avait avalé. Les jeunes chasseurs, qui s'amusaient beaucoup de ces curieux épisodes, tombèrent d'accord pour rester quelque temps à les observer. Dans cette intention, et afin de soulager un peu leurs chevaux, ils mirent pied à terre.

Un nouveau sujet d'intérêt vint alors captiver leur attention. Ce fut François qui fit la découverte. François avait levé les yeux pour suivre les mouvemens gracieux des vautours qui étaient encore en l'air. Tout à coup, il s'écria :

— Un busard blanc! un busard blanc!

Lucien et Basile, voyant François montrer le ciel au-dessus de leur tête, levèrent aussi les yeux. On voyait, en effet, un oiseau blanc; mais ni l'un ni l'autre n'aurait pu dire à quelle espèce il appartenait. Il volait à une très grande hauteur, plus haut en apparence qu'aucun des busards; mais à cette distance même, il paraissait plus gros que tous les autres, et, comme eux, il semblait voler avec une grande aisance; on aurait dit que l'empyrée était son séjour habituel.

Au moment où l'on commença à l'apercevoir, il paraissait à peu près gros comme une mouette, et les jeunes gens l'auraient pris pour tel, ne connaissant aucun autre oiseau blanc qui pût voler à une aussi grande hauteur. Mais plusieurs busards, non loin de lui et évidemment plus bas, ne paraissaient pas plus gros que des hirondelles, quelle devait donc être sa taille? Non-seulement il était plus gros qu'un busard, mais il devait avoir au moins trois fois la taille d'un de ces oiseaux. Telle était l'estimation de Lucien, et cette estimation n'était pas loin de la vérité.

Cet oiseau étrange ne pouvait pas être une mouette. Qu'était-ce donc? Un cygne? Sa manière de voler ne permettait pas cette hypothèse. Il n'y avait aucun rapport entre ce vol et le battement d'ailes court et rapide du cygne, ou le vol de tout autre oiseau d'eau. Était-ce un pélican? peut-être un ibis blanc (*tantalus alba*)? ou le héron blanc à aigrette (*ardea egretta*)? Non; ce n'était rien de tout cela. Le vol lent et pénible de ces gros oiseaux aquatiques aurait été reconnu à l'instant par chacun des jeunes gens, qui étaient accoutumés à les voir souvent au-dessus des bayous de la Louisiane.

L'oiseau qui était en vue volait d'une toute autre façon. Il faisait jouer ses ailes de la même manière que les busards eux-mêmes ou les vautours noirs. Mais comme les jeunes chasseurs ne connaissaient aucun oiseau blanc qui eût un vol de ce genre, ils ne savaient quel nom lui donner. Sa taille et ses allures auraient pu faire croire que c'était un aigle; mais sa couleur ne permettait pas cette supposition. Jamais ils n'avaient entendu parler d'aigles blancs.

J'ai dit qu'au moment où François l'avait aperçu, cet oiseau paraissait gros comme une mouette; mais il grossit rapidement aux yeux des jeunes chasseurs. C'était la preuve qu'il était en train de descendre, et, selon toute apparence, il se dirigeait droit vers la place qu'ils occupaient eux-mêmes ainsi que les vautours. Comme leur curiosité était vivement excitée à l'endroit de cette créature, ils exprimèrent tout haut le désir de la voir continuer sa descente. Ils avaient été aperçus déjà, sans aucun doute; il était donc inutile de chercher à se cacher. Au surplus, ils n'avaient à leur portée aucun couvert.

Au milieu de leur contemplation, une exclamation leur échappa à tous trois en même temps : *un autre oiseau blanc était en vue!* Il était encore très haut, et paraissait comme une tache de neige dans le ciel; mais il descendait aussi, suivant le premier, et paraissait appartenir à la même espèce. La chose devint bientôt évidente, car le dernier venu, descendant plus verticalement, eut bientôt rejoint l'autre, et tous deux continuèrent à s'abaisser en décrivant une spirale.

En quelques instans, ils étaient arrivés à moins de deux cents yards de la terre, et volaient lentement en cercle, regardant en bas.

Ils étaient juste au-dessus de la place occupée par les vautours, et comme le jour était un des plus brillans, les jeunes gens eurent une belle occasion de contempler de près deux des plus beaux oiseaux qu'ils eussent jamais vus. Ceux-ci n'étaient pas entièrement blancs, bien qu'ils parussent tels quand on les regardait d'en bas; mais comme en décrivant leurs cercles ils se tenaient quelquefois inclinés sur le côté, on pouvait de temps en temps apercevoir leur dos : on remarquait alors que la partie supérieure de leur corps était d'une belle couleur de crême, le dessus de leurs ailes d'un brun lustré, et leur queue tachetée de noir; mais toute la partie inférieure était du blanc le plus pur.

Ce qui paraissait le plus singulier dans ces oiseaux, c'était l'aspect de leur tête et de leur cou. Ces parties étaient entièrement dépourvues de plumes jusqu'aux épaules. Le cou était entouré, à sa base, d'une large fraise semblable à une palatine, et la peau nue de la tête et du cou présentait les nuances les plus brillantes de l'orangé et du rouge, non pas confusément mêlées, mais s'appliquant chacune à des parties de membranes séparées, suivant régulièrement les dessins formés par les séparations des cartilages. Leur bec était rouge orangé, et près des narines croissaient des protubérances analogues à la crête du coq. Leurs yeux, aux pupilles noires entourées d'un iris très blanc, étaient encadrés de cercles rouge foncé; en un mot, leur beauté, aussi frappante que celle du paon lui-même, ne permettait pas que l'on pût oublier leur aspect, ne les eût-on vus qu'une fois.

— Ce sont les premiers que je vois, fit observer Lucien; mais cependant je les reconnais.

— Quoi donc? demandèrent impatiemment Basile et François.

— Des vautours royaux (king-vultures).

Comme Lucien disait ces mots, les oiseaux, qui ne paraissaient nullement s'inquiéter de la petite troupe, descendaient rapidement vers leur proie. Les jeunes gens les suivaient des yeux, curieux d'observer l'effet qu'allait produire leur arrivée sur les busards et les vautours noirs. A leur grande surprise, ils n'en virent plus aucun près de la carcasse. Pendant que les chasseurs regardaient les vautours-rois, les autres les avaient aussi aperçus, et sachant par expérience ce qu'étaient ces gros oiseaux, busards et vautours noirs s'étaient précipitamment éloignés et se tenaient alors perchés sur les rochers à une distance respectueuse.

Les vautours royaux, sans daigner prendre garde à leur présence, sautèrent sur la charogne et se mirent à la déchirer avec leurs becs. En quelques minutes, ces créatures, qui s'étaient montrées si propres et si belles (car les vautours royaux, aussi fiers de leur plumage que les paons, sont très soigneux de leur toilette), ces créatures présentaient l'aspect le plus repoussant. Les brillantes couleurs de leurs têtes et de leurs cous avaient disparu sous une couche de sang noir; leurs poitrines blanches étaient toutes souillées de cruor! Dans ce moment ils ne s'occupaient pas d'autre chose que de satisfaire leur appétit de vautour.

— Ferons-nous feu sur un des deux? demanda François.

— Non! dit Lucien. A quoi bon priver ces pauvres créatures de la vie? Si vous désirez les voir de plus près, prenez patience, et votre désir sera satisfait sans gaspiller de la poudre et du plomb.

Lucien avait dit vrai. Au bout d'une demi-heure environ les oiseaux parurent avoir absorbé autant de nourriture que leur estomac pouvait en contenir, et semirent à marcher sur la terre d'un pas lourd et embarrassé. Les jeunes gens, qui avaient attendu patiemment, coururent alors vers eux, et comme les vautours étaient incapables de s'élever en l'air, ils les prirent tous les deux, après une chasse dans laquelle Marengo joua le principal rôle. Mais ils ne les gardèrent pas longtemps, car au moment où François, qui se montrait le plus ardent à les saisir, eut mis la main sur un d'eux, il le lâcha avec une exclamation de dégoût, et s'éloigna du vautour plus vite que celui-ci ne pouvait s'éloigner de lui! L'odeur fétide de ces animaux, bien plus forte que celle de la charogne elle-même, était plus que les organes olfactifs de nos héros n'en pouvaient supporter, et ce fut sans le moindre regret qu'ils renoncèrent à se mettre de nouveau en contact avec les rois des vautours.

En se retournant vers leurs chevaux, ils s'aperçurent que les busards et les vautours noirs se rassemblaient de nouveau autour des restes du big-horn. Ils avaient été rejoints par plusieurs loups de prairie. Ces derniers montraient les dents et grognaient, tantôt chassant les oiseaux, tantôt recevant de violens coups d'ailes qui les faisaient gronder plus furieusement encore. Nos jeunes aventuriers n'attendirent pas la fin de cette scène hideuse. Ils se remirent en selle, et reprirent leur chemin vers la prairie.

XXXII

QUELQUES MOTS DE PLUS SUR LES VAUTOURS.

En s'éloignant de la butte, ils continuèrent à causer des vautours. Le naturaliste de la petite troupe avait beaucoup à dire sur ces oiseaux pittoresques, et la curiosité de Basile et de François avait été éveillée par la vue d'une espèce qui leur était nouvelle : le roi lui-même.

— Quant aux vautours, dit Lucien, l'étude de leur histoire naturelle a été considérablement embrouillée par les naturalistes de cabinet, et particulièrement par les Français, qui, plus que tous les autres, aiment à faire parade de science, en multipliant à tort et à travers les genres et les espèces. En l'absence de connaissances réelles sur les coutumes de ces animaux, cela leur fournit l'occasion d'ajouter quelque chose à ce qui a déjà été dit, et porte le lecteur à penser que ces savants anatomistes ont creusé le sujet à fond. Or, c'est tout ce que ces messieurs désirent.

Il n'y a pas plus de deux douzaines d'espèces de vautours dans le monde, et cependant les naturalistes français en font presque autant de genres, multipliant des noms sonores jusqu'à un tel point que l'esprit de l'élève s'embrouille complétement dans une matière dont l'étude serait toute simple.

Tous les vautours se ressemblent tellement sous le rapport de la physionomie et des mœurs, qu'on pourrait les regarder comme étant tous du même genre. Bien plus, on pourrait, sans produire une grande confusion dans la science ornithologique, les classer avec les aigles, ces deux sortes d'oiseaux ayant de nombreux points de similitude.

Les vautours tuent souvent leur proie, comme les aigles, et il est certain qu'ils ne la préfèrent pas en putréfaction. Les aigles ne tuent pas toujours leur proie, et beaucoup d'entre eux mangent des charognes. Quelques vautours, tels que le *lammergeyer*, ont presque absolument les habitudes de l'aigle. Le lammergeyer tue toujours l'animal qu'il mange, à moins qu'il ne soit pressé par la faim, et, particularité remarquable chez cet oiseau, il préfère certaines parties des os des animaux à leur chair.

On trouvera peut-être étonnant que le jeune chasseur Lucien connût ce fait, qui, je crois, n'est pas encore dans le domaine des naturalistes. Moi-même je l'ai appris d'un des *nourrisseurs* de la magnifique collection de *Regent's-Park*, qui avait remarqué cette disposition à manger des os chez un jeune lammergeyer d'Afrique. Il avait aussi remarqué que l'oiseau était mieux portant et de meilleure humeur les jours où on lui avait accordé son morceau favori. Les hommes en savent souvent plus, en fait d'histoire naturelle, que ceux qui passent leur vie à dresser des catalogues et à mesurer des dents, sans sortir de leurs musées et de leur cabinet.

— Peut-être, continua Lucien, un des points les plus essentiels qui distinguent le vautour et l'aigle se trouve-t-il dans les serres. Celles du vautour sont moins développées et manquent de la puissance musculaire dont celles des aigles sont douées. De là vient que les vautours sont moins aptes à tuer un animal vivant ou à déchirer le cadavre d'un mort. Ils ne peuvent pas non plus enlever dans leurs serres une grosse proie, et les histoires des vautours enlevant des daims et des moutons faits sont de purs fables. Le condor lui-même, qui est le plus gros des vautours connus, ne peut élever en l'air un poids de plus de dix livres, et je m'imagine qu'un daim de dix livres ne serait pas très gros.

La plupart des histoires merveilleuses racontées sur le condor ont été propagées par les Espagnols qui ont découvert et conquis l'Amérique, et qui, s'ils étaient de grands conquérans, étaient aussi les plus grands hâbleurs (1) que l'on ait jamais vus. Les livres qu'ils ont laissés après eux viennent en preuve de ce que j'avance, et je crois que leurs récits sur les nations mexicaine et péruvienne, qu'ils ont conquises, ne sont pas moins entachés d'exagération que leurs histoires sur le condor. Trois siècles n'auraient pu suffire à effacer aussi complétement les traces d'une civilisation comme celle qu'ils décrivent, car il en reste à peine un vestige pour servir de base à leurs assertions. Il est vrai que l'on trouve dans ces contrées des monuments qui attestent un état très avancé de civilisation ; mais ces monuments étaient en ruines bien longtemps avant l'arrivée des Espagnols, et les races faibles qui furent si aisément soumises par ces derniers ne savaient rien de plus que nous sur ceux qui ont pu les bâtir.

On rencontre les mêmes traces de civilisation dans les déserts de l'Amérique septentrionale, et cependant les écrivains espagnols ne peuvent rien dire de plus sur ces traces, sinon que, lors de la découverte, elles ont été trouvées dans le même état où nous les voyons maintenant.

— Combien d'espèces de vautours y a-t-il en Amérique ? demanda François, dont l'esprit se préoccupait beaucoup plus du présent que du passé, et qui, comme nous l'avons déjà dit, était grand amateur d'oiseaux.

— Il y en a cinq bien connues, répondit Lucien, et elles diffèrent tellement l'une de l'autre, qu'il est très facile de les reconnaître. Ces espèces forment deux genres : les *sarcoramphes* et les *cathartes*. Les sarcoramphes ont une protubérance charnue sur le bec ; de là vient leur nom générique, composé de deux mots grecs, signifiant *chair* et *bec*. Les cathartes, ou *vautours dégorgeurs*, tirent leur nom d'une singulière habitude, celle de rejeter leur nourriture, non-seulement lorsqu'ils nourrissent leurs petits, mais aussi lorsqu'ils se nourrissent mutuellement pendant l'époque de l'incubation.

Le condor est un vrai sarcoramphe. En effet, un des traits les plus caractéristiques de cet oiseau, c'est la crête charnue et cartilagineuse qui surmonte sa tête et une partie de son bec. Cette crête toutefois ne se trouve que chez les mâles ; les femelles en sont dépourvues.

Le condor, quand il est en pleine plume, est un oiseau noir et blanc. Le dessous de son corps, sa queue, ses épaules, la naissance et la bordure de ses ailes, sont d'une couleur sombre, presque noire ; mais ses ailes, lorsqu'elles sont fermées, montrent une large surface d'un blanc grisâtre depuis le dos jusqu'à la queue. La fraise de duvet qui lui entoure la poitrine et le cou est d'un blanc de lait ; la peau nue et ridée de son cou et de sa tête est rouge noirâtre ou couleur lie de vin, et ses pattes sont bleu cendré. C'est seulement lorsqu'il est adulte, à trois ans environ, que le condor revêt ces couleurs ; jusqu'à cette époque, il n'a pas de collier blanc autour du cou. Plusieurs mois même après être éclos, les jeunes ont, au lieu de plumes, un duvet doux et épais comme de jeunes oisons ou cygnes ; et même à deux ans leur couleur n'est ni noire ni blanche, mais noire sale et brunâtre.

Le condor, arrivé à son plein développement, mesure ordinairement huit pieds de l'extrémité d'une de ses ailes à l'extrémité de l'autre ; mais on ne saurait nier qu'il en existe des spécimens, vus par des voyageurs dignes de foi, qui mesurent quatorze pieds et quelques pouces !

De même que les autres vautours, le condor se nourrit habituellement de charogne ; mais, quand il est pressé par la faim, il tue des moutons, des agneaux, des vigognes, de jeunes lamas, des daims et d'autres animaux.

Il dompte les espèces les plus fortes en s'attaquant aux

(1) On peut remarquer à ce propos que le substantif français *hâbleur* vient du verbe espagnol *hablar*, qui signifie tout simplement *parler*.

yeux, à l'aide de son bec puissant, qui est son arme principale. Quant à prétendre qu'il peut tuer des jeunes gens de seize ans, comme l'affirme Garcilaso de la Vega, c'est, ainsi que beaucoup d'autres affirmations de cet auteur célèbre, un mensonge pur et simple. Mais il est assez probable qu'il attaque souvent, et, selon les Indiens, tue quelquefois de petits enfans. S'il peut tuer des moutons et de petits veaux, il n'y a rien d'extraordinaire à ce qu'il fasse de même d'un enfant de cinq ou six ans, et il est en effet certain que cela a dû arriver quelquefois.

Presque tous les aigles en peuvent faire autant; ils le feraient s'ils y étaient poussés par la faim, et qu'on laissât des enfans dans le voisinage de leurs repaires. Le condor est au surplus un des oiseaux les plus voraces de son espèce. On en a vu un qui, en état de captivité, mangeait dix-huit livres de viande en un seul jour! Mais il est complètement fabuleux qu'il puisse s'élever en l'air en emportant de gros animaux tels que des daims et des moutons, comme le prétendent Acosta, Desmarchais et autres écrivains français et espagnols.

Le condor n'est pas, comme les vautours dans la plupart des pays, sous la protection de la loi. Ses habitudes destructives à l'égard des agneaux, des jeunes lamas et des alpacas, sont cause qu'on est plus disposé à le persécuter qu'à le protéger. C'est pourquoi on le tue et on le prend toutes les fois que l'occasion s'en présente. Sa chair et ses plumes sont de peu d'utilité; mais comme c'est un objet de curiosité, on le prend pour servir d'ornement dans les maisons des Chiliens et des Péruviens. On en voit souvent de vivans aux marchés de Valparaiso et des autres villes du Sud.

Les naturels qui chassent le condor emploient divers moyens pour s'en emparer. Quelquefois ils se couchent et restent à l'affût près d'un cadavre et tirent sur l'oiseau dès qu'il descend; mais il est très difficile d'en tuer de cette manière, car ils sont protégés par l'épaisseur et la force de leur plumage, et ils ont la vie très dure: une balle ne les tue qu'à la condition de les atteindre dans une partie vitale; aussi ce procédé est peu mis en usage. La seconde manière consiste à attendre que le condor se soit gorgé de nourriture; il est alors, comme presque tous les autres vautours, incapable de se soutenir en l'air. Les chasseurs, en ce cas, le poursuivent au galop, et le prennent au lasso sans descendre de cheval, ou l'arrêtent dans sa fuite en lui lançant les *bolas* autour des pattes. Les *bolas* sont de simples courroies de cuir, au bout desquelles sont fixées des balles de plomb; quand elles sont bien lancées, elles s'enroulent autour des chevilles du condor et l'empêchent de courir. Il y a encore un troisième moyen plus sûr que les précédens: les chasseurs construisent une large enceinte, dans laquelle ils placent une grande quantité de charognes; les palissades de cette enceinte sont assez élevées pour que l'oiseau, bien gorgé de nourriture, ne puisse pas les franchir, incapable qu'il est de s'élever en l'air. On les prend alors aisément, ou on les assomme à coups de bâton.

Les Indiens tuent le condor à coups de pierres; ils se servent pour cela de frondes qu'ils savent manier avec une grande adresse.

On prend les condors vivans dans des trappes et des lacets. Mais il y a un procédé très curieux et des meilleurs pour les prendre en vie, procédé qu'emploient quelquefois les Indiens des Sierras. Voici en quoi il consiste: Le chasseur se munit de la peau d'un animal, bœuf ou cheval fraîchement dépouillé, à laquelle reste fixé un morceau de chair. Il se dirige avec cette peau vers un endroit découvert, où les condors puissent facilement l'apercevoir en décrivant leurs cercles tout au haut des airs. L'endroit choisi, il se couche à terre et se recouvre de la peau, le côté de la chair tourné vers le ciel. Le chasseur reste immobile ainsi; mais il se passe généralement peu de temps avant que les yeux perçans d'un condor aient découvert la proie saignante et se soit jeté dessus. L'oiseau, sans se douter de rien, saute audacieusement sur la peau et commence à déchirer le morceau de chair. Le chasseur, couché dessous, cherche doucement une de ses pattes et la saisit avec force dans les replis de la peau. Il a pris soin de se pourvoir d'une longue corde; il la noue adroitement autour de la cheville, et, tenant l'autre extrémité dans sa main, il se montre tout à coup au condor stupéfait. Pendant tout le temps que dure l'opération de la ligature, le condor naturellement se débat comme un beau diable, et, si le chasseur n'était pas garanti par la peau qui le recouvre, il pourrait bien sortir de là avec un œil de moins, ou être cruellement déchiré par le bec puissant de l'oiseau.

Quand le chasseur s'est assuré de sa proie, il lui passe à travers les narines un lacet de cuir qu'il noue fortement, et il emmène le condor en triomphe.

On tient l'oiseau ainsi enchaîné aussi longtemps que cela est nécessaire. On attache le cordon passé à travers ses narines à un pieu fiché en terre, et on laisse le captif se promener librement dans tout le cercle de cette longe. Parfois, il oublie qu'il est enchaîné et essaie de s'envoler; mais la secousse du cordon qui se tend le fait redescendre plus vite qu'il n'est monté, et il tombe invariablement sur la tête!

— Mais comment se fait-il, demanda François, que, depuis le temps, la race des condors ne soit pas éteinte, puisqu'ils ne sont pas plus difficiles à prendre ou à tuer? Ils sont assez gros pour qu'on les voie de loin, et il n'est pas difficile, à ce que je crois, de les approcher; pourtant, il y en a encore des bandes très nombreuses, n'est ce pas?

— C'est très vrai, répondit Lucien; ils sont encore en très grand nombre dans les Andes du Chili et du Pérou. Je crois pouvoir expliquer ce fait: Cela tient à ce qu'ils ont un lieu de refuge non-seulement pour élever leurs petits, mais aussi pour se retirer quand il leur en prend envie. Plusieurs pics des Andes, où ces oiseaux demeurent, s'élèvent bien au-dessus de la ligne des neiges perpétuelles. Le condor naît et se développe sur ces sommets élevés, au milieu des roches nues et privées de végétation, que nul ne pense à escalader; la plupart, d'ailleurs, sont inaccessibles au pied humain. On n'y trouve aucun animal de quelque espèce que ce soit, pas même d'oiseau, à l'exception du condor, seul maître de cette région. En conséquence ces oiseaux, seuls peut-être parmi toutes les autres créatures, ont un lieu de retraite où nul ennemi ne peut venir les relancer, où ils mettent leurs petits au monde et les élèvent en parfaite sécurité. Bien plus, ils peuvent la nuit se livrer au repos sans crainte d'être troublés dans leur sommeil, si ce n'est par le bruit de l'avalanche ou le grondement du tonnerre, qui éclate souvent au milieu de ces régions *alpines*. Mais le condor ne s'effraie pas de ces bruits; il ne s'en inquiète pas et dort tranquillement, même lorsque les rouges éclairs viennent se jouer autour de son aire.

Maintenant il est clair qu'une race d'oiseaux, une espèce quelconque d'animaux sauvages, qui possèdent un asile où il peuvent élever leurs petits et trouver un refuge en cas de danger, ne saurait être facilement exterminée. Si l'aigle est devenu si rare, c'est que les endroits où il place son aire sont accessibles, non-seulement à l'homme, mais à ses autres ennemis. Les conditions ne sont pas les mêmes pour le condor: sa race ne pourra pas disparaître tant que les Andes existeront, et je pense qu'elles en ont encore pour longtemps.

— Comment sont faits leurs nids, demanda François?

— Ils ne construisent point de nids, répondit Lucien. Ils choisissent une cavité dans les rochers ou sous le sol, et y déposent deux gros œufs ovales, et les couvent exactement, comme font les vautours. Naturellement, on ne sait que très peu de chose sur la manière dont ils vivent dans leurs retraites élevées. C'est que, aussi, les indigènes des sierras s'aventurent rarement jusqu'aux hautes régions où habitent les condors. Ils n'en savent que ce qu'ils en voient lorsque ces grands oiseaux descendent sur les plateaux ou dans les hautes vallées habitées, à la recherche de leur nourriture, ce qui n'arrive que le matin et le soir. Pendant le jour, le condor se perche ordinairement sur quelque roc élevé et s'y endort. Lorsqu'il est pressé par la faim, il pousse quelque fois une pointe jusqu'aux rivages brûlants de l'Océan-Pacifique ; mais évidemment le froid lui convient mieux que la chaleur.

Nous devons maintenant, continua Lucien, nous occuper de l'espèce désignée sous le nom de vautour royal. C'est aussi un sarcoramphe (*sarcoramphus papa*) et le seul en ce genre en dehors du condor. Il diffère de ce dernier sous plusieurs rapports. Ce n'est guère un oiseau de montagne. Il préfère les savanes basses et les plaines découvertes. Il aime mieux le chaud que le froid, et on le rencontre rarement au-delà des tropiques, quoiqu'il fasse de temps en temps des excursions dans la péninsule de la Floride et dans les plaines septentrionales du Mexique ; mais il n'y vient que de loin en loin et à titre d'oiseau de passage. Il se nourrit habituellement de charognes et de poissons morts qu'il trouve dans les marais et les étangs desséchés ; mais il tue et mange parfois des serpens, des lézards et de petits mammifères. Bartram dit qu'il ne se montre en Floride qu'après l'incendie des savanes, et qu'on le voit alors raser la terre au milieu des cendres, cherchant et dévorant les serpens et les lézards tués par le feu. Bartram conclut de là qu'il se nourrit entièrement de reptiles rôtis ; mais comme il lui serait quelquefois difficile de se procurer une provision de ces rôtis tout préparés, je ne crois pas trop m'aventurer en disant qu'il ne fait aucune difficulté à les manger crus. Les idées bizarres de ces vieux naturalistes deviennent parfois très amusantes à force d'absurdité.

Les vautours royaux vivent par couples comme les aigles, bien qu'on les voie assez souvent réunis en troupe autour du cadavre de quelque animal.

On lui a donné le nom de vautour coloré à cause des couleurs brillantes dont sa tête et son cou sont revêtus, couleurs dont la vivacité est en effet remarquable. L'appellation de vautour royal n'est motivée par aucunes qualités supérieures ; elle a pour origine la tyrannie dont il fait preuve à l'égard des vautours communs (*aura* et *atratus*), qu'il éloigne de leur proie jusqu'à ce qu'il se soit gorgé lui-même des meilleurs morceaux. Dans ce sens, le nom lui convient parfaitement ; car cette manière d'agir présente une analogie frappante avec celle de la plupart des rois de l'espèce humaine envers le commun des martyrs.

Le grand vautour de Californie, le condor du Nord, continua le jeune naturaliste, est celui qui se rapproche le plus du condor par la taille ; peut-être même est-il aussi grand que son congénère du Sud. On le classe parmi les vautours dégorgeurs (*cathartes californianus*). C'est un oiseau presque entièrement noir. Quelques-unes des plumes secondaires de ses ailes sont blanches à leur extrémité, et celles du dessus sont brunes ; mais c'est le noir qui prédomine chez cet oiseau. Sa tête et son cou, dépouillés de plumes, sont rougeâtres ; mais il n'a pas la crête que possèdent les condors et les vautours royaux. A la partie postérieure de son cou, des plumes longues, semblables à des lances, forment une sorte de fraise ou de collier comme chez les autres oiseaux de cette espèce.

Le vautour californien tire son nom du pays qu'il habite : la grande chaîne des montagnes de Californie, la *Sierra Nevada*, qui s'étend, presque sans interruption, sur vingt degrés de latitude. Il n'y a rien d'étonnant à ce qu'il visite quelquefois les montagnes Rocheuses et les cordillières de la *Sierra Madre* dans le Mexique. Les gros oiseaux que l'on rencontre parfois sur ces montagnes, et que l'on a pris pour des condors, sont des vautours de Californie selon toute probabilité. A ne considérer que la taille, une erreur de ce genre est facile, car ce dernier oiseau est à peu de chose près, sinon tout à fait, aussi gros que le premier. On a mesuré un vautour californien, et on a constaté qu'il avait quatre pieds huit pouces de long et neuf pieds huit pouces d'envergure. Or, la taille reconnue des condors est moindre, il n'est pas improbable que l'on rencontre encore maintenant des individus de l'espèce de Californie qui égalent en dimensions les plus gros oiseaux de l'Amérique du Sud.

On a rencontré le vautour de Californie jusqu'au trente-neuvième parallèle de latitude nord. Il est très commun dans certaines parties de l'Orégon, où il construit son nid au sommet des arbres les plus élevés, employant à cette construction des branches dures et épineuses, à la manière de l'aigle. Comme la plupart des *spruces* (1) et des pins de l'Orégon et de la Californie ont trois cents pieds de haut et vingt pieds de circonférence à la base, ce vautour est presque aussi en sûreté à leur sommet que le condor sur les pics de ses montagnes ; et pour surcroît de précaution, il choisit toujours les arbres qui surplombent des rochers inaccessibles ou des cours d'eau rapides. La femelle ne pond que deux œufs qui sont presque aussi noirs que du jais, et aussi gros que ceux d'une oie ; les petits, comme ceux du condor, sont vêtus, pendant plusieurs mois, de duvet au lieu de plumes.

De même que les autres vautours, celui-ci se nourrit de charogne ou de poisson mort ; mais il suit souvent les daims et les autres animaux blessés, et commence à les dévorer aussitôt qu'ils tombent. Une bande de ces oiseaux dévorera le corps d'un daim, ou même celui d'un cheval, en moins d'une heure de temps, ne laissant rien qu'un squelette parfaitement nettoyé ! Pendant qu'ils mangent, ils sont assez forts et assez courageux pour tenir à distance les loups, les chiens et les autres animaux qui voudraient essayer de prendre part au festin.

De tous les vautours, c'est peut-être le plus farouche et le plus prudent. A moins d'être gorgé de nourriture, il ne se laissera jamais approcher à portée de fusil ; son plumage épais et touffu le rend très difficile à tuer dans tous les cas. Ses ailes sont pleines et longues : il vole avec beaucoup d'aisance et de grâce, presque aussi bien que son congénère le dindon-busard.

J'ai dit, continua Lucien, que les naturalistes ont divisé les vautours d'Amérique en cinq espèces. Nous avons déjà parlé des deux dernières, le dindon-busard et le vautour noir ou, comme on l'appelle souvent, la *corneille à charogne*. Mais je crois que le continent américain renferme plus de cinq espèces. Il y a en Guyane un oiseau appelé *gavilucho*, qui, dans mon idée, est aussi un vautour différent de ces cinq espèces. De plus, je ne pense pas que le *gallinazo* à tête rouge, de l'Amérique du Sud, soit le même que le dindon-busard du Nord. C'est, plus probablement, une espèce distincte du genre *cathartès*, car, bien qu'il ressemble, de forme et de taille, au dindon-busard, son plumage me paraît être d'un noir plus pur, et la peau de la tête, du cou et des pattes, d'un rouge plus vif, à tel point que ces parties ont l'air d'avoir été peintes. Je pense que les naturalistes découvriront bientôt que, sans compter le grand vautour de Californie, il existe encore trois espèces, sinon quatre, de *cathartès* plus petits.

Mais en voilà bien assez sur les vautours d'Amérique.

XXXIII

UN SQUELETTE POUR TOUTE PITANCE.

Nos jeunes voyageurs venaient enfin d'atteindre le grand sentier des buffalos. Sans s'arrêter un instant, ils tournèrent à droite et suivirent la ligne tracée ; elle se dirigeait

---

(1) *Spruce* signifie : net, propre, élégant. Il s'agit probablement du pin Weymouth qui a toutes ces qualités, et appartient à l'Amérique septentrionale.

droit au nord, et il ne leur était pas difficile de la suivre, car la prairie, sur plusieurs milles de largeur, était labourée par les sabots des lourds quadrupèdes, et, à certains endroits où le terrain était plus gras et moins résistant, la surface semblait avoir été retournée par la charrue. A d'autres places, le sol, plus dur, avait résisté au choc; mais à ces endroits même, l'herbe était tellement battue que la trace était parfaitement visible. Aussi, n'ayant pas à s'inquiéter de sa direction, la petite troupe marchait vivement en avant, soutenue par l'espoir d'atteindre promptement les buffalos ; mais cette espérance ne devait pas se réaliser de sitôt.

Ces animaux étaient partis pour leur migration annuelle vers le nord; et comme ils étaient constamment lancés au galop, s'arrêtant à peine pour se reposer ou prendre leurs repas, ce n'était pas chose facile que de les rattraper. Pendant la nuit, nos voyageurs étaient obligés de s'éloigner de la voie, pour que leurs chevaux trouvassent de l'herbe, car il n'en restait pas un brin sur la largeur d'environ quatre milles piétinée par les buffalos.

Mais bientôt ils furent saisis d'une crainte tout aussi sérieuse que celle de manquer de pâturages. Au bout du second jour, ils avaient consommé le dernier morceau de leur viande d'ours séchée, et ils avaient dû se coucher au milieu de la prairie sans une once de nourriture pour satisfaire leur faim. La perspective était d'autant plus désespérante qu'ils traversaient alors une région entièrement dépourvue de gibier, où l'on ne rencontre jamais autre chose que des buffalos, à peine une antilope par hasard, et des loups de prairie que l'on trouve partout.

C'était, à proprement parler, un *désert*, bien que la plaine desséchée fût tapissée de la fameuse herbe à *buffalo* (*sesleria dactyloïdes*), que ces animaux préfèrent à toute autre nourriture. Quand aux antilopes, elles aiment ces grandes solitudes ; car ces plaines ouvertes, laissant un libre essor à leur légèreté, leur permettent d'échapper à tout ennemi. Mais là aussi elles sont encore plus farouches que de coutume ; nos jeunes chasseurs en virent bien plusieurs le long de leur route, mais ils essayèrent en vain de s'en approcher à portée de rifle. Ils auraient pu tuer des loups, mais ils n'étaient pas encore résignés à recourir, pour apaiser leur faim, à la chair de ces animaux immondes et quasi semblables à des renards.

Il était évident que des bandes nombreuses de loups étaient en avant sur les traces du grand troupeau. A chaque instant, nos chasseurs en voyaient la preuve dans les squelettes de buffalos parfaitement nettoyés qui gisaient sur la route. Ces squelettes étaient évidemment ceux des trainards qu'un accident quelconque avait empêchés de suivre le grand troupeau. Les combats que se livrent entre eux les taureaux, la maladie, la vieillesse, détachent souvent quelques animaux de la masse dans ces migrations rapides. S'il n'en est pas ainsi, les loups n'essaieraient pas de les suivre comme il le font, car un buffalo bien portant peut mettre en déroute une bande entière de ces chacals lâches et poltrons.

Mais les accidens qui ne peuvent manquer de se produire dans un si grand nombre de buffalos, l'espoir d'en voir quelques-uns, vieux, faibles ou fatigués, rester en arrière de leurs compagnons, d'autres s'embourber sur les bords de quelque rivière fangeuse, ou se noyer en la traversant ; des vaches pleines tomber, ou des mères s'arrêter pour allaiter leurs petits ; la perspective de toutes ces chances, et l'espoir encore plus alléchant de voir les buffalos attaqués par une troupe de chasseurs indiens, entraînent souvent des bandes de loups à parcourir des centaines de milles de prairie sur les talons d'un grand troupeau. En effet, quelques-uns de ces loups, tant de l'espèce blanche que de celle des prairies, semblent n'avoir aucune demeure fixe, mais courent sans cesse à la suite des *armées* de buffalos, les suivant dans toutes leurs migrations.

J'ai dit que la seconde nuit après avoir quitté la butte, nos voyageurs s'étaient couchés sans souper. Le troisième jour, ils commencèrent à ressentir les tortures de la faim. Pas une bête, pas un oiseau ne se montrait sur les plaines sauvages et désertes qui s'étendaient à perte de vue autour d'eux. Vers midi, comme ils traversaient un fourré de sauge sauvage (*artemisia tridentata*), une couple des singuliers oiseaux connus sous le nom de coqs de sauge, ou de coqs de bruyère des prairies (*tetrao urophasianus*, le plus gros de toute la famille des coqs de bruyère), s'envolèrent sous le nez de leurs chevaux. François, dont le fusil était toujours prêt, fit feu ; mais ils étaient déjà trop loin pour être atteints, et, un moment après, tous les deux disparaissaient au-dessus des ondulations de la prairie. Cette vue ne fit que *tantaliser* les malheureux chasseurs et augmenter encore leur appétit. Aucune chance n'existait pour eux de trouver du gibier avant d'avoir rejoint les buffalos. C'était le seul espoir qui leur restât. Ils pressèrent donc leurs montures de l'éperon et hâtèrent leur marche autant que faire se pouvait. Lorsque la nuit vint, ils étaient arrivés à un tel paroxysme de faim, que plusieurs fois ils jetèrent tous trois les yeux sur Jeannette et sur Marengo. Ils commençaient à sentir la nécessité de sacrifier l'un des deux. C'était une triste alternative, car la mule et le chien étaient pour eux bien plus des amis que des serviteurs. Tous les deux avaient rendu de grands services pendant le voyage. Sans Marengo, François n'aurait peut-être jamais été retrouvé, et Jeannette, outre qu'elle avait accompli ses devoirs d'une manière satisfaisante, les avait sauvés lors de la rencontre avec les couguars. Mais quand la faim commande, tous ces services sont mis en oubli, et nos jeunes aventuriers commencèrent à discuter sérieusement lequel de leurs deux fidèles serviteurs ils sacrifieraient le premier.

Ni l'un ni l'autre n'était gras. Jeannette ne l'avait jamais été de sa vie, du moins depuis que ses maîtres actuels la connaissaient, et Marengo était devenu maigre et osseux dans cette expédition prolongée. Jeannette ne pouvait fournir qu'une viande très coriace, et Marengo ne promettait pas d'être fort tendre. Sous ce rapport donc, il n'y avait pas plus de raison pour commencer par l'un que pour commencer par l'autre.

Mais d'autres considérations agissaient sur l'esprit de nos jeunes gens. Basile ne voulait pas se séparer de son chien, qui, depuis plusieurs années, était son favori, et qui leur était devenu cher à tous dans des circonstances récentes. Sa conduite, lorsqu'il s'était agi de retrouver François, son utilité comme sentinelle autour des feux de bivouacs, et les importans services qu'il avait rendus en d'autres occasions, avaient inspiré à nos jeunes maîtres une affection profonde et solide pour ce brave animal, et ils auraient souffert la faim jusqu'à la dernière extrémité plutôt que de le sacrifier. D'un autre côté, Jeannette n'était qu'une mule, une mule très égoïste, très vindicative, et toujours prête à lancer des ruades ; mais elle leur avait été bien utile, et n'aurait jamais dirigé un coup de pied contre l'un d'eux, si disposée qu'elle fût à le faire à l'égard de tout autre. Néanmoins, ce qu'ils éprouvaient pour Jeannette était de la gratitude plutôt que de l'amour. C'était bien différent à l'endroit de Marengo.

De telles considérations laissent facilement prévoir le résultat des délibérations de nos chasseurs affamés. La sentence fut enfin rendue à l'unanimité : Jeannette fut condamnée à mourir. Pauvre vieille Jeannette ! elle ne savait guère de quoi il était question ! Elle ne pensait pas que ses jours allaient être comptés, que le temps était proche où ne la porterait plus de paquets. Elle ne supposait pas qu'elle allait caracoler sur la prairie pour la dernière fois, que dans quelques heures son sang serait répandu, que ses vieilles côtes grilleraient et crépiteraient au dessus d'un feu de camp !

Oui ! il était arrêté que Jeannette devait mourir ! Mais on n'avait pas encore déterminé où et quand la victime serait sacrifiée : à leur première halte naturellement ; mais où camperaient-ils ?... Ils voyagèrent pendant plusieurs milles sans rencontrer un endroit où ils pussent s'arrêter pour la nuit. Ils ne voyaient pas la moindre trace d'eau, et sans eau, impossible de camper. Ils s'étaient engagés dans l'après-midi, en suivant les traces des buffalos, sur une partie de la prairie qui présentait un caractère étrange : c'était une série d'ondulations peu élevées, formées de pur gypse. Elles s'étendaient à perte de vue tout autour d'eux, semblables à de l'albâtre. Ni plante, ni arbre, ni aucun signe de vie végétative ne brisait la monotonie du paysage. De quelque côté qu'ils se tournassent, leurs yeux ne rencontraient que les collines et les vallées, alternant comme les dents d'une lime, éblouissant la vue par leur blancheur laiteuse. Le soleil, dont les rayons se réfléchissaient sur cette surface éclatante, pénétrait jusque dans leur corps et leur desséchait le gosier. Ils respiraient un air brûlant, rempli de la poussière de gypse réduit en poudre impalpable par le piétinement des buffalos. Cette circonstance ajoutait encore à la souffrance que leur faisait éprouver la soif, et il leur eût été difficile de dire ce qui les tourmentait le plus du manque de nourriture ou du manque d'eau !

Jusqu'à quelle distance pouvait s'étendre cette étrange nature du sol ? Ils ne pouvaient rien conjecturer sur sa longueur. Lucien avait lu que de telles formations s'étendent parfois sur bien des milles de la prairie. Si tel était le cas, jamais ils ne pourraient traverser cette région, affamés et épuisés comme ils l'étaient, eux et leurs bêtes, car, dans leur ardeur à poursuivre le troupeau de buffalos, ils n'avaient pris que très peu de repos les jours précédens. Leurs appréhensions devenaient de plus en plus sérieuses. Le besoin de boire l'emporta bientôt sur celui de manger, et provoqua des souffrances bien plus intolérables.

Suivant toujours les traces des buffalos, ils avançaient tristement au milieu d'un nuage de poussière blanche. Il ne leur était pas difficile de suivre la piste : cette poussière épaisse indiquait la route qu'avait parcourue le troupeau, et çà et là de grands trous circulaires montraient les places où les buffalos s'étaient vautrés. L'espoir que ces animaux, guidés par leur instinct naturel, avaient dû marcher dans la direction de l'eau, soutenait nos voyageurs.

Les ombres du soir se répandaient sur la terre, et les collines d'albâtre prenaient une teinte bleu-cendré, quand la petite troupe sortit des ravins poudreux de gypse et foula de nouveau le sol de la verte prairie. Devant nos chasseurs la campagne s'étendait toujours en ondulant, mais ils suivaient toujours la trace bien marquée. Leurs bêtes avaient repris un peu d'ardeur, comme si le changement de nature du terrain leur eût rendu l'espérance. L'aspect de la campagne semblait alors indiquer que l'eau n'était pas très éloignée ; et, en effet, en montant sur la crête d'une ondulation de la prairie que traversait la route des buffalos, ils aperçurent un petit ruisseau coulant dans la petite vallée au-dessous. A cette vue, Jeannette et les trois chevaux dressèrent les oreilles, et, faisant un nouvel effort pour trotter, ils furent bientôt arrivés au fond et dans l'eau jusqu'aux genoux.

Heureusement pour nos jeunes chasseurs, c'était un ruisseau d'eau douce. Si l'eau eût été salée, comme cela arrive très souvent dans le voisinage des formations de gypse, ils auraient péri là, incapables qu'ils étaient de fournir une nouvelle course. Mais c'était de l'eau fraîche, et nos voyageurs, après avoir bu, se baignèrent pour se débarrasser de la poussière de gypse qui les incommodait : puis ils s'occupèrent des préparatifs de leur campement de nuit.

En arrivant sur la place, ils virent Marengo aux prises avec le squelette d'un gros buffalo. La pauvre bête, affamée comme elle l'était, ne pouvait guère que lécher les os, car les loups n'y avaient pas laissé assez de chair pour emplir le creux de la plus petite de ses dents ! Les lambeaux de peau eux-mêmes, qui couvraient le sol tout autour, avaient été mâchés et rongés entièrement par ces voraces animaux, et les os étaient aussi nets de viande que si on les eût râclés avec un couteau. Un anatomiste chargé de préparer ce squelette pour un muséum n'aurait pas pu le nettoyer plus complétement.

La vue de ce squelette inutile n'avait rien de bien réjouissant, et les jeunes gens étaient sur le point de retourner à leur camp, lorsque l'idée se présenta à l'esprit de Lucien que ces os pourraient au moins leur servir à faire une soupe. Il communiqua cette idée à ses frères, et ils résolurent d'en essayer et de les faire bouillir. C'était une heureuse pensée : les os, qui étaient tout frais, devaient faire un excellent bouillon. Ils préparèrent tout pour les faire cuire. François recueillit des broussailles de sauge pour allumer du feu, tandis que Basile, armé de la hachette de Lucien, se mit à séparer les côtes et les jointures du squelette. Lucien, voyant que plusieurs sortes de plantes garnissaient les rives du ruisseau, descendit pour les examiner, espérant trouver des oignons sauvages, des navets de prairie, ou tout autre légume ou racine susceptible d'entrer dans la composition de leur potage. Pendant que tous trois étaient ainsi diversement occupés, une exclamation sonore de François attira l'attention de de ses frères. C'était un cri de joie suivi d'un rire sauvage comme celui d'un maniaque.

François et Lucien levèrent les yeux tout effarés, pensant qu'un incident fâcheux venait de se produire, car ils ne concevaient pas ce qui, dans ce moment, pouvait provoquer chez Basile un accès de gaieté aussi bruyante.

Quant à Basile, il continuait toujours à rire, faisant tourner la hachette autour de sa tête avec un air de triomphe.

— Arrivez, frères, criait-il, arrivez ! ah ! ah ! ah ! il y a ici de quoi largement souper pour trois affamés ; ah ! ah ! ah ! imbéciles que nous étions ! En vérité, nous sommes aussi bêtes que l'âne qui préférait manger du foin, quand il avait auprès de lui du pain et du beurre. Voyez donc ici ! et ici ! et là ! En voilà de quoi souper, hein ! ah ! ah ! ah !

Pendant ce temps, Lucien et François avaient rejoint leur frère. Voyant Basile indiquer les énormes fémurs du buffalo et les retourner de tous côtés, ils comprirent la cause de sa joie : ces fémurs étaient remplis de moelle.

— Il y en a des livres, continua Basile ; c'est ce qu'il y a de meilleur dans le buffalo. On souperait largement douze avec cela, et cependant nous allions nous coucher sans manger, ou, pour mieux dire, mourir de faim au milieu de l'abondance. Et dire que nous avons voyagé pendant trois jours au milieu de pareils trésors ! Hein ! nous mériterions bien de crever de faim pour avoir été si bêtes ! Mais venez, frères, aidez-moi à porter ces gros fémurs sur le feu, et je vous apprendrai à préparer un souper.

Il y a dans le buffalo trois os à moelle qui contiennent plusieurs livres de cette substance; Basile avait appris des chasseurs qu'ils estiment cette moelle comme la partie la plus délicate de cet animal, et qu'ils la laissent rarement perdre quand ils en ont tué un. La meilleure manière de la préparer consiste à faire rôtir les os, quoique les Indiens et les trappeurs mangent souvent cette moelle crue. Nos jeunes chasseurs n'avaient pas l'estomac assez robuste pour cela.

Une couple d'os à moelle fut jetée dans le feu et recouverte de cendres rouges ; au bout de peu de temps, la moelle fut jugée suffisamment cuite, et les os brisés avec la hache de Lucien laissèrent échapper leur savoureux contenu, que nos trois amis mangèrent en se délectant. Une tasse d'eau fraîche fit couler le tout, et nos chasseurs, assis autour du feu du camp, oublièrent les tortures passées de la faim et de la soif. Quant à Jeannette, elle fut acquittée à l'unanimité. Une fois de plus, nos jeunes aventuriers se trouvaient abondamment pourvus. Il y avait assez de moelle dans les os restans pour les nourrir pendant deux jours au moins, car cette moelle est une nourriture fort substantielle.

En outre, en suivant les traces des buffalos, ils avaient grande chance de rencontrer encore des squelettes de ces animaux, et toute inquiétude relativement à la nourriture fut désormais bannie de leur esprit. Un autre fait révélé par le squelette du buffalo ajouta encore à leur joie. Ils avaient remarqué tout d'abord que les os étaient encore frais ; donc les loups venaient seulement de les abandonner, donc l'animal avait été tué peu de temps auparavant. Tout cela tendait à prouver que les buffalos avaient passé par là tout récemment, et par conséquent ne devaient pas être bien loin. C'étaient de joyeuses conjectures pour nos jeunes chasseurs, qui, tranquillement assis autour du feu de sauge, les repassèrent dans leur esprit et en firent l'objet de leur conversation. Puis, ayant offert des actions de grâces à l'Être suprême, qui les avait si souvent et si miraculeusement préservés de la mort, ils s'enroulèrent dans leurs couvertures, et, malgré la pluie qui tombait en abondance, goûtèrent encore une fois les douceurs d'une bonne nuit de sommeil.

XXXIV

LA BATAILLE DES BUFFALOS MALES.

Le lendemain matin, nos jeunes chasseurs étaient debout dès le point du jour. Ils se sentaient rafraîchis et pleins de gaieté. Leurs animaux étaient également ragaillardis ; Jeannette gambadait au bout de sa corde, et faisait tous ses efforts pour atteindre *le chat*, dans le but charitable de le mordre et de le régaler de quelques coups de pieds ; mais le lasso y mettait bon ordre. Jeannette ne s'imaginait guère qu'elle avait touché de si près à sa dernière ruade ; si elle l'avait su, il est probable qu'elle se serait comportée autrement, dans la crainte qu'une pareille conjoncture ne vînt à se représenter ; mais Jeannette ignorait tout, et, après avoir bien bu et bien mangé, elle se sentait aussi fringante qu'un jeune chevreau.

On alluma le feu, et un nouvel os à moelle crépita parmi les branches enflammées. On l'en retira bientôt, on le cassa, et le savoureux contenu fut avalé en un instant.

Les os restans furent paquetés sur Jeannette ; les chevaux harnachés, les chasseurs sautèrent en selle et partirent joyeusement sur la trace des buffalos.

Le pays qu'ils parcouraient alors était ce qu'on appelle une prairie ondulée (1). C'est un pays sans arbres ; mais ce n'était pas, tant s'en faut, une plaine unie. La prairie ne présente pas toujours une surface plane, comme se l'imaginent bien des gens ; au contraire, elle est souvent accidentée, contenant de hautes collines et de profondes vallées.

Le mot prairie signifie, à proprement parler, une large étendue de pays découvert et sensiblement de niveau, sans pour cela vouloir désigner un terrain tout à fait plat. La prairie peut contenir des collines, des vallées et de longues arêtes. Elle n'est pas toujours entièrement dépourvue d'arbres, car il y a des prairies boisées où les arbres se rencontrent en *mottes* ou bouquets, auxquels on donne souvent le nom d'îles, à cause de leur ressemblance avec les îles boisées de la mer.

Le mot prairie est employé pour distinguer, des forêts, des montagnes et de l'océan, ces vastes étendues couvertes d'herbes qui se trouvent sur la surface de la terre. Les prairies elles-mêmes, portent différens noms, selon la nature des substances qui recouvrent leur surface. Nous avons vu les prairies boisées (2) et les prairies de fleurs (3) ; ces dernières sont généralement désignées sous le nom de prairies

(1) *Rolling prairie.*
(2) *Timber prairies.*
(3) *Flower prairies.*

aux mauvaises herbes (4) par les chasseurs grossiers qui les parcourent.

Les grandes prairies vertes, couvertes d'herbe à buffalo, de *gramma* ou de mezquite, sont appelées prairies d'herbes (5). Les étendues recouvertes de sel, qui ont environ cinquante milles de long sur à peu près autant de large ; sont nommées prairies de sel (6), et d'autres, à peu près semblables, dont la surface est recouverte de soude, portent le nom de prairies de soude (7). Il y a de vastes plaines désertes où n'apparaît aucune végétation, sinon des buissons de sauge sauvage (*artemisia*). Ce sont les prairies de sauge (8) dont on trouve des centaines de mille dans les parties centrales de l'Amérique du Nord. Il y a des prairies de sables (9), des prairies de roches (10), où les schistes et les cailloux recouvrent la plaine aride ; et encore une autre variété, celle que l'on désigne sous le nom de *hog-wallon prairies* (11) et dont la surface semble avoir été autrefois retournée ou fouillée par des groins de cochons.

La plupart de ces noms ont été donnés par les trappeurs, les vrais pionniers de ces régions désertes. Qui donc aurait plus qu'eux le droit de les dénommer ? Les hommes de science peuvent bien les explorer, les fonctionnaires topographes peuvent les traverser sans courir aucun risque, avec une troupe de soldats sur leurs talons ils peuvent se proclamer les découvreurs des défilés et des plaines, des montagnes et des rivières, des animaux et des plantes. Sur leurs cartes, ils peuvent baptiser les différens points de leurs propres noms d'abord, puis des noms de leurs *patrons*, puis de ceux de leurs amis, et enfin de ceux de leurs chiens et de leurs chevaux. Ils peuvent donner à des montagnes géantes et aux plus grands fleuves les noms de Smith et de Jones, de Frémont et de Stansbury ; mais les hommes qui ont le sentiment de la justice, et les rudes trappeurs dépouillés eux-mêmes, rient avec dédain de cette fatuité scientifique.

Pour moi, je respecte les noms que les trappeurs ont donnés aux différens traits de ces contrées lointaines ; la plupart de ces noms, comme ceux de la nomenclature indienne, sont l'expression de la nature elle-même, et beaucoup de points ont reçu le baptême du sang de ces hardis pionniers.

Nous avons dit que nos jeunes aventuriers voyageaient alors sur une *prairie ondulée*, présentant des sillons gigantesques. Avez-vous jamais vu l'Océan après une tourmente ? Savez-vous ce que c'est que la houle ? Quand la mer se soulève lourdement sans écumer et retombe silencieuse, quand la tempête a cessé de mugir et les vents de souffler ; quand les vagues unies s'élèvent encore à une telle hauteur et creusent des abîmes si profonds que les navires, violemment roulés, perdent parfois leurs mâts ou sont renversés sur leurs baux, c'est ce que les marins appellent la houle. Maintenant, si vous imaginez que la mer dans cet état soit soudainement arrêtée, que l'eau tout à coup transformée en terre couverte d'un vert gazon, vous aurez une idée assez exacte de la prairie ondulée. Quelques personnes pensent qu'à l'époque de formation de ces prairies, un tremblement de terre avait imprimé au sol un mouvement d'ondulation analogue à celui de la mer, et que tout à coup, le mouvement ayant cessé, la surface demeura dans l'état où nous la voyons aujourd'hui ! C'est un thème des plus intéressans pour le géologue.

Les sillons de la prairie que traversaient nos jeunes aventuriers s'étendaient de l'est à l'ouest. La route se dirigeait au nord et présentait, conséquemment, une succession continue de montées et de descentes.

(4) *Weed prairies.*
(5) *Grass prairies.*
(3) *Salt prairies.*
(4) *Soda prairies.*
(5) *Sage prairies.*
(6) *Sand prairies.*
(7) *Rock prairies.*
(8) Prairies où se vautrent les cochons.

Les regards toujours tendus en avant, examinant avec anxiété les vallons de la prairie chaque fois qu'ils atteignaient un sommet, ils chevauchaient nourrissant l'espoir de découvrir bientôt les buffalos. Mais ils n'étaient guère préparés au spectacle qui s'offrit bientôt à leurs yeux, spectacle que l'on aurait cru de nature à leur causer une grande joie, et qui cependant n'eut d'autre effet que de leur inspirer une profonde terreur.

Ils venaient de gravir une éminence, du haut de laquelle ils découvraient la vallée suivante dans toute son étendue. C'était une petite vallée profonde, de forme à peu près circulaire, et couverte de gazon vert. D'un côté il y avait une source dont les eaux alimentaient un ruisseau qui contournait presque entièrement la vallée et s'échappait ensuite à travers un des sillons de la prairie. Le cours de ce petit ruisseau était masqué par une double rangée d'arbres peu élevés, des cotonniers et des saules, qui bordaient ses rives; de telle sorte que le centre de la vallée présentait l'aspect d'un pré circulaire entouré d'arbres.

La scène en présence de laquelle nos jeunes gens s'arrêtèrent brusquement, le cœur battant d'une émotion singulière, se passait au milieu de ce pré. Ce spectacle, c'était celui d'un certain nombre d'animaux engagés dans une mêlée terrible! Il n'y en avait pas plus d'une douzaine, mais c'étaient des animaux de grande taille, d'un aspect redoutable, et paraissant remplis de fureur. Ils se livraient des assauts si désespérés que le gazon tout alentour était arraché et labouré par leurs sabots. Cette bataille, ou plutôt cette mêlée confuse, se livrait au beau milieu du pré, sur le terrain découvert; il était impossible de choisir une plus belle arène pour ce tournoi, si l'on eût eu pour but de le mettre à la portée d'un grand nombre de spectateurs. La vallée, entourée comme elle l'était de pentes, ressemblait assez à un de ces grands amphithéâtres espagnols où l'on donne en spectacle les combats de taureaux; la surface unie et horizontale du pré figurait très bien l'arène. Mais les combattans n'étaient point engagés dans une de ces luttes de parade faites pour amuser une foule oisive; et ils étaient loin de se douter qu'ils eussent des spectateurs.

Ils se battaient pour tout de bon; et leurs mugissemens furieux, leurs élans terribles en avant et en arrière, le bruit retentissant de leur crânes quand ils se rencontraient, témoignaient de toute l'ardeur réelle du combat.

A la première vue, on reconnaissait des buffalos. Leur massive structure, leur forme quasi léonine, et, par dessus tout, leurs meuglemens, semblables au ronflement sonore des taureaux en fureur, ne pouvaient laisser aucun doute à nos jeunes chasseurs. C'étaient bien en effet des buffalos, une troupe de vieux buffalos mâles aux prises dans un de leurs terribles tournois.

J'ai dit que le premier sentiment de nos jeunes gens, en les apercevant, avait été un sentiment de terreur. Pourquoi donc cela? Que pouvait-il y avoir d'effrayant pour eux dans l'aspect d'un troupeau de buffalos, puisque c'était précisément le but de leurs longues recherches? Était-ce donc la fureur de ces animaux, ou leurs mugissemens sonores qui les épouvantaient? Rien de tout cela. Non; telle n'était point la cause de leur crainte, je devrais plutôt dire de leur inquiétude. Cette inquiétude avait un tout autre motif. Rencontrer des buffalos, les voir engagés dans une lutte terrible, cela ne pouvait les alarmer; mais *c'étaient des buffalos blancs!*

Mais, direz-vous encore, en quoi cela pouvait-il être pour eux une cause de terreur? leur expédition n'avait-elle pas pour but de se procurer un buffalo *blanc?* la vue d'un buffalo *blanc* n'aurait-elle pas dû les remplir de joie et non de crainte? Sans doute la vue *d'un seul* aurait produit cet effet; mais en voir un si grand nombre, le mystérieux spectacle d'une douzaine de ces animaux réunis, un tel phénomène, inouï jusqu'alors, voilà ce qui inspirait à nos jeunes aventuriers un étonnement poussé jusqu'à l'angoisse.

Il se passa quelque temps avant qu'aucun des trois pût articuler une syllabe pour exprimer sa surprise. Ils restaient immobiles sur leur selle, les yeux fixés au fond de la vallée. Ils pouvaient à peine en croire leurs yeux. Ils ombrageaient leurs yeux avec la paume de leurs mains, et regardaient avec plus d'attention encore. Enfin, ils durent se rendre à l'évidence : c'étaient des buffalos, et des *buffalos blancs.*

Tous n'étaient pas d'une blancheur uniforme; mais la plupart avaient la robe entièrement blanche. Quelques-uns avaient la tête et les jambes plus foncées, et de larges taches blanches sur les flancs leur donnaient un aspect bigarré. La nuance générale toutefois était blanchâtre! et, chose étrange, pas un seul, dans toute la troupe, n'était noir ou brun; pas un n'était de cette couleur bien connue qui caractérise généralement les buffalos. Voici ce qui donnait à la scène ce cachet mystérieux qui impressionnait nos jeunes gens.

Ceux-ci, cependant, se remirent bientôt de leur surprise. Ils ne pouvaient douter que le hasard les avait fait tomber sur un troupeau de buffalos blancs. Peut-être, pensèrent-ils, n'y avait-il, après tout, rien de bien extraordinaire à les voir réunis en un tel nombre. Peut-être les individus de cette nuance, que l'on rencontre si rarement, ont-ils l'habitude de se grouper de cette façon et de se tenir à l'écart des noirs. Que pouvait-il leur arriver de plus heureux? Tout ce qu'ils pouvaient désirer maintenant, c'était de pouvoir réussir à en tuer un. Le but de leur expédition serait alors atteint, et ils n'auraient plus qu'à rebrousser chemin et à retourner chez eux par la voie la plus courte. Sous l'influence de ces idées, ils se mirent à examiner quel moyen ils pourraient employer pour tuer ou prendre un ou plusieurs de la bande.

Leur plan fut bientôt arrêté. Les buffalos continuaient à se battre avec rage; ils n'avaient pas encore aperçu les chasseurs et ne semblaient pas devoir les découvrir de sitôt. Ceux-ci résolurent en conséquence que deux d'entre eux resteraient à cheval, afin de pouvoir donner la chasse, tandis que le troisième tâcherait d'approcher les buffalos, à pied, assez près pour pouvoir tirer à coup sûr, se réservant d'ailleurs de se joindre à la poursuite, après. Cette dernière fonction fut confiée à Basile, qui descendit de cheval, et, son rifle fidèle à la main, se mit en devoir de descendre tout doucement dans la vallée. Lucien et François, toujours en selle, restèrent sur l'éminence.

Basile atteignit la bordure de saules sans avoir été vu, et, ayant traversé en silence, se trouva à moins de cinquante pas du troupeau. Les buffalos continuaient à se ruer dans tous les sens, soulevant des nuages de poussière, poussant des beuglemens horribles, se séparant pour se rencontrer de nouveau, tête contre tête, avec une telle violence que les crânes sonnaient comme s'ils s'étaient brisés sous l'effroyable choc. Le chasseur attendit jusqu'à ce qu'un des plus gros et des plus blancs vînt très près de lui : alors, visant bien au défaut de l'épaule, il lâcha la détente. Le monstrueux animal s'affaissa sur lui-même; les autres, soit à cause de la détonation, soit qu'ils eussent éventé la présence d'un ennemi, cessèrent immédiatement leur combat, et, traversant la vallée, gravirent la pente et gagnèrent la prairie ouverte.

Sans prendre le temps d'aller voir celui qu'il avait abattu, Basile courut à son cheval, qui vint au galop à son appel. François et Lucien étaient déjà lancés à la poursuite des fuyards ; Basile, sautant lestement en selle, les suivit à toute bride. Peu d'instans après, ils galopaient tous trois côte à côte ; puis on entend la pétarade des fusils et des pistolets, jusqu'à ce que toutes les armes fussent déchargées. Mais, bien que tous les coups eussent porté, pas un des buffalos n'avait ralenti sa course. Il semblait qu'aucun d'eux n'eût été atteint! Avant d'avoir pu recharger, les chasseurs eurent la mortification de voir la bande entière tout au loin sur la prairie, et courant aussi vite que jamais!

Voyant qu'ils n'y avait pas chance de les rattraper, ils revinrent sur leurs pas, pour s'assurer au moins de celui que Basile avait jeté par terre. L'animal n'était pas sorti de la vallée, et, comme ils l'avaient vu tomber, ils étaient certains d'en avoir au moins un : c'était tout ce qu'il leur fallait. En arrivant sur la crête qui dominait la vallée, quelle ne fut pas leur surprise de voir le buffalo sur ses pieds, se débattant au milieu d'une foule de loups hurlans et bondissans, qui l'assaillaient de tous les côtés à la fois !

Le buffalo blessé faisait tête à tous ses ennemis, et s'efforçait de les tenir en respect avec ses cornes.

Quelques-uns des loups étaient étendus sur le sol, morts selon toute apparence, et leurs camarades continuaient l'attaque avec une furie sans cesse renaissante.

Les yeux du buffalo lançaient des flammes, et l'énorme bête tournait sur elle-même avec une prestesse inouïe, présentant toujours ses cornes aux assaillans.

Il était évident, toutefois, que les loups gagnaient l'avantage, et ils auraient immanquablement terrassé leur victime, si on les avait laissé faire. Nos jeunes chasseurs eurent d'abord l'idée de leur laisser la tâche d'abattre le buffalo ; mais ils réfléchirent bientôt que la peau risquait d'être fort endommagée ! Les loups, avec leurs dents redoutables, pouvaient bien mettre la robe en pièces. Cette pensée leur fit changer de plan, et tous trois s'élancèrent au galop vers le fond de la vallée, en s'écartant de manière à entourer le buffalo. Les loups s'éparpillèrent dans toutes les directions ; et l'énorme bison, apercevant alors ses nouveaux ennemis, s'élança à leur rencontre et dirigea ses cornes contre les chevaux. Ce ne fut pas sans difficulté que ceux-ci parvinrent à l'éviter ; mais enfin, une nouvelle balle du rifle de Basile, bien dirigée, pénétra dans le cœur de l'animal ; il oscilla un moment sur ses jambes raidies, trébuchant à droite et à gauche, puis il tomba en avant sur ses genoux et resta sans mouvement, le sang lui sortant par les naseaux. Un instant après, il était mort.

Quand ils se furent bien assurés du fait, nos chasseurs sautèrent à bas de leurs chevaux, tirèrent leurs couteaux de chasse, et se dirigèrent vers la noble proie.

Imaginez leur étonnement et leur chagrin lorsque, arrivés près de l'animal, ils reconnurent que ce qu'ils avaient pris pour un buffalo blanc n'était qu'*un buffalo noir peint en blanc !* Rien de plus, rien de moins. La chose était trop évidente. Ils voyaient distinctement la couche de boue qui recouvrait le corps monstrueux, et en passant la main sur les longs poils, leurs doigts se remplissaient d'une substance blanche semblable à de la craie pulvérisée !

— Quelle peut être la cause de ce singulier phénomène ? se demandèrent-ils l'un à l'autre. Ils se rappelèrent alors les collines de gypse qu'ils avaient traversées la veille. Ils se souvinrent aussi qu'il avait plu la nuit précédente. Les buffalos avaient aussi traversé les collines, et, selon leur habitude, s'étaient roulés et vautrés dans les monceaux de poussière humide. La boue, blanche comme de l'albâtre, avait adhéré à leur peau, et leur avait ainsi donné la nuance qui avait si bien trompé et mystifié nos jeunes chasseurs !

— Eh bien ! après tout, s'écria Basile frappant le bison mort de son couteau, tout noir qu'il est, ce buffalo n'est pas une pièce à dédaigner. Tout au moins nous fournira-t-il de la viande fraîche pour notre dîner : c'est toujours un dédommagement.

Ce disant, Basile fit signe à ses frères de l'aider ; et tous trois se mirent en devoir d'enlever la peau de l'animal.

XXXV

LA VALLÉE MYSTÉRIEUSE.

Ce jour là, nos jeunes chasseurs dînèrent pour la première fois avec de la viande fraîche de buffalo. Ils employèrent le reste du jour à faire sécher une partie de leur viande au feu. Ils avaient arrêté qu'ils camperaient à cette place la nuit et qu'ils reprendraient leur course le lendemain matin. Ils passèrent donc une partie de la nuit à préparer des provisions pour plusieurs jours.

Il n'était pas loin de minuit quand ils pensèrent à se reposer. Comme dans plusieurs occasions précédentes, il fut convenu que l'un monterait la garde, pour tenir les loups à distance, pendant que les deux autres dormiraient.

Leur camp était sur le terrain découvert, près de la place où le buffalo avait été dépouillé. A peu de distance, les chevaux et la mule pâturaient tout à leur aise ; les loups se montraient en grand nombre, des loups de prairie et des loups gris de la grande espèce. Le fumet de la viande grillée les avait attirés de loin, et pendant toute la nuit on les vit rôder tout autour du camp en poussant des hurlemens continus.

François monta la première garde, Lucien la seconde ; le tour de Basile vint ensuite, et il devait veiller jusqu'au point du jour, leur intention étant de seller, paqueter et partir de très bonne heure. Ils ne voulaient pas perdre un instant de plus qu'il n'était nécessaire, sachant que chaque heure augmentait l'avance des buffalos sur eux, et prolongeait d'autant la poursuite.

La veillée de Basile était longue, et comme il ne s'était couché que fort tard, il se sentait tout endormi. Aussi, n'était-il pas de très bonne humeur contre les loups qui le forçaient à monter la garde ainsi. De temps en temps, quand il les voyait ramper dans les ténèbres, il ne pouvait retenir une exclamation de colère, et il était bien décidé, dès la pointe du jour, à décharger son fusil sur un animal de la bande, afin de satisfaire un peu sa mauvaise humeur.

Enfin, vers trois heures, il aperçut l'aube blanchissant à l'est.

— Pendant que nous ferons cuire le déjeuner, pensa Basile, le jour deviendra assez clair pour que nous puissions suivre notre route. Donc, je vais réveiller Frank et Luce, et pour changer un peu, je vais leur sonner le réveil avec mon rifle. Que je puisse seulement voir le bout du nez du plus gros de la bande, et je lui ôterai l'envie d'empêcher les gens de dormir !

Basile, tout en marronnant ainsi, se levait sur ses genoux, et cherchait autour de lui une victime. Mais, chose bizarre ! les loups, comme s'ils eussent deviné son intention, s'étaient écartés des environs du feu. On en voyait encore quelques-uns ramper auprès des saules. Basile en choisit un qui, dans le crépuscule, lui fit l'effet d'être un gros loup gris ; il mit en joue et pressa la détente. Comme, après tout, il se souciait fort peu de tuer l'animal ou de le manquer, il avait tiré assez négligemment.

Un cri terrible suivit la détonation ; ce cri fut suivi de cinquante autres qui partaient de tous les points de la vallée. Les chasseurs se réveillèrent au bruit et se dressèrent sur leurs pieds, comme Basile. Ce n'était pas le cri des loups qu'ils venaient d'entendre, mais un cri bien autrement terrible. C'était un hurlement humain : *le cri de guerre des Indiens*.

Tous trois demeurèrent immobiles et muets de terreur ; mais, eussent-ils pu parler, ils n'auraient pas eu le temps d'articuler un mot. Les Indiens s'étaient élancés en même temps qu'ils jetaient leur cri, et, presque aussitôt, nos jeunes gens se trouvaient entourés de cinquante sauvages. Basile, qui était le plus éloigné du feu, fut frappé et tomba privé de sentiment. Lucien et François, qui n'avaient pas l'idée de faire usage de leurs fusils, furent saisis et garrottés. Heureusement, ils n'avaient fait aucune résistance, sans cela les Indiens les auraient tués sur la place. Pendant quelques instans même, la question de savoir si on les tuerait ou non fut indécise, car c'était sur l'un d'eux que Basile avait tiré, le prenant pour un loup ; la balle avait blessé l'Indien, qui, comme de juste, était exaspéré.

Reconnaissant cependant la faiblesse de la petite troupe, voyant que les enfans n'opposaient aucune résistance, ils abandonnèrent l'idée de les tuer sur place, et se contentèrent de leur lier les mains derrière le dos, puis il les hissèrent sur leurs chevaux, ramassèrent les fusils et les couvertures, et les conduisirent hors de la vallée. A peu de distance, ils atteignirent l'endroit où leurs propres chevaux étaient attachés. Là, ils firent halte un moment ; chacun se mit en selle, et la troupe entière, avec les prisonniers, partit au grand trot à travers la prairie.

Après une heure de course environ, ils arrivèrent à un grand campement, sur les bords d'une rivière large et peu profonde. Il y avait là une centaine de huttes éparses dans la plaine ; le terrain était couvert de cornes et de peaux de buffalos, et l'on voyait, suspendues à des perches, en face de chaque hutte, des tranches de viande en grande quantité. Les feux flambaient, surmontés de marmites de camp. Des chiens, des poneys indiens, des femmes et des enfans s'agitaient pêle-mêle au milieu des tentes.

Les prisonniers furent jetés à terre en face du camp et près des bords du ruisseau. Les Indiens s'éloignèrent d'eux, mais ils furent au même instant entourés par une troupe de squaws et d'enfans, criant et hurlant, qui se contentèrent d'abord de les regarder avec curiosité ; mais aussitôt que les femmes eurent appris qu'un des Indiens avait été blessé, elles se mirent à pousser des cris horribles et discordans, et s'approchant des captifs avec des gestes et des regards menaçans. Elles commencèrent à les torturer lâchement en leur tirant les oreilles et les cheveux, et en enfonçant des pointes de flèches dans leurs bras et dans leurs épaules; puis, pour se donner un spectacle plus divertissant, plusieurs squaws s'emparèrent des trois prisonniers et les traînèrent jusqu'au milieu de la rivière. Elles les forçaient à plonger, et leur maintenaient la tête sous l'eau, accompagnant cette opération de leurs rires et de leurs hurlemens de démons.

Les pauvres captifs crurent un instant que ces femmes voulaient les noyer, et, liés comme ils l'étaient, ils ne pouvaient opposer aucune résistance. Telle n'était pas cependant l'intention des squaws ; elles tenaient simplement à se récrer autant que possible en les faisant souffrir. Quand elles eurent assez de cet amusement, elles ramenèrent les victimes sur la rive, et les jetèrent toutes ruisselantes sur l'herbe.

Mais que faisait Basile pendant tout ce temps ? Ne possédait-il pas un talisman qui pouvait mettre fin à toutes ces tortures et transformer les Indiens en amis aussi dévoués qu'ils se montraient ennemis cruels ? Ah! pauvre Basile ! c'était celui des trois qui avait le plus souffert. Je vais vous dire dans quel état il se trouvait.

Au moment de l'assaut des sauvages, Basile avait été atteint d'un coup de tomahawk qui lui avait fait perdre entièrement connaissance, et, quoiqu'il eût recouvré ses sens juste assez pour se tenir à cheval jusqu'au camp des Indiens, ce ne fut qu'après son immersion dans l'eau fraîche de la rivière qu'il revint complétement à lui. Aussitôt, il se rappela le sachet qu'il portait sous sa blouse de chasse. En fait, ses frères l'avaient interpellé plusieurs fois à ce sujet, l'adjurant de faire usage du secret dont ni l'un ni l'autre ne connaissait la nature ; mais, jusqu'alors, Basile, étourdi par sa blessure, n'avait pas conscience de ce qu'il faisait.

Revenu complétement à lui, il fit tous ses efforts pour atteindre le cordon et tirer le sachet brodé de sa poitrine. Mais ses mains, liées par derrière, ne pouvaient lui être d'aucun secours ! Il essaya, mais en vain, de l'atteindre avec sa bouche. Il se tourna alors vers ses frères, afin qu'ils essayassent de se rouler jusqu'à lui et de tirer le cordon avec leurs dents. Ses frères s'étaient plus près de lui! Les squaws les avaient traînés à quelque distance de là, et, liés qu'ils étaient comme lui par les chevilles, ils ne pouvaient bouger de la place où on les avait jetés.

Basile voyait tout cela avec un profond désespoir. La façon cruelle dont on les avait traités, l'exaspération que montraient les Indiens, lui inspiraient les plus sinistres appréhensions, et il commençait à douter que le talisman dont il était muni pût avoir la puissance de le sauver.

A tout prix, cependant, il fallait en essayer. Ne pouvant parvenir à l'atteindre, il fit des signes aux squaws qui l'entouraient, en remuant la tête et en montrant sa poitrine des yeux ; celles-ci ne ne firent que rire de cette pantomime, qu'elles ne comprenaient pas et qui leur semblait très comique.

Pendant toute cette scène, les guerriers indiens se tenaient à part, parlant ensemble, et délibérant évidemment sur ce qu'ils feraient de leurs prisonniers. Quelques-uns manifestaient beaucoup d'excitation et de colère. Ils parlaient haut et gesticulaient avec violence, indiquant de temps en temps, en face du camp, une place où le terrain était uni.

Les captifs pouvaient remarquer, parmi ceux qui parlaient le plus haut, le guerrier que Basile avait blessé. On le reconnaissait facilement à son bras en écharpe : c'était un sauvage à l'aspect repoussant et féroce, et, s'ils ne pouvaient saisir le sens des mots, ils comprenaient facilement le sens de sa harangue.

Ils virent bientôt avec désespoir que ce sauvage et ceux de son parti l'avaient emporté, et que tous les autres paraissaient se ranger de son avis.

Qu'avaient-ils décidé ? Allaient-ils les mettre à mort ? Sous l'influence de ces affreuses pensées, les jeunes gens observaient toutes les actions des Indiens avec une anxieuse attention.

Tout à coup tous les sauvages s'armèrent chacun d'un arc ; deux d'entre eux, portant un pieu énorme, s'avancèrent sur le terrain découvert, et le fixèrent solidement dans le sol. O ciel ! l'horrible vérité se faisait jour. Les sauvages se disposaient à attacher leurs prisonniers au poteau, et à les faire servir de cible pour leurs flèches ! Nos jeunes chasseurs avaient entendu parler de ce traitement, dont les Indiens usent très souvent avec leurs prisonniers ; tous trois poussèrent un cri de terreur à l'aspect de ces terribles apprêts.

A peine eurent-ils le temps d'échanger quelques paroles d'adieu, et ces paroles furent étouffées par les cris des squaws et des enfans, qui sautaient et dansaient sur le terrain, évidemment charmés de l'horrible spectacle qui se préparait.

Heureusement, Basile fut choisi pour première victime. Sa taille et son âge lui valurent cette préférence.

Il fut rudement saisi par deux Indiens, qui le traînèrent jusqu'au poteau.

Là, les sauvages commencèrent à le dépouiller de ses habits, afin que son corps pût offrir un but plus visible à leurs flèches.

Lorsqu'après lui avoir lié les bras ils arrachèrent sa blouse pour lui découvrir la poitrine, le sachet brodé attira leur attention. Un des sauvages s'en saisit, l'ouvrit, et en tira *un fourneau de pipe de cette terre rouge durcie* célèbre sous le nom de *stéatite*. L'Indien, en apercevant cet objet, poussa une exclamation étrange, et le montra à son compagnon. Celui-ci prit la pipe à son tour, s'exclama de la même manière, et revint vers le gros des sauvages en la tenant à la main. On vit alors tous les Indiens se passer l'objet l'un à l'autre, chacun l'examinant minutieusement et formulant une observation. Un d'eux, entre tous, parut apporter à son examen une attention toute particulière ; puis, au bout de quelques instans, il s'élança précipitamment vers Basile, suivi de tous les autres.

C'était précisément ce que Basile attendait ; et, lorsque les Indiens placés devant lui montrèrent la pipe, indiquant par leur attitude qu'ils attendaient une explication, le jeune homme, à qui l'on avait rendu la liberté de ses mains, leur fit tranquillement plusieurs signes que son père lui avait enseignés. Ces signes furent aussitôt compris par l'Indien, qui s'élança en avant, détacha les cordes qui liaient les jambes de Basile, le releva sur ses pieds, et l'embrassa avec les démonstrations de la plus vive amitié ! les autres Indiens s'avancèrent à leur tour et lui tendirent la main. Quelques-uns coururent vers Lucien et François, et les rendirent à la liberté.

Tous trois furent conduits alors vers l'une des tentes ; on les revêtit d'habillemens secs, on leur prépara et on leur offrit à manger, et ces hommes qui, peu d'instans avant se disposaient à leur infliger le plus cruel supplice, semblaient se disputer maintenant à qui leur ferait mieux fête et honneur! Toutefois, l'Indien que la vue du fourneau de pipe avait intéressé à un si haut degré eut, d'un consentement unanime, le pas sur tous les autres, et ce fut dans sa tente que nos jeunes aventuriers furent conduits.

Vous vous demanderez sans doute comment un simple fourneau de pipe pouvait avoir produit un changement aussi extraordinaire et aussi soudain. Je vais vous le dire aussi brièvement que possible.

Vous avez sans doute entendu parler du célèbre chef Chawano Tecumseh, le plus grand guerrier et le plus remarquable homme d'État qui ait peut-être jamais existé parmi les Indiens. Vous aurez aussi entendu dire que, pendant la dernière guerre entre l'Angleterre et les États-Unis, Tecumseh, profitant de la lutte entre les deux nations, avait cherché à provoquer un soulèvement général des Indiens, dans le but de chasser tous les blancs du sol de l'Amérique. Tecumseh avait un frère, Elswatava, mieux connu sous le nom de *le Prophète*.

Ce frère était, autant que le chef lui-même, rempli d'enthousiasme pour ce grand projet ; en conséquence, il entreprit une croisade vers les tribus indiennes de l'Ouest-Amérique. C'était un homme d'un grand talent et doué d'une puissante éloquence, et, partout où il alla, il reçut l'accueil le plus amical. La cause qu'il défendait était chère à tous les Indiens ; aussi toutes les tribus prêtèrent l'oreille à ses discours, et fumèrent avec lui le *calumet*. Or, ce calumet, dont le Prophète s'était servi dans toute cette tournée, était précisément celui qu'on venait de trouver sur Basile. Les hiéroglyphes dont il était orné l'avaient immédiatement reconnaître par les Indiens, qui appartenaient à la tribu des Osages, l'une de celles visitées par le Prophète.

Mais, demanderez-vous encore, comment ce calumet était-il venu en la possession du père de Basile, et pourquoi le simple fait de sa possession constituait-il une si mystérieuse protection pour nos jeunes aventuriers ? Je dois vous vous expliquer cela. Tecumseh fut tué pendant la guerre avec les Américains ; mais le Prophète vécut encore de longues années. Peu de temps après son arrivée en Amérique, et lors d'une de ses excursions aux environs de Saint-Louis, le colonel (le père de nos jeunes chasseurs), fit la rencontre de cet Indien extraordinaire ; par un concours de circonstances inutiles à rappeler, le Français et l'Indien se lièrent d'amitié. Ils échangèrent des présens, et le colonel reçut en cadeau le *calumet rouge*.

Le Prophète, en le lui donnant, lui expliqua que si jamais il avait occasion de voyager parmi les tribus indiennes, ce calumet pourrait lui être utile.

Il lui fit connaître en même temps divers signes dont il pourrait se servir en cas de nécessité.

Le colonel avait transmis ces signes à Basile, et nous venons d'être témoins de l'effet qu'ils avaient produit.

L'Indien qui les avait le mieux compris, et qui en avait paru le plus vivement ému, se trouvait être lui-même un Chawano, un des membres de la tribu à laquelle avaient appartenu Tecumseh et le Prophète, tribu dont il ne reste plus que des débris, la plupart de ses guerriers ayant été tués ou se trouvant dispersés parmi les bandes nomades qui errent dans les prairies du Grand-Ouest.

Telle est l'histoire du calumet rouge qui venait de servir de talisman protecteur à nos aventureux chasseurs.

En peu de temps nos jeunes gens furent en état de communiquer par signes avec les Indiens, qui sont habiles entre tous à comprendre ce langage. Les jeunes gens firent connaître au Chawano qui ils étaient, et dans quel dessein ils étaient venus dans la prairie. En apprenant le but de leur expédition, les Indiens se sentirent remplis d'étonnement et d'admiration pour le courage des jeunes chasseurs. Ils leur apprirent, en retour, qu'ils étaient eux-mêmes à la chasse des buffalos, qu'ils étaient sur le point d'atteindre le grand troupeau, et qu'on croyait avoir aperçu dans la masse un ou deux *buffalos blancs*. Ils ajoutèrent que si les jeunes gens voulaient rester avec eux et les accompagner pendant quelques jours dans leur chasse, on n'épargnerait aucun effort pour tuer ou prendre vif un de ces animaux, que l'on serait heureux de leur offrir. L'invitation fut acceptée avec joie et reconnaissance.

Je pourrais raconter encore bien des aventures que traversèrent nos jeunes chasseurs ; mais je crains, amis lecteurs, que vous ne soyez déjà fatigués de la prairie. Qu'il me suffise de dire qu'après quelques jours de chasse avec les Indiens, un *buffalo blanc* fut tué ; sa peau fut enlevée *secundum artem*, saturée d'une préparation conservatrice dont Lucien s'était muni, soigneusement empaquetée et placée sur le dos de la mule Jeannette. Nos jeunes aventuriers dirent alors adieu à leurs amis les Indiens et reprirent le chemin de leur demeure.

Le Chawano et quelques autres les accompagnèrent jusqu'aux confins de la Louisiane, où ils prirent congé d'eux. En temps voulu, ils atteignirent la vieille maison de Pointe-Coupée, et je n'ai pas besoin de vous dire avec quelle joie et quel bonheur ils furent accueillis par leur père et par l'ex-chasseur Hugot. Le vieux naturaliste, dont le désir se trouvait accompli, était l'homme le plus heureux de la terre. Plus que jamais, il était fier de ses petits *hommes*, de ses jeunes *Nemrods*, comme il les appelait, et plus d'une bonne soirée d'hiver, auprès du feu pétillant, fut employée au récit des *Aventures à la recherche du buffalo blanc*.

FIN DU BUFFALO BLANC.

Paris. — Imprimerie J. Voisvenel, rue du Croissant, 16.

www.ingramcontent.com/pod-product-compliance
Lightning Source LLC
LaVergne TN
LVHW051508090426
835512LV00010B/2415